Goertz · Islamistischer Terrorismus

Grundlagen
Die Schriftenreihe der „Kriminalistik"

Islamistischer Terrorismus

Analyse – Definitionen – Taktik

von

Dr. Stefan Goertz

Kriminalistik

Dr. Stefan A. Goertz, Doktor der Staats- und Sozialwissenschaften, Diplom-Politikwissenschaftler, Hochschullehrer an der Hochschule des Bundes, Fachbereich Bundespolizei, in Lübeck. Studium u.a. Politikwissenschaft, Sozialwissenschaften, Öffentliches Recht und Arabisch u.a. in Berlin und Damaskus/Syrien. Auslandseinsätze als Offizier der Bundeswehr im muslimischen Teil Bosniens und im Libanon. Promotion im Bereich Internationale Beziehungen und Völkerrecht an der Carleton University, Ottawa/Kanada und an der Universität der Bundeswehr in München; Thema: Islamistischer Terrorismus, Hybridakteure und demokratische Streitkräfte. Aktuelle Forschungsschwerpunkte: Islamistischer Terrorismus, Salafismus, Radikalisierungsforschung, Asymmetrie, transnationale Organisierte Kriminalität sowie der Cyber- und Informationsraum.

Bibliografische Information der Deutschen Nationalbibliothek

Die Deutsche Nationalbibliothek verzeichnet diese Publikation in der Deutschen Nationalbibliografie; detaillierte bibliografische Daten sind im Internet über <http://dnb.d-nb.de> abrufbar.

ISBN 978-3-7832-0051-5

E-Mail: kundenservice@cfmueller.de

Telefon: +49 89 2183 7923
Telefax: +49 89 2183 7620

www.cfmueller.de
www.kriminalistik-verlag.de

© 2017 C.F. Müller GmbH, Waldhofer Straße 100, 69123 Heidelberg

Dieses Werk, einschließlich aller seiner Teile, ist urheberrechtlich geschützt. Jede Verwertung außerhalb der engen Grenzen des Urheberrechtsgesetzes ist ohne Zustimmung des Verlages unzulässig und strafbar. Dies gilt insbesondere für Vervielfältigungen, Übersetzungen, Mikroverfilmungen und die Einspeicherung und Verarbeitung in elektronischen Systemen.

Satz: Gottemeyer, Rot
Druck: Kessler Druck + Medien, Bobingen

Gewidmet den Toten und Verletzten
des islamistisch-terroristischen Anschlags
auf den Weihnachtsmarkt am Breitscheidplatz in Berlin
am 19.12.2016
sowie ihren Angehörigen.

Geleitwort

Terroristische Anschläge und Attentate gehören zu den gravierendsten sicherheitspolitischen Bedrohungen unserer Zeit. Die islamistisch-terroristischen Anschläge und Attentate in Europa seit 2015 – sowohl die durchgeführten, als auch die geplanten und die durch die Sicherheitsbehörden verhinderten – verdeutlichen die gegenwärtige und zukünftige Bedrohung westlicher, demokratischer Staaten wie Deutschland durch den islamistischen Terrorismus. Auch die GSG 9 der Bundespolizei steht vor dem Hintergrund dieser Bedrohungslage vor neuen Herausforderungen.

Dieses Handbuch zeigt auf, dass es für die vom islamistischen Terrorismus betroffenen demokratischen Staaten, insbesondere für ihre Polizei- und Sicherheitsbehörden, von größter Wichtigkeit ist, das Phänomen islamistischer Terrorismus richtig zu analysieren, um strategisch und taktisch angemessen auf ihn zu reagieren.

Was will „der" Terrorismus? Er will die Bevölkerung „terrorisieren", sie in Angst und Schrecken versetzen, um dadurch die politischen Entscheidungsträger unter Druck zu setzen. Daher ist es von entscheidender Bedeutung, nüchtern, sachlich aber genauso professionell und entschlossen auf die Bedrohung des islamistischen Terrorismus zu reagieren.

Dazu gehört eine umfassende, analytisch-nüchterne Analyse der Bedrohung des islamistischen Terrorismus:

Wer sind die Akteure?

Was motiviert und radikalisiert diese Akteure?

Was sind potentielle Anschlagsziele und welche (polizeilichen) Gegenmaßnahmen können daraus abgeleitet werden?

Wie sind die Akteure des islamistischen Terrorismus in der Vergangenheit vorgegangen?

Welche taktischen Muster lassen sich aus ihrem Vorgehen in der Vergangenheit für die Zukunft ableiten?

I. Der islamistische Terrorismus war und ist als Thema in den letzten beiden Jahren omnipräsent in den Medien und wird dies wohl auch in nächster Zeit sein. Zahlreiche Bücher wurden über den islamistischen Terrorismus geschrieben, die meisten in englischer

Geleitwort

Sprache. Alle diese Werke haben jedoch einen sehr speziellen Blickwinkel, gehen sehr spezialisiert vor und konzentrieren sich auf einen Ausschnitt des islamistischen Terrorismus, zum Beispiel auf seine historische Entwicklung, oder sie gehen detailliert auf eine jihadistische Organisation ein oder sie beschreiben den biographischen Hintergrund islamistisch-terroristischer Attentäter.

Auch diese Expertise hat ihren eigenen Blickwinkel, ihre eigene Perspektive und das ist diejenige der deutschen und europäischen Polizei- und Sicherheitsbehörden.

Daher hat dieses Buch zwei Schwerpunkte:

Zum einen die *Analyse der Akteure* des islamistischen Terrorismus: *Wer* wird *warum* Islamist, Salafist und/oder islamistischer Terrorist? Zur Analyse und Antwort dieser Frage nutzt der Autor sowohl die aktuelle englischsprachige wissenschaftliche Literatur als auch die Analysen und Berichte der deutschen und europäischen Sicherheitsbehörden, wie beispielsweise des Bundeskriminalamtes und des Bundesamtes für Verfassungsschutz.

Zum anderen die *Analyse der Taktik und Mittel*, derer sich der Phänomenbereich islamistischer Terrorismus in den letzten Jahren bedient hat: *Wie* gehen Islamisten, Salafisten und islamistische Terroristen vor? In den Unterkapiteln IV 3 und IV 4 werden Fallbeispiele islamistisch-terroristischer Anschläge in Europa untersucht, sowohl von „Hit-Teams" der großen jihadistischen Organisationen als auch von islamistischen Einzeltätern.

II. Im Hauptkapitel IV, „Strategie und Taktik des islamistischen Terrorismus: Analyse und Beispiele" werden Taktiken, Akteure, Anschlagsziele und Modi Operandi des islamistischen Terrorismus auf aktuellstem Stand der Informationen detailliert dargestellt.

Im vorletzten Hauptkapitel, Kapitel V, werden „staatliche und gesellschaftliche Maßnahmen gegen den islamistischen Terrorismus" am Fallbeispiel Deutschland betrachtet, dabei besonders sowohl präventive als auch repressive Mittel und Akteure staatlicher und zivilgesellschaftlicher Maßnahmen beleuchtet.

Aus der Perspektive der deutschen und europäischen Sicherheitsbehörden ist dieses Buch so aufgebaut, dass einführende und abschließende „theoretische" und analytische Feststellungen mit zahlreichen Fallbeispielen aus dem Phänomenbereich Islamismus,

Salafismus und islamistischer Terrorismus kombiniert werden, um aktuelle und zukünftige „Praktiker" im staatlichen und zivilgesellschaftlichen Aufgabenbereich der Prävention und Repression von Islamismus, Salafismus und islamistischem Terrorismus im täglichen Dienst und in besonderen Einsatzlagen zu unterstützen.

St. Augustin, im April 2017   *Jerome Fuchs*
                                           Kommandeur GSG 9

Vorwort

Der islamistische Terrorismus, Islamismus und Salafismus sind „die" existenziellen aktuellen sicherheitspolitischen Bedrohungen unserer Zeit und der nächsten Jahrzehnte. Nicht erst die zahlreichen geplanten und durchgeführten islamistisch-terroristischen Anschläge und Attentate innerhalb der letzten 24 Monate in Europa und Deutschland verdeutlichen den Grad der Bedrohung, die aktuell und zukünftig von islamistischen Terroristen, Islamisten und Salafisten für demokratische, westlich-freiheitliche Staaten wie Deutschland ausgeht.

Bücher über „den" Terrorismus sind in den letzten Jahren zahlreich erschienen, allerdings alle mit einer starken einseitigen Schwerpunktsetzung und Ausrichtung auf bestimmte Bereiche (z.B. die historische Entwicklung der Ideengeschichte des Islamismus, die Entstehung der Al Qaida und Bücher über den „Islamischen Staat"). Durch meine langjährige inhaltliche, wissenschaftliche Beschäftigung mit diesem Phänomenbereich – verstärkt durch die Bilder des 11.9.2001 und die Angst vor einer Nachahmung in Europa – und meine berufliche Tätigkeit für die Bundespolizei hat sich in den letzten Jahren und Monaten herausgestellt, dass dieses komplexe Thema einerseits ganzheitlich analysiert und andererseits konkreter, praktischer, fassbarer für Studenten und Praktiker gemacht werden muss.

Für wen habe ich dieses Buch geschrieben?

Da ich beruflich sowohl mit Studenten als auch mit Praktikern des Bereiches Polizei und *Innere Sicherheit* arbeite, war und ist meine Motivation die folgende:

Der islamistische Terrorismus ist ein höchst komplexes Thema sehr heterogener Problembereiche, über das zahlreiche Bücher – die inhaltlich besten wiederum auf Englisch – geschrieben wurden, die aber für meine Zielgruppe – Studenten und Praktiker der *Inneren Sicherheit* – überwiegend zu umfangreich, zu komplex und zu theoretisch sind. Daher war und ist mein Ziel, den Studenten und Praktikern der *Inneren Sicherheit* ein Buch als analytische Einführung in den Phänomenbereich islamistischer Terrorismus, Islamismus und Salafismus an die Hand zu geben, das auf den drei Ebenen Analyse – Definitionen – Taktik arbeitet. Diese drei Ebenen sind wiederum so miteinander verbunden, dass das Buch – abhängig vom beruflichen Hintergrund und dem bereits mitgebrachten Vorwissen – nicht chronologisch gelesen werden muss, weil diese Ebenen einen jeweils individuellen, unterschiedlichen Einstieg in den Phänomenbereich ermöglichen.

Die Begriffsbestimmungen des Kapitels II sind ebenso wie die sich anschließenden Hauptkapitel so aufgebaut, dass sie die jeweils aktuellen theoretischen Ergebnisse mit den aktuell vorliegenden Analysen der Sicherheitsbehörden – der Praktiker – verbinden.

Sie – wehrte Leserinnen und Leser – entscheiden, ob Sie eher theoretisch-begrifflich (*Was* ist islamistischer Terrorismus? *Was* ist Islamismus? *Was* unterscheidet einen Islamisten von einem Salafisten?) in dieses Buch einsteigen wollen, oder ob Sie die Analyse exemplarisch ausgewählter Fallbeispiele – mit Ausnahme der Anschläge in Madrid und London stammen alle ausgewählten Beispiele aus den letzten zwei Jahren, sind also hoch aktuell und womöglich noch mit Bildern und Emotionen in Ihnen verknüpft – als Zugang zu diesem Buch wählen. Die „theoretischen" Begriffsbestimmungen sind aber nicht „Theorie der Theorie willen", sondern bieten das „Grundvokabular islamistischer Terrorismus" für Sie als Studenten oder Praktiker.

Daher enthalten die Haupt- und Unterkapitel abschließende Kurzzusammenfassungen zur stark komprimierten Rekapitulation des Analyseinhalts und dienen dadurch der Verknüpfung der Hauptkapitel.

Da dieses Buch Analysefragen nutzt, die Ihnen helfen, die Komplexität des Phänomenbereiches islamistischer Terrorismus (Religion, Ideologie, Psychologie von Milieus, die Rolle und der Einfluss von Gruppen auf den Radikalisierungsprozess von Individuen, die Rolle und der Einfluss von charismatischen Predigerpersönlichkeiten auf den Radikalisierungsprozess von Individuen, Jihadismus als Theologie und Ideologie etc.) zu reduzieren, folgt dieses Buch z.B. folgenden Fragen:

- *Warum* und *wie* entfernen sich Menschen von demokratischen Prinzipien und wenden Gewalt an, um religiös-politische Ziele zu erreichen?
- *Wer* wird *warum* Islamist, Salafist und/oder islamistischer Terrorist?
- *Wie* verläuft der Weg/ein Weg zum islamistischen Terrorismus?

- *Wie* gehen Islamisten, Salafisten und islamistische Terroristen vor? Sprich: *Welche Taktiken* wenden sie an?
- *Welche* wiederkehrenden *Muster* (sowohl im Bereich der Radikalisierung als auch im Bereich Taktik) können identifiziert werden, aus denen dann staatliche und zivilgesellschaftliche Gegenmaßnahmen entwickelt werden können?
- Mit *welchen* präventiven und repressiven *Mitteln* können islamistische-salafistische Radikalisierungsprozesse möglichst frühzeitig gestoppt werden?

Weil diese – und viele weitere sich daraus entwickelnde – Analysefragen verschiedene Analysebereiche betreffen, ruht das Hauptkapitel III auf den drei Säulen der wesentlichen Radikalisierungsfaktoren:

- Islamismus, Salafismus und islamistischer Terrorismus als *religiöspolitische Ideologie*
- Der *soziale Nahbereich*, das *Milieu* (Familie, Freunde, Peer Group, islamistische Prediger) der realen Welt
- Islamistische, salafistische und jihadistische *Angebote des Internets*

Diese drei von der internationalen wissenschaftlichen Forschung und den deutschen Sicherheitsbehörden als entscheidend identifizierten Radikalisierungsfaktoren werden sowohl wissenschaftlich-theoretisch anhand von Modellen, mit empirischen Analysen von europäischen und deutschen Sicherheitsbehörden, als auch anhand von Fallanalysen untersucht.

Das Hauptkapitel IV, „Strategie und Taktik des islamistischen Terrorismus: Analyse und Beispiele" als das empirische Kapitel dieses Buches, untersucht „Fallbeispiele islamistisch-terroristischer Anschläge in Europa: Multiple Szenarien und Großanschläge" sowie „Fallbeispiele islamistisch-terroristischer Anschläge in Europa: Anschläge und Attentate von islamistischen Einzeltätern". Um diese Fallanalysen mit den vorangestellten theoretisch-wissenschaftlichen Teilen zu verknüpfen, sind die Fallanalysen auf drei Analyseebenen strukturiert:

a) Taktischer Plan und Ablauf des Anschlags/Attentats
b) Ermittlung und Fahndung: Die islamistischen Terroristen/der islamistische Terrorist
c) Folgen und Analyse

In Kapitel V, dem vorletzten Hauptkapitel, werden „staatliche und gesellschaftliche Maßnahmen gegen den islamistischen Terrorismus" am Fallbeispiel Deutschland untersucht. Eine ausführliche Erklärung der Gliederung dieses Buches finden Sie im Unterkapitel I.4.

Die Eindrücke der verheerenden islamistischen Terroranschläge in Paris, Brüssel und Berlin sind Ihnen – wehrte Leserinnen und Leser – womöglich noch vor Augen, womöglich noch in Ihren Emotionen. Der islamistische Terrorismus zielt in seiner terroristischen Logik darauf ab, Angst und Schrecken in der Bevölkerung zu verbreiten, um politische und gesellschaftliche Entscheidungen zu beeinflussen. Daher ist es aus der Perspektive einer freiheitlichen demokratischen Gesellschaft von entscheidender Bedeutung, diese historische sicherheitspolitische Herausforderung, die der islamistische Terrorismus für unsere demokratische, freiheitliche Staatsform darstellt, sachkundig und auf verschiedenen Ebenen zu analysieren, um dann die richtigen Schlussfolgerungen zu treffen.

Danken möchte ich meinen Kollegen der Bundespolizei und anderer Polizeibehörden für ihre Anregungen und Fragen zum Bereich Islamismus, Salafismus und islamistischer Terrorismus. Mein besonderer Dank gilt dem Kommandeur der GSG 9, Herrn Jerome Fuchs, für sein Geleitwort und die Möglichkeit, mit dieser besonderen Einheit zu arbeiten.

Lübeck, im April 2017 *Dr. Stefan Goertz*

Inhaltsverzeichnis

Geleitwort VII
Vorwort XI

I. Einleitung 1
1. Der Phänomenbereich 1
2. Aktuelle Entwicklungen 2
3. Die Zielgruppe dieses Buches 5
4. Der Aufbau dieses Buches 7

II. Begriffsbestimmungen 11
1. Islamismus: Mögliche Definitionen 11
    1.1   Analyse der Sicherheitsbehörden und der sozialwissenschaftlichen Forschung 11
    1.2   Definition und Kurzzusammenfassung 14
2. Salafismus: Mögliche Definitionen 16
    2.1   Analyse der Sicherheitsbehörden und der sozialwissenschaftlichen Forschung 16
    2.2   Kategorisierung des salafistischen Spektrums in puristischen, politischen und jihadistischen Salafismus 18
    2.3   Puristischer Salafismus 19
    2.4   Politischer Salafismus, *Mainstream*-Salafismus, *Patchwork*-Salafismus 20
    2.5   Jihadistischer Salafismus 21
    2.6   Definition und Kurzzusammenfassung 22
3. Islamistischer Terrorismus: Mögliche Definitionen 23
    3.1   Analyse der Sicherheitsbehörden und der sozialwissenschaftlichen Forschung 23
    3.2   Der islamistische Terrorismus als internationaler islamistischer Terrorismus 25
    3.3   Definition und Kurzzusammenfassung 29

III. Die Akteure: Eine psychologische und sozialwissenschaftliche Analyse 31

1. Psychologische, religiöse, politische und soziale Einflussfaktoren auf Islamisten, Salafisten und islamistische Terroristen: Die analytische Leitfrage.................... 31
2. Falsche theoretische Hypothesen von Radikalisierung: Abschied von zwei falschen Erklärungsansätzen 33
   - 2.1 Psychische Krankheiten als Radikalisierungfaktor? Nein! 33
   - 2.2 Sozio-ökonomische Unterschiede wie Bildung, Arbeitslosigkeit und soziale Herkunft als Radikalisierungsfaktor? Nein! 34
   - 2.3 Islamistische, salafistische und jihadistische Radikalisierung: Neue Analysefragen 37
   - 2.4 (Abgestufte) Grade von Radikalisierung und die individuelle Funktion in einer terroristischen Gruppierung 38
3. Entscheidende Radikalisierungsfaktoren: Religion, Fundamentalismus und Ideologie 39
   - 3.1 Religion und Terrorismus, Islam und Terrorismus: Der aktuelle sozialwissenschaftliche Forschungsstand 39
   - 3.1.1 Religion und Gewalt 39
   - 3.1.2 Die „wahre Religion"......................... 41
   - 3.1.3 Der Islam und der Jihad, der Koran und der Jihad, islamistische Prediger und der Jihad 42
   - 3.1.4 Jihadismus als Ideologie, Theologie und Strategie ... 44
   - 3.1.5 Der Jihad und die Apokalypse 47
   - 3.1.6 Zwischenfazit 48
   - 3.2 Kurzzusammenfassung 49
4. Entscheidende Radikalisierungsfaktoren: Der soziale Nahbereich, das Milieu, die Peer Group 52
   - 4.1 Islamistisch-salafistische und jihadistische Radikalisierung in der Realwelt 53
   - 4.1.1 Die Rolle der Gruppe 54
   - 4.1.2 Radikalisierungsangebote: Weg von der Mehrheitsgesellschaft („den Ungläubigen"), hin zu den „wahren Muslimen" 55

4.2	Das islamistisch-salafistische Milieu erfüllt psychologisch-soziale Bedürfnisse und fordert religiös-politischen Gehorsam	57
4.3	Die Rolle von charismatischen „Predigern"	58
4.4	Die salafistische Organisation „Die wahre Religion" und ihr Verbot...............................	60
4.5	Kurzzusammenfassung.........................	63
5. Islamistische, salafistische und jihadistische Angebote des Internets als Radikalisierungsfaktoren...................		65
5.1	Islamistisch-salafistische und jihadistische Radikalisierung in der virtuellen Welt............	65
5.1.1	Islamistische, salafistische und jihadistische Propaganda	67
5.1.2	Videos und *Anashid*	69
5.1.3	Aufrufe und Motivation zu islamistischen Anschlägen und Attentaten in der westlichen Welt...	71
5.2	Bekenntnis zu jihadistischen Attentaten und Anschlägen	73
5.3	Die Kommunikationsstrategie terroristischer Organisationen: Das Beispiel „Islamischer Staat" ...	74
5.4	Die Analyse einer beispielhaften jihdistischen Online-Publikation: Rumiyah, das neue IS-Propaganda-Magazin	77
5.5	Kurzzusammenfassung	82

IV. Strategie und Taktik des islamistischen Terrorismus: Analyse und Beispiele 85

1. Aktuelle Analyse der Sicherheitsbehörden		85
2. Großanschläge und multiple Szenarien von internationalen islamistisch-terroristischen Organisationen: Hit-Teams		86
2.1	Islamistisch-terroristische Einzeltäter	88
2.2	Mögliche Anschlagsziele und Modi Operandi	90
2.3	Wirkmittel, Methoden	91
2.4	Die Akteure: Deutsche/europäische Jihad-Rückkehrer, *homegrown*-Salafisten und internationale Angehörige islamistisch-terroristischer Organisationen	93

Inhaltsverzeichnis

3. Beispiele islamistisch-terroristischer Anschläge in Europa: Multiple Szenarien und Großanschläge 94
   - 3.1 Die islamistischen Terroranschläge am 11.3.2004 in Madrid 94
     - 3.1.1 Taktischer Plan und Ablauf des Terroranschlags 94
     - 3.1.2 Ermittlung und Fahndung: Die islamistischen Terroristen 95
     - 3.1.3 Folgen und Analyse 96
   - 3.2 Die islamistischen Terroranschläge am 7.7.2005 in London 97
     - 3.2.1 Taktischer Plan und Ablauf des Terroranschlags 97
     - 3.2.2 Ermittlung und Fahndung: Die islamistischen Terroristen 98
     - 3.2.3 Folgen und Analyse 100
   - 3.3 Der islamistische Anschlag auf die Zeitungsredaktion Charlie Hebdo in Paris am 7.1.2015 101
     - 3.3.1 Taktischer Plan und Ablauf des Terroranschlags 101
     - 3.3.2 Ermittlung und Fahndung: Die islamistischen Terroristen 104
     - 3.3.3 Folgen und Analyse 105
   - 3.4 Die islamistischen Anschläge am 13.11.2015 in Paris 105
     - 3.4.1 Taktischer Plan und Ablauf des Terroranschlags 105
     - 3.4.2 Ermittlung und Fahndung: Die islamistischen Terroristen 108
     - 3.4.3 Folgen und Analyse 109
   - 3.5 Die islamistischen Anschläge am 22.3.2016 in Brüssel 112
     - 3.5.1 Taktischer Plan und Ablauf des Terroranschlags 112
     - 3.5.2 Ermittlung und Fahndung: Die islamistischen Terroristen 113
     - 3.5.3 Folgen und Analyse 114
   - 3.6 Das islamistische Attentat am 26.6.2016 in Saint-Étienne-du-Rouvray 115
     - 3.6.1 Taktischer Plan und Ablauf des Terroranschlags 115
     - 3.6.2 Ermittlung und Fahndung: Die islamistischen Terroristen 116
     - 3.6.3 Folgen und Analyse 117
4. Beispiele islamistisch-terroristischer Anschläge in Europa: Anschläge und Attentate von islamistischen Einzeltätern .. 117

4.1	Das islamistische Attentat am 26.2.2016 im Hauptbahnhof Hannover	117
4.1.1	Taktischer Plan und Ablauf des Terroranschlags	117
4.1.2	Ermittlung und Fahndung: Der islamistische Terrorist	118
4.1.3	Folgen und Analyse	120
4.2	Der islamistische Anschlag am 16.4.2016 in Essen	121
4.2.1	Taktischer Plan und Ablauf des Terroranschlags	121
4.2.2	Ermittlung und Fahndung: Die islamistischen Terroristen	122
4.2.3	Folgen und Analyse	123
4.3	Der islamistische Anschlag am 14.7.2016 in Nizza	124
4.3.1	Taktischer Plan und Ablauf des Terroranschlags	124
4.3.2	Ermittlung und Fahndung: Der islamistische Terrorist	124
4.3.3	Folgen und Analyse	125
4.4	Der islamistische Anschlag am 18.7.2016 in einer Regionalbahn bei Würzburg	126
4.4.1	Taktischer Plan und Ablauf des Terroranschlags	126
4.4.2	Ermittlung und Fahndung: Der islamistische Terrorist	127
4.4.3	Folgen und Analyse	128
4.5	Der islamistische Anschlag am 24.7.2016 in Ansbach	129
4.5.1	Taktischer Plan und Ablauf des Terroranschlags	129
4.5.2	Ermittlung und Fahndung: Der islamistische Terrorist	130
4.5.3	Folgen und Analyse	130
4.6	Der islamistische Anschlag am 19.12.2016 in Berlin	131
4.6.1	Taktischer Plan und Ablauf des Terroranschlags	131
4.6.2	Ermittlung und Fahndung: Der islamistische Terrorist	132
4.6.3	Folgen und Analyse	139

V. Staatliche und gesellschaftliche Maßnahmen gegen den islamistischen Terrorismus ... 143

1. Prävention ... 143

1.1	Wissenschaftliche Hintergründe und Methoden von Prävention	144

1.1.1 Definition und Inhalte von Prävention im Bereich
 Islamismus, Salafismus und islamistischer
 Terrorismus 144
1.2 Staatliche Programme und ihre Methoden 146
1.2.1 Die jugendliche Zielgruppe und Methoden
 islamistisch-salafistischer Radikalisierung 147
1.2.2 Sekundäre Prävention 148
1.3 Mittel und Akteure von Prävention im
 islamistischen Phänomenbereich: Probleme 150
2. Bedrohungsfaktoren durch Islamismus, Salafismus und
 islamistischen Terrorismus: Gegenmaßnahmen und
 Probleme der Sicherheitsbehörden 151
2.1 Identität und Identitätsdokumente als Waffe 151
2.2 Verbote von islamistisch-salafistischen Vereinen
 und Organisationen 155
2.3 Kooperation und Informationsweitergabe zwischen
 deutschen und europäischen Behörden 156
2.4 Aktuell beschlossene Maßnahmen gegen den
 islamistischen Terrorismus 157

VI. Zusammenfassung und Fazit 161

1. Analysefragen und Antworten 162
2. Ausblick, Analyse- und Forschungsbedarf 169
2.1 Großanschläge/multiple Szenarien und
 low level-Terrorismus als terroristische Bedrohung
 auf zwei Ebenen 169
2.1.1 *Low profile*-Anschläge und Gefährderzahlen 169
2.1.2 Die Copycat-Problematik 170
2.2 Radikalisierungsforschung: Die richtigen
 Analysefragen und die Suche nach den
 verantwortlichen Akteuren von Radikalisierung 171
2.3 Änderungsbedarf 173

Literaturverzeichnis 175
Stichwortverzeichnis 185

I. Einleitung

1. Der Phänomenbereich

Die zahlreichen geplanten und durchgeführten islamistisch-terroristischen Anschläge innerhalb der letzten 24 Monate in Europa und Deutschland haben den Grad der Bedrohung verdeutlicht, die aktuell und zukünftig von Islamisten, Salafisten und islamistischen Terroristen für demokratische, westliche Staaten wie Deutschland ausgeht.

Dennoch besteht auch 16 Jahre nach den historischen Anschlägen des 11.9.2001 in den USA immer noch ein eklatantes Analysevakuum im Phänomenbereich Islamismus, Salafismus und islamistischer Terrorismus, sowohl innerhalb der Wissenschaft als auch innerhalb der Sicherheitsbehörden. Spätestens die zahlreichen im Jahr 2016 versuchten und durchgeführten islamistisch-terroristischen Anschläge und Attentate in Deutschland und anderen Staaten der Europäischen Union sollten bzw. müssen eine Zeitenwende der Betrachtung und Analyse des Phänomenbereiches islamistischer Terrorismus auslösen.

Was haben Anis Amri, Jabr Al Bakr, Mohamed Lahouaiej, der Attentäter von Nizza, der Ansbacher Attentäter Mohammed Daleel, die Gebrüder Tsarnaev, Attentäter auf den Bostoner Marathon, und die Attentäter von Paris sowie Brüssel gemeinsam? Was wiederum unterscheidet sie voneinander?

Eine effektive Analyse des Phänomenbereiches Islamismus, Salafismus und islamistischer Terrorismus muss erkennen, dass dieser Phänomenbereich hoch komplex ist und notwendigerweise analysiert werden muss, auf welchen Analyseebenen wissenschaftliche Forschung, Sicherheitsbehörden und andere relevante Akteure diesen Phänomenbereich untersuchen müssen.

Folgende Analysebereiche stehen im Mittelpunkt der Untersuchung dieses Buches:
- Radikalisierung: *Warum* und *wie* entfernen sich Menschen von demokratischen Prinzipien wie der Freiheitlichen demokratischen Grundordnung (FdGO) und wenden Gewalt an, um religiös-politische Ziele zu erreichen? Die folgenden Radikalisierungsfakto-

ren werden von der internationalen psychologischen und sozialwissenschaftlichen Forschung als entscheidend dafür identifiziert, *warum* und *wie* Extremisten und Terroristen entstehen:
- Ideologie
- Der soziale Nahbereich, das Milieu
- Islamistische Angebote des Internet

- Akteursanalyse: *Wer* wird *warum* Islamist, Salafist und/oder islamistischer Terrorist?
- Taktik und Mittel: Wie gehen Islamisten, Salafisten und islamistische Terroristen vor? Können (wiederkehrende) Muster identifiziert werden, aus denen dann Gegenmaßnahmen entwickelt werden können?
- Staatliche und zivilgesellschaftliche Gegenmaßnahmen: *Wie* können *welche* staatlichen und zivilgesellschaftlichen Akteure mit *welchen* präventiven und repressiven Mitteln islamistisch-salafistische Radikalisierungsprozesse möglichst frühzeitig stoppen?

Nicht erst die islamistischen Anschläge und Attentate der Jahre 2015 und 2016 in europäischen Staaten wie Frankreich und Deutschland mit insgesamt Hunderten Toten und über Tausend Verletzten verdeutlichen die Bedeutung von Radikalisierungsforschung im Phänomenbereich Islamismus, Salafismus und islamistischer Terrorismus (Jihadismus). Die dominierende analytische Leitfrage dieses Buches lautet daher:

Warum und wie radikalisieren sich Menschen, die in demokratischen, freiheitlichen, sozialstaatlichen Gesellschaften aufgewachsen und/ oder geboren sind, zu Islamisten und islamistischen Terroristen, die grundlegende Verfassungsprinzipien wie Demokratie, Freiheit, Gleichheit, Volkssouveränität und Minderheitenschutz ablehnen und ihre islamistische religiös-politische Ideologie mit dem Mittel des Terrorismus zur Grundlage des Lebens aller Menschen machen wollen?

2. Aktuelle Entwicklungen

Mit der Ausrufung des „Islamischen Staates" (IS) im Sommer 2014 auf dem Territorium der Staaten Syrien und Irak ist eine neue Ära der islamistischen Radikalisierung angebrochen. Über 35.000 Individuen aus über 100 Ländern – darunter Tausende aus westlichen Demokratien – haben sich als *foreign fighters* (internationale jihadistische Kämpfer) dem IS in Syrien und im Irak angeschlossen, was die letzte Stufe eines islamistisch-jihadistischen Radikalisierungsprozesses darstellt. Nach einer – vom niederländischen Innenministerium in Auftrag gegebenen – aktuellen Studie des *International Centre for Counter-Terrorism* in Den Haag sind über 5000 davon Bürger der Europäischen Union, darunter – von den Sicherheitsbehörden erfasst und öffentlich gemacht – 1500 Franzosen, 1000 Deutsche, 800 Briten und Bürgerinnen und Bürger aus anderen EU-Ländern wie beispielsweise Belgien. Dies sind allerdings die lediglich die von Sicherheitsbehörden der europäischen Staaten detektierten und öffentlich angegeben Personen, die Dunkelziffer könnte deutlich höher liegen. Parallel zu dieser bedrohlich hohen Anzahl an europäischen Jihad-Reisenden (europäische Islamisten und Salafisten, die für den IS in Syrien und im Irak kämpfen) stellen u.a. die deutschen Verfassungsschutzbehörden seit 2012 einen ungebrochenen Zulauf zur salafistischen und jihadistischen Szene in Deutschland und Europa fest. So hat sich die Zahl der Salafisten alleine in Deutschland seit 2012 verdoppelt und steht im Augenblick bei ca. 10.000.[1]

Neben den drei islamistisch-terroristischen Anschlägen bei Würzburg, in Ansbach und in Berlin verdeutlicht sowohl der Anschlag der beiden 16-jährigen Jugendlichen Yussuf T. und Mohammed B. auf den Essener Sikh Tempel als auch der lebensgefährliche Angriff der 15-jährigen Schülerin Safia S. auf einen Bundespolizisten im Bahnhof Hannover das Problem der islamistisch-salafistischen Radikalisierung von deutschen, europäischen Jugendlichen.

Um zu verhindern, dass deutsche Salafisten bzw. Jihadisten Deutschland in Richtung syrisch-irakisches Kampfgebiet des „Islamischen Staates" (IS) verlassen und möglicherweise mit Kampferfahrung und einem höheren Gefechtswert zurückkehren, versuchen die deutschen Sicherheitsbehörden, Ausreiseplanungen frühzeitig wahrzunehmen und zu deren Unterbindung beizutragen.[2]

Spätestens die durchgeführten und geplanten islamistischen Anschläge bei Würzburg und in Ansbach im Juli 2016, durch Jabr Al Bakr auf Berliner Flughäfen im Herbst 2016 und durch Anis Amri auf den Weihnachtsmarkt am 19.12.2016 haben die Verbindung der Flücht-

---

1 BfV 2016, S. 155.
2 LfV Hessen 2014; MIDM BaWü 2014.

lingskrise und des Migrationsstroms nach Europa bzw. Deutschland und islamistisch-salafistischer Radikalisierung sowie islamistischem Terrorismus auf dramatische Art und Weise verdeutlicht.

Nach Angaben deutscher Verfassungsschutzbehörden ist die Zahl der Hinweise von Mitarbeiterinnen und Mitarbeitern von Flüchtlingsunterkünften, die von Anwerbungsversuchen durch salafistische Akteure berichten, im Jahr 2016 erheblich gestiegen.[3] Die Tatsache, dass im Zeitraum Januar 2015 bis Oktober 2016 bis zu 77% der Flüchtlinge ohne Pass bzw. Ausweisdokumente nach Deutschland kamen, stellt in Bezug auf die Identifizierung von Individuen, die der Personengruppe internationaler jihadistischer Organisationen oder dem Spektrum der Jihadrückkehrer aus Syrien und/ oder dem Irak angehören, eine historische Herausforderung für die deutschen Sicherheitsbehörden dar.[4] Sowohl taktische als auch technische und rechtliche Schwierigkeiten liegen in der Überwachung der Kommunikation von Islamisten, Salafisten und (potentiellen) islamistischen Terroristen, sog. „Gefährdern". Der Präsident des Bundesamtes für Verfassungsschutz, Dr. Hans-Georg Maaßen, führt dazu aus, dass es sehr hohe rechtliche Hürden dafür gebe, Kommunikation in Echtzeit mitzulesen oder mitzuhören. Dies werde noch dadurch erschwert, dass viele Provider ihren Sitz im Ausland haben, so dass es „Tage bis Monate dauern könne", bis Daten übermittelt werden, falls dies überhaupt geschieht.[5] Daneben ist das Problem des entweder verbotenen oder sehr restriktiv gehandhabten Austausches von personenbezogenen Daten und Informationen zum Personenbereich islamistischer Terrorismus durch die europäischen Sicherheitsbehörden zu nennen, da der internationale Austausch von Daten und Informationen aufgrund unterschiedlicher nationaler Gesetzeslagen und Rechtsprechungen eingeschränkt werde.[6]

Die islamistischen Anschläge und Attentate von islamistisch-terroristischen Einzeltätern (wie in Hannover, Essen, Nizza, Würzburg, Ansbach und Berlin) konfrontieren die Sicherheitsbehörden europäischer Staaten mit besonderen Problemen, weil der Prozess der

---

3 MIK NRW 2016, S. 161.
4 http://www.augsburger-allgemeine.de/politik/80-Prozent-der-Fluechtlinge-kommen-ohne-Pass-nach-Deutschland-id38036332.html; 16.12.2016.
5 https://www.welt.de/print/die_welt/politik/article154980350/Karlsruher-Urteil-schaedlich-fuer-die-Terrorabwehr.html; 18.12.2016.
6 Ebd.

Radikalisierung und evtl. Tatvorbereitung dieser Einzeltäter ohne die Überwachung ihrer Kommunikation – virtuell oder in der realen Welt – kaum zu detektieren ist. Als ein weiteres Problem europäischer Sicherheitsbehörden ist die sprachliche, ethnische, organisatorische und strategisch-taktische Heterogenität der islamistisch-salafistischen und jihadistischen Akteure. Diese macht eine Detektion bzw. Aufklärung äußerst schwer.

3. Die Zielgruppe dieses Buches

Islamismus, Salafismus und islamistischer Terrorismus ist ein Phänomenbereich, der äußerst komplex und heterogen und daher in jedem Bereich menschlichen Zusammenlebens relevant ist.
Auf der Ebene von Studium und Wissenschaft sind Islamismus, Salafismus und islamistischer Terrorismus von besonderer Bedeutung für folgende Fächer und Fakultäten:
- Rechtswissenschaft
- Psychologie
- Sozialwissenschaften
- Politikwissenschaft
- Islamwissenschaft
- Internationale Beziehungen
- Internationale und Europäische Governance
- Soziologie
- Sozialpädagogik
- Soziale Arbeit
- Sozialpolitik
- Regionalstudien Naher- und Mittlerer Osten: Sozialwissenschaften
- Regionalstudien Afrika: Sozialwissenschaften
- Regionalstudien Naher- und Mittlerer Osten: Volkswirtschaft
- Regionalstudien Afrika: Volkswirtschaft
- Religionspädagogik
- Kulturanthropologie
- Ethnologie
- Sprachen und Kulturen der islamischen Welt
- Sprachen und Kulturen Afrikas

I Einleitung

- Arabisch-Islamische Kultur
- Geschichtswissenschaft
- u.a.

Auf der Ebene von Behörden und öffentlichen Einrichtungen in Europa und Deutschland sind Islamismus, Salafismus und islamistischer Terrorismus von besonderer Bedeutung für folgende Bereiche:

- Polizei (Bundespolizei, Landespolizei, Bundeskriminalamt, Landeskriminalämter, Staatsschutzabteilungen, Spezialeinsatzkommando, Mobiles Einsatzkommando)
- Nachrichtendienste (Verfassungsschutz auf der Ebene Bund und Land, Bundesnachrichtendienst, Militärischer Abschirmdienst)
- Justiz
- Bundesamt für Migration und Flüchtlinge
- Ausländerbehörden
- Bundesamt für Bevölkerungsschutz und Katastrophenhilfe
- Zoll
- Politische Bildung, Bundeszentrale und Landeszentralen
- Bildung und Kultus (auf den Ebenen Bund und Land, vor allem die Kultusministerien der Bundesländer)
- Schulen
- Justizvollzugsanstalten
- Regierungspräsidien
- Bezirksregierungen
- Akteure im Bereich von Prävention
- u.a.

Dieses Buch versteht sich dabei als analytische Einführung in den Phänomenbereich Islamismus, Salafismus und islamistischer Terrorismus, das auf den drei Ebenen Analyse – Definitionen – Taktik arbeitet. Diese drei Ebenen sind wiederum so miteinander verbunden, dass das Buch – abhängig vom beruflichen Hintergrund und dem bereits mitgebrachten Vorwissen – nicht chronologisch gelesen werden muss, weil die Ebenen Analyse – Definitionen – Taktik einen jeweils individuellen, unterschiedlichen Einstieg in den Phänomenbereich ermöglichen. Dieses Buch ist kein „theorielastiges" Buch, allerdings verdeutlichen die komplexen und heterogenen Fallbeispiele von Islamismus, Salafismus und islamistischem Terrorismus, dass wissenschaftstheoretische Abgrenzungen, Definitionen und Analysekriterien essentiell wichtig sind, um effektiv in diesem Phänomenbereich zu arbeiten.

Konzipiert ist dieses Buch sowohl für Bachelor- als auch Masterstudenten der oben erwähnten Fächer und Fakultäten und das Literaturverzeichnis – das vornehmlich internationale, englischsprachige Quellen als Grundlage dieses Buch aufzeigt – könnte zu eigener wissenschaftlicher Arbeit anregen.

Praktiker aus den Bereichen Polizei, Nachrichtendienst (Verfassungsschutz, BND, MAD), Justiz und aus anderen Behörden der Bereiche Innere Sicherheit, Psychologie, Migration, Pädagogik und Bildung werden durch ihren jeweils individuellen Hintergrund unterschiedlich an dieses Buch herangehen.

Als Ergebnis einer Adressatenanalyse der Zielgruppe des Buches ist dieses Buch so aufgebaut, dass einführende und abschließende „theoretische" und analytische Feststellungen mit zahlreichen Fallbeispielen aus dem Phänomenbereich Islamismus, Salafismus und islamistischer Terrorismus verbunden werden, um aktuellen und zukünftigen „Praktikern" im staatlichen und zivilgesellschaftlichen Aufgabenbereich der Prävention und Repression von Islamismus, Salafismus und islamistischem Terrorismus zu helfen.

4. Der Aufbau dieses Buches

Die Hauptkapitel II bis VI sind so aufgebaut, dass die Begriffsbestimmungen des Kapitels II ebenso wie die Analyse (exemplarische Fallbeispiele) ausgewählter islamistischer Anschläge und Attentate innerhalb Europas einen Einstieg in das Buch auf zwei verschiedenen Ebenen ermöglicht: Entweder theoretisch-begrifflich durch das Kapitel II oder empirisch-praktisch durch die Analyse exemplarisch ausgewählter Fallbeispiele von Islamismus, Salafismus und islamistischem Terrorismus in Kapitel IV.

Die Begriffsbestimmungen des Hauptkapitels II arbeiten einerseits auf der Ebene der internationalen, englischsprachigen Forschung und andererseits auf der Ebene deutscher Sicherheitsbehörden, was dem Anspruch, „den Praktikern zu helfen", entspricht. Dabei ist der definitorische, begriffliche Anteil des Hauptkapitels II nicht „Theorie der Theorie willen" sondern dient als Grundlage einer praktischen Analyse der erheblichen Herausforderungen, welche der Phänomenbereich Islamismus, Salafismus und islamistischer Terrorismus an zahlreiche staatliche und zivilgesellschaftliche Akteure westlicher, demokratischer Staaten stellt.

Die Haupt- und Unterkapitel enthalten zusätzlich abschließende Kurzzusammenfassungen zur stark komprimierten Rekapitulation des Analyseinhalts und dienen dadurch der Verknüpfung der Hauptkapitel.

Das Hauptkapitel III ruht auf den drei Säulen der wesentlichen Radikalisierungsfaktoren:

- Islamismus, Salafismus und islamistischer Terrorismus als religiöspolitische Ideologie;
- der soziale Nahbereich, das Milieu (Familie, Freunde, Peer Group, islamistische Prediger) der realen Welt;
- Islamistische, salafistische und jihadistische Angebote des Internets.

Diese drei, von der internationalen Forschung und den deutschen Sicherheitsbehörden als entscheidende Radikalisierungsfaktoren identifizierten, Radikalisierungsfaktoren werden dabei sowohl wissenschaftlich-theoretisch anhand von Modellen untersucht als auch mit empirischen Analysen von europäischen und deutschen Sicherheitsbehörden verbunden, um dem Anspruch des „Praxisbezugs" dieses Buches gerecht zu werden.

In den Unterkapiteln III 1 bis III 5 werden aktuelle, internationale Forschungsergebnisse der Psychologie und Sozialwissenschaften ebenso wie Studien und Analysen von europäischen Sicherheitsbehörden genutzt.

Der Themenbereich islamistische Angebote des Internets als Radikalisierungsfaktor (III 5) wird durch das aktuelle Fallbeispiel der Kommunikationsstrategie des „Islamischen Staates" exemplarisch analysiert. Das neue IS-Propaganda-Magazin, Rumiyah, dient der Analyse einer beispielhaften jihadistischen Online-Publikation.

Das Hauptkapitel IV, „Strategie und Taktik des islamistischen Terrorismus: Analyse und Beispiele" ist das empirische Kapitel dieses Buches, in dem exemplarische Beispiele, die zuvor in IV.2 anhand von Taktiken, Akteuren, Anschlagszielen und Modi Operandi des islamistischen Terrorismus analysiert wurden, untersucht werden.

Hier werden „Großanschläge und multiple Szenarien von internationalen islamistisch-terroristischen Organisationen: Hit-Teams" und „Anschläge und Attentate von islamistisch-terroristischen Einzeltätern" als die wesentlichen Bedrohungsszenarien durch den aktuellen islamistischen Terrorismus analysiert und seine möglichen Anschlagsziele und Modi Operandi untersucht.

In den Unterkapiteln IV.3 und IV.4 werden Fallbeispiele „islamistisch-terroristischer Anschläge in Europa: Multiple Szenarien und Großanschläge" sowie „Fallbeispiele islamistisch-terroristischer Anschläge in Europa: Anschläge und Attenate von islamistischen Einzeltätern" untersucht.

Diese beiden Unterkapitel sind in drei Analyseebenen strukturiert:
- Taktischer Plan und Ablauf des Terroranschlags;
- Ermittlung und Fahndung: Die islamistischen Terroristen/der islamistische Terrorist;
- Folgen und Analyse.

Durch diese analytische Dreiteilung werden die Analysen der Kapitel III.3. bis III.5. mit den sozialwissenschaftlichen und psychologischen Forschungsergebnissen des Hauptkapitels II verbunden, indem auf der Analysebene „Ermittlung und Fahndung: Die islamistischen Terroristen/der islamistische Terrorist" sowohl die taktische Ebene des Anschlags und der Akteure als auch deren Radikalisierungshintergrund untersucht werden. Die Analyseebene „Folgen und Analyse" dient einerseits der Abgrenzung von anderen Fallbeispielen, andererseits zeigt sie Ähnlichkeiten und Gemeinsamkeiten auf verschiedenen Ebenen (wie beispielsweise der Taktik und/oder dem Radikalisierungshintergrund) auf.

Im vorletzten Hauptkapitel, V, werden „staatliche und gesellschaftliche Maßnahmen gegen den islamistischen Terrorismus" am Fallbeispiel Deutschland untersucht. Sowohl präventive Mittel und Akteure – V.1. bis V.1.3 – staatlicher und zivilgesellschaftlicher als auch repressive Mittel staatlicher Akteure – V.2. – werden hier untersucht. Die Analyse der islamistisch-terroristischen Anschläge und Attentate in europäischen Staaten 2015 und 2016 verdeutlicht den Zusammenhang von Migration und Islamismus, Salafismus und islamistischem Terrorismus und u.a. der Fall Anis Amri zeigt die Bedeutung von „Identität und Identitätsdokumente als Waffe" auf blutige Art und Weise in Form von zahlreichen Toten und Verletzten. Die Kooperation und Informationsweitergabe von sicherheitspolitisch relevanten Personendaten – im Zuge der Flüchtlingskrise 2015 und 2016 sogar einfachste Daten zur persönlichen Identität – war in der Vergangenheit ein entscheidender Faktor für die Abwehr von islamistisch-terroristischen Anschlägen und Attentaten oder für das Gelingen der islamistisch-terroristischen Anschlagspläne. Die „aktuell beschlossenen Maßnahmen gegen den islamistischen Terrorismus" der deutschen Bundesregierung von Januar 2017 zeigen die aktuelle sicherheitspolitische Reaktion der Bundesregierung auf den islamistisch-terroristischen Anschlag am 19.12.2016 in Berlin auf.

II. Begriffsbestimmungen

1. Islamismus: Mögliche Definitionen

1.1 Analyse der Sicherheitsbehörden und der sozialwissenschaftlichen Forschung

Das Bundesamt für Verfassungsschutz definiert Islamismus wie folgt:

Der Begriff Islamismus bezeichnet eine Form des politischen Extremismus. Unter Berufung auf den Islam zielt der Islamismus auf die teilweise oder vollständige Abschaffung der freiheitlichen demokratischen Grundordnung der Bundesrepublik Deutschland ab. Der Islamismus basiert auf der Überzeugung, dass Religion, hier: der Islam, nicht nur eine persönliche, private 'Angelegenheit' ist, sondern auch das gesellschaftliche Leben und die politische Ordnung zumindest teilweise regelt. Der Islamismus postuliert die Existenz einer gottgewollten und daher ‚wahren' und absoluten Ordnung, die über von Menschen gemachten Ordnungen steht.[7]

Weiter heißt es:

Islamismus beginnt dort, wo religiöse islamische Gebote und Normen als verbindliche politische Handlungsweisen gedeutet werden. Islamismus ist eine politische Ideologie, die einen universalen Herrschaftsanspruch erhebt und mitunter Gewaltanwendung legitimiert, um als islamisch definierte Ziele umzusetzen.[8]

In einer weiteren Version definiert das Bundesamt für Verfassungsschutz den Islamismus etwas abgewandelt wie folgt:

Der Begriff des Islamismus bezeichnet eine religiös motivierte Form des politischen Extremismus. Islamisten sehen in den Schriften und Geboten des Islam nicht nur Regeln für die Ausübung der Religion, sondern auch Handlungsanweisungen für eine islamistische Staats- und Gesellschaftsordnung. Ein Grundgedanke dieser islamistischen Ideologie ist die Behauptung, alle Staatsgewalt könne ausschließlich von Gott (Allah) ausgehen. Damit richten sich islamistische Bestre-

---
7 BfV 2016, S. 150.
8 BfV 2012, S. 5.

bungen gegen die Wertvorstellungen des GG, insbesondere gegen die Freiheitliche demokratische Grundordnung (FdGO). Islamisten halten die Etablierung einer islamischen Gesellschaftsordnung für unabdingbar. Dieser Ordnung sollen letztlich sowohl Muslime als auch Nicht-Muslime unterworfen werden.[9]

Die deutschen Verfassungsschutzbehörden verstehen unter Islamismus entsprechend oben stehender Ausführungen eine vom Islam zu unterscheidende, sich auf die Religion Islam berufende Form von politischem Extremismus.[10] Daher betonen die Verfassungsschutzberichte verschiedener Landesämter für Verfassungsschutz sowie des Bundesamtes für Verfassungsschutz in jedem jährlichen Verfassungsschutzbericht und an anderen Orten, dass „der Islam als Religion und seine Ausübung nicht vom Verfassungsschutz beobachtet werden."[11]

Zusammenfassend beschreiben die deutschen Verfassungsschutzbehörden Islamismus als eine religiös-politische Ideologie, deren Anhänger sich auf religiöse Normen des Islams berufen und diese politisch interpretieren.[12] Diese Definition von Islamismus durch die deutschen Verfassungsschutzbehörden ist quasi identisch mit den gängigen Definitionen von Islamwissenschaftlern. „Beim Islamismus handelt es sich um Bestrebungen zur Umgestaltung von Gesellschaft, Kultur, Staat oder Politik anhand von Werten und Normen, die als islamisch gesehen angesehen werden. [...] Eine Verabsolutierung des Islams für die Gestaltung des individuellen, gesellschaftlichen und staatlichen Lebens, kombiniert mit dem Ziel der weitgehenden Durchdringung der Gesellschaft. [...] Die Forderung, statt der westlichen Volkssouveränität die ‚Souveränität Gottes' ins Werk zu setzen. Das führt zu starker Ablehnung von ‚menschengemachten Gesetzen', als die alle von Parlamenten beschlossenen Gesetze angesehen werden." [13]

Die politisch-religiösen Ziele der Islamisten sind nach Angaben der deutschen Verfassungsschutzbehörden, „mittelfristig die gesellschaftlichen Verhältnisse in Deutschland – in Teilen auch mit Gewalt

---

9 BfV 2017, Glossar.
10 BfV 2012, S. 5.
11 Ebd.; BSI 2014, S. 23; LfV Hessen 2014.
12 NMI 2015, S. 148.
13 *Seidensticker* 2015, S. 9; *Halm* 2014, S. 85-89.

– im Sinne ihrer Ideologie zu ändern".[14] Von erheblicher Bedeutung ist es hierbei, diese religiös-politische Ideologie des Islamismus von der durch das Grundgesetz geschützten Religion des Islam zu unterscheiden, da Islamisten die Religion Islam nicht ausschließlich als Religion, sondern als rechtliches Rahmenprogramm für die Gestaltung aller Lebensbereiche interpretieren: Von der Staatsorganisation über die Beziehungen zwischen den Menschen bis ins Privatleben des Einzelnen.[15]

So schreibt der niedersächsische Verfassungsschutz:

Islamistischen Organisationen und Bewegungen ist bei aller Unterschiedlichkeit gemeinsam, dass sie Gesellschaften anstreben, die durch die islamische Rechtsordnung der Sharia organisiert sind. Der Interpretationsspielraum bezüglich dessen, was die Sharia genau beinhaltet, ist groß. Islamisten verstehen die Sharia als von Gott verordnete Rechtsordnung für Staat und Gesellschaft. […] Islamisten beanspruchen für sich oftmals, wie etwa im Falle der Sharia oder auch des Jihads, die inhaltliche Deutungshoheit über religiöse Begriffe und Konzepte, die allen Muslimen zu eigen sind, und politisieren diese.[16]

Und weiter heißt es:

In seinem Absolutheitsanspruch widerspricht der Islamismus in erheblichen Teilen der verfassungsmäßigen Ordnung der Bundesrepublik Deutschland. Insbesondere werden durch die islamistische Ideologie die demokratischen Grundsätze der Trennung von Staat und Religion, der Volkssouveränität, der religiösen und sexuellen Selbstbestimmung, der Gleichstellung der Geschlechter sowie das Grundrecht auf körperliche Unversehrtheit verletzt.[17]

Diese beiden Analysen des niedersächsischen Verfassungsschutzes verdeutlichen die diametrale Abgrenzung islamistischer Ideen von grundlegenden verfassungsgemäßen demokratischen Prinzipien wie der Volkssouveränität, weil islamistische Auslegungen des Koran, der Hadithen und der Sharia sowohl den kompletten privaten, individuellen Lebensbereich als auch alle staatlichen und gesellschaftlichen Ebenen unter den exklusiv verbindlichen Willen Allahs stel-

---

14 BSI 2016, S. 5.
15 *Goertz* 2016/2017.
16 Ebd.
17 *Goertz* 2016/2017, S. 149.

len.¹⁸ Daher lehnen sie säkulare, demokratische Rechtsordnungen als mit dem Willen Allahs nicht vereinbar ab.¹⁹ Aus dem islamisch-theologischen Verständnis von „Glaube an die Einheit und Einzigartigkeit Gottes" (*tauhid*) ergibt sich für Islamisten, dass nur Allah der legitime Herrscher, Souverän und Gesetzgeber sein darf, was sich wiederum in der islamistisch angestrebten Einheit von Religion und Staat (*din wa daula*) ausdrückt.²⁰

Zusammenfassend muss die islamistische religiös-politische Ideologie und ihre als für alle verbindlich angestrebte Religionspraxis als im eindeutigen Widerspruch zu demokratischen Verfassungsordnungen stehend beurteilt werden.²¹ Entsprechend widerspricht das von Islamisten angestrebte Konzept eines Gottesstaates, in dem jegliche staatliche Legitimation unmittelbar von Gott hergeleitet werden soll, demokratischen Prinzipien von Volkssouveränität und Gewaltenteilung. Des Weiteren lehnt das Weltbild des Islamismus Pluralität, Säkularismus, Individualität und Gleichberechtigung von Mann und Frau als unzulässige Neuerungen und daher als unislamisch ab und schließt die universelle Geltung der Menschenrechte, wie zum Beispiel die Menschenwürde, aus. Die islamistische Forderung nach einer Durchsetzung der sog. „Hadd"-Strafen (Körperstrafen) wie das Abtrennen von Gliedmaßen für Diebstahl, die Todesstrafe für Ehebruch oder den Abfall vom Glauben sprechen in diesem Zusammenhang für sich.²²

1.2 Definition und Kurzzusammenfassung

> **Islamismus** ist eine religiös-politische Ideologie mit dem konkreten Anspruch darauf, das politische System und das gesellschaftliche und kulturelle Leben auf der Grundlage einer extremistischen Interpretation des Islam zu ändern und nur diese eigene Koraninterpretation anzuerkennen.

---

18 *Goertz* JBÖS 2016/2017.
19 MIK NRW 2015, S. 137.
20 *Brachman* 2009, S. 44.
21 „Demokratie ist in den Augen der Islamisten eine falsche ‚Religion'"; MIK NRW 2014, S. 137.
22 NMI 2015, S. 149.

Islamismus: Mögliche Definitionen

Islamismus
- ist eine Form des politischen Extremismus;
- ist eine religiös-politische Ideologie, deren Anhänger sich auf religiöse Normen des Islam berufen und diese politisch interpretieren;
- zielt auf die teilweise oder vollständige Abschaffung der Freiheitlich demokratischen Grundordnung (FdGO) der Bundesrepublik Deutschland ab;
- geht von der Existenz einer gottgewollten und daher „wahren und absoluten" Ordnung aus, die über von Menschen gemachten Ordnungen steht (Verfassung, Gesetze);
- für den Islamismus ist Religion, hier: der Islam, nicht nur eine persönliche, private „Angelegenheit", sondern soll das gesamte gesellschaftliche Leben und die politische Ordnung regeln.

Ziele des Islamismus:
- die Einheit von Religion und Staat (*din wa daula*);
- die westliche, demokratische Volkssouveränität durch die „Souveränität Gottes" ersetzen;
- mittelfristig sollen die gesellschaftlichen Verhältnisse in Deutschland – in Teilen auch mit Gewalt – geändert werden;
- die gesellschaftliche Ordnung soll durch die islamische Rechtsordnung der Sharia organisiert sein (Islamisten verstehen die Sharia als von Gott verordnete Rechtsordnung für Staat und Gesellschaft).

Politikwissenschaftliche und rechtliche Bewertung:
- Durch seinen exklusiven Absolutheitsanspruch widerspricht der Islamismus in erheblichen Teilen der verfassungsmäßigen Ordnung der Bundesrepublik Deutschland;
- Islamismus verstößt unter anderem gegen die verfassungsmäßigen Grundsätze der Trennung von Staat und Religion, der Volkssouveränität, der religiösen und sexuellen Selbstbestimmung, der Gleichstellung der Geschlechter und verletzt das Grundrecht auf körperliche Unversehrtheit;
- Islamismus schließt die universelle Geltung der Menschenrechte, wie zum Beispiel die Menschenwürde, aus (vgl. die Forderung nach einer Durchsetzung der „Hadd"-Strafen, Körperstrafen).

2. Salafismus: Mögliche Definitionen

2.1 Analyse der Sicherheitsbehörden und der sozialwissenschaftlichen Forschung

Das Bundesamt für Verfassungsschutz definiert Salafismus wie folgt: *Salafismus ist eine fundamentalistische islamistische Ideologie und zugleich eine extremistische moderne Gegenkultur mit markanten Alleinstellungsmerkmalen (Kleidung und Sprache).*[23]

Einführend muss festgestellt werden, dass der Salafismus keine strukturierte Organisation oder Denkschule, sondern vielmehr „ein Trend, eine Geisteshaltung, eine dogmatische Verbindung zu den Grundlagen der Religion" ist.[24] Während sich manche Anhänger und Mitglieder des islamistischen Spektrums des Salafismus selbst als „Salafi" bezeichnen, nutzen die meisten europäischen und deutschen salafistischen Organisationen, Netzwerke, Gruppen und Einzelpersonen nicht offen den Begriff „Salafi", sondern sprechen vom „wahren Islam" bzw. der „wahren Religion" und von sich selbst als den „wahren Muslimen", womit sie sich von angeblich „unwahren" islamischen Ausprägungen und von jeder anderen Religion abgrenzen. Aus dem Arabischen werden die „Salaf" in der Regel als die „frommen Altvorderen" übersetzt und als „die Gefährten Mohammeds" verstanden.[25] Historisch berufen sich die zeitgenössischen Salafisten auf „die frommen Altvorderen der ersten drei Generationen der Muslime nach Mohammed"[26], wobei es allerdings keinen Konsens über die genaue Zeitspanne gibt.[27]

Grundsätzlich muss die gegenwärtige salafistische Szene in Europa und Deutschland als organisatorisch äußerst heterogen beschrieben werden. Religiös-theologisch allerdings orientieren sich quasi alle

---

23 BfV 2016, S. 170.
24 *Roy* 2006, S. 231; *Farschid* 2014, S. 160-192.
25 *Goertz* 2016/2017.
26 „Die besten in meiner Ummah sind diejenigen in meiner Epoche, dann diejenigen, die nach ihnen folgen, dann diejenigen, die nach ihnen folgen." *Sahih Al-Bukhari Hadith* Nr. 3728.
27 Der Tod von Ahmad Ibn Hanbal, dem Begründer der hanbalitischen Rechtsschule – verstorben 855 n. Chr. – wird nach dem gängigen Verständnis der Salafiya als das Ende der letzten Generation der Altvorderen betrachtet.

Salafisten an den Lehren des *Wahhabismus*[28] und der *Salafiya*.[29] Entsprechend bezeichnet der salafistische Phänomenbereich Allah als einzig legitimen Gesetzgeber, mit dem Koran, der Sunna und der Sharia als allein rechtmäßigem Ordnungs- und Regelsystem. Sowohl die *Salafiya* als auch der *Wahhabismus* orientieren sich am „Ideal" der muslimischen Ur-Gemeinde in Medina und kritisieren beide die Aufspaltung der sunnitischen Muslime in verschiedene Rechtsschulen. Sowohl die *Salafiya* als auch der *Wahhabismus* ziehen die „reine Glaubenslehre" (*aqida*) der Rechtswissenschaft (*fiqh*) vor. Der Monotheismus (*tauhid*) steht im Mittelpunkt der *Salafiya*. Ebenso wird die Unterscheidung zwischen den historisch unterschiedlich gewachsenen islamischen Rechtsschulen kritisiert und so folgt sie keiner dieser Rechtsschulen, sondern exklusiv einer eigenständigen Rechtsfindung unter Beachtung des Koran, der Sunna und der geschichtlichen Überlieferungen der „rechtschaffenen Altvorderen".[30]

Die aktuell in Europa agierenden Salafisten glorifizieren einen stilisierten, idealisierten Ur-Islam des siebten und achten Jahrhunderts und streben diesen als Blaupause für eine Umgestaltung von Staat und Gesellschaft auf der Grundlage ihrer Interpretation islamischer Werte und Normen an.[31] Die salafistischen Interpretationen des Islam streben eine „Reinigung" des Islam und die Wiederherstellung eines Islam in seiner als „ursprünglich" und Mohammed gerecht werdenden Form an. Daher orientieren sich die salafistischen Islaminterpretationen an der religiösen Praxis und Lebensführung des Propheten Mohammed sowie der sog. rechtschaffenen Altvorderen (*al-salaf al-salih*), da diese drei Generationen auf Grund ihrer zeitliche Nähe zum Leben Mohammeds im siebten und achten Jahrhundert n. Chr. noch einen „reinen Islam" praktiziert hätten. Dieser Rückbezug auf Mohammed und seine Gefährten – die Altvorde-

---

28 *Wagemakers* schlägt für den Wahhabismus die Bezeichnung „Najdi-Ausprägung von Salafismus" vor, da Al-Wahhab in Verbindung mit dem aus dem *Najd* – Zentral-Saudi-Arabien – stammenden Mohammed Ibn Saud die Grundlagen für Auslegung des Islam legte, wie er seither in Saudi-Arabien praktiziert wird. *Wagemakers* 2012, S. 6.
29 *Steinberg* 2012, S. 5; *Roy* 2006: S. 231. Zu den Unterschieden und Gemeinsamkeiten der Salafiya und der Wahhabiya als religiös-idelogischem Hintergrund des politischen Salafismus siehe u.a. *Wagemakers* 2012, S. 55-79.
30 *Goertz* 2016/2017.
31 Ebd.

ren – bedeutet, dass lediglich der Koran und die Sunna als religiöse Quellen des Islam anerkannt werden.

Zusammenfassend: Salafisten erschaffen eine simplifizierende Dichotomie von „gut" oder „böse". Dadurch erkennen sie nur noch ein „richtig oder falsch", was ein ausgeprägtes Freund-Feind-Denken entstehen lässt. Aus diesem dichotomen Weltbild von „gut" und „böse" heraus entwickeln sie ein (elitäres) Überlegenheitsgefühl gegenüber anderen Muslimen und vor allem gegenüber Nicht-Muslimen. Diese Dichotomie ist zugleich auch ein taktisches Mittel innerhalb des salafistischen Milieus, um komplexe Fragestellungen unzulässig zu simplifzieren und propagandistisch, radikalisierend im Sinne der salafistischen Ideologie beantworten. Die salafistischen Simplifizierungen und Dichotomien fördern dabei auch sehr stark eine Rekrutierung und Radikalisierung von neuen, gewaltbereiten Salafisten und potentiellen Terroristen.

2.2 Kategorisierung des salafistischen Spektrums in puristischen, politischen und jihadistischen Salafismus

Bei der islamistischen Ausprägung Salafismus handelt es sich um ein heterogenes Spektrum, das unterschiedliche (salafistische) Strömungen beinhaltet: Den puristischen, den politischen und den jihadistischen Salafismus. Allerdings muss festgestellt werden, dass bei allen drei Strömungen fließende Übergänge zueinander zu verzeichnen sind. Allerdings nutzt lediglich der Verfassungsschutz des Bundeslandes Berlin die Kategorie des puristischen Salafismus. Alle anderen Landesämter für Verfassungsschutz und das Bundesamt für Verfassungsschutz operieren lediglich mit zwei dieser drei Kategorien: Mit dem politischen – teilweise auch „missionarisch" genannten Salafismus – und mit dem jihadistischen Salafismus.[32]

Jedoch darf bei aller Wichtigkeit einer analytischen Kategorisierung auf keinen Fall verdrängt werden, dass die religiös-theologisch-ideologische Grundlage aller drei salafistischer Strömungen im Wesentlichen gleich ist und dass die drei salafistischen Kategorien vornehmlich nach ihren Strategien, Taktiken und der Funktion von Gewalt unterschieden werden. Eine Kategorisierung von Salafismus in un-

---

32 BSI 2015, S. 11-16; SIS Berlin 2014, S. 17-58.

terschiedliche Bereiche suggeriert die Chance einer Grenzziehung und dadurch ein besseres analytisches Verständnis. Daher werden kategorische Systematisierungen verwendet, die wie die Kategorie des puristischen Salafismus eher wissenschaftstheoretischen Wert haben, als einen entscheidenden Einfluss auf eine korrekte rechtliche und polizeiliche Behandlung ausüben.[33] Diese vermeintliche Chance einer akademischen Kategorisierung birgt jedoch große Risiken, da die Übergänge zwischen den drei Strömungen – aufgrund der entscheidenden gemeinsamen Ebene, ihrer religiös-theologisch-ideologische Grundlage, fließend sind und daher sowohl durch die Sicherheitsbehörden als auch durch die wissenschaftliche Forschung häufig kaum zu identifizieren sind.[34]

2.3 Puristischer Salafismus

Der puristische Salafismus, auch quietistisch[35] genannt, basiert auf den Grundgedanken der Salafiya-Bewegung und wurde islamisch-theologisch geprägt durch Jamal Al Afghani, Mohammed Abdu, Rashid Rida, Mohammed Nasir Al-Din Al-Albani und Shaikh Muqbil Ibn Hadi Al-Wadi. Der theoretisch-strategische Imperativ des puristischen Salafismus lautet, dass sich Muslime strikt von politischen Angelegenheiten fernhalten und lediglich *Dawa* (Missionierung) betreiben sollen.[36] Der puristisch-quietistische Salafismus präsentiert sich also apolitisch und Gewalt ablehnend, wobei auch er das Demokratieprinzip als unislamisch ablehnt, da die Herrschaft über die Menschen allein Gott gebühre.[37] Der entscheidende, abgrenzende Unterschied des puristischen Salafismus von den anderen beiden Kategorien ist, dass puristische Salafisten keine „aktiven [womöglich gar Gewalt als Mittel nutzende] politischen Bestrebungen gegen den demokratischen Rechtsstaat aufweisen".[38] Im Ver-

---

33 *Amghar* 2014, S. 381-410.
34 *Roex* 2014, S. 51-63.
35 Der Begriff „quietistisch" (von lat. quietus, ruhig, zurückgezogen) beschreibt unpolitische Einstellungen und Haltungen mit der Prämisse des Verzichts auf politische Aktivität.
36 www.selefiyyah.de; www.islamfatwa.de; www.basseera.de; https://quranundhadith.wordpress.com/; 17.1.2017.
37 MIK NRW 2009, S. 9.
38 SIS Berlin 2014, S. 17ff.

ständnis der Extremismusforschung und unter einer juristischen Betrachtung durch den Berliner Verfassungsschutz ist der puristische Salafismus daher nicht extremistisch, sondern lediglich radikal-fundamentalistisch und muss daher nicht als aktiv verfassungsfeindlich eingestuft werden.[39]

2.4 Politischer Salafismus, *Mainstream*-Salafismus, *Patchwork*-Salafismus

Politische und jihadistische Salafisten haben die gleichen religiös-ideologischen Grundlagen wie der puristische Salafismus. Allerdings unterscheiden sie sich in der Wahl ihrer taktischen Mittel, mit denen sie ihre religiös-politischen Ziele anstreben. Die reine Ausübung spiritueller Handlungen und ein – ihrer Meinung nach – moralisch aufrechtes Verhalten, wie es von puristischen Salafisten praktiziert wird, reicht politischen Salafisten nicht aus.[40] Politische Salafisten legen ihren taktischen Schwerpunkt auf die Verbreitung ihrer islamistisch-salafistischen Ideologie durch *Dawa*, also Missionierung und Rekrutierung neuer Anhänger durch Propagandaaktivitäten. Durch ihre *Dawa*, ihre rhetorisch offensive Missionierung neuer Mitglieder – sowohl in der realen als auch in der virtuellen Welt – zielen politische Salafisten darauf ab, die Gesellschaft, in der sie leben – hier also Deutschland bzw. Europa –, durch ein salafistisches Religionsverständnis grundlegend zu verändern.[41] Problematischerweise lehnen viele politische Salafisten Gewalt als Mittel zur Erreichung ihrer politischen Ziele nicht grundsätzlich ab, so dass ihr Verhältnis zum Jihadismus (islamistischen Terrorismus) als ambivalent bezeichnet werden muss. Diese Ambivalenz des politisch-salafistischen Spektrums und daraus abgeleitet eine Nähe zum Jihadismus stellt ein erhebliches Problem für westliche Demokratien wie Deutschland dar, da sich viele Tausend politische Salafisten scheinbar auf legalem, verfassungskonformem Terrain bewegen, allerdings ein erhebliches Rekrutierungspotential für den jihadistischen Salafismus aufweisen.[42] Zusammenfassend kann das Spektrum des politischen

---

39 Ebd.
40 *Goertz* 2016/2017.
41 http://www.diewahrereligion.de; 4.10.2016; BSI 2015, S. 11-16.
42 *Goertz* 2016/2017.

Salafismus als strukturell amorphe, hybrid strukturierte, aggressiv missionierende, vordergründig Gewalt ablehnende Bewegung charakterisiert werden, deren Übergang zum jihadistischen Salafismus fließend ist.

2.5 Jihadistischer Salafismus

Der Übergang vom politischen zum jihadistischen Salafismus ist fließend, weil bei den drei unterschiedlichen salafistischen Strömungen kein Konsens herrscht, unter welchen Voraussetzungen die Anwendung von Gewalt als legitim erachtet wird. Nach Einschätzung deutscher Verfassungsschutzbehörden werden ca. 10% bis 20% aller Salafisten jihadistische Terroristen, 80% bis 90% bleiben puristische und politische Salafisten.[43] Aus dieser Einschätzung der deutschen Verfassungsschutzbehörden kann diese Faustformel abgeleitet werden: Nicht jeder Salafist wird Jihadist, aber quasi alle Jihadisten waren bzw. sind Salafisten, da Salafismus den religiös-ideologischen Nährboden für den jihadistischen Terrorismus darstellt. Das Unterkapitel III.3. zeigt, dass jihadistische Salafisten ganz offen eine unmittelbare und sofortige Gewaltanwendung befürworten, sowohl gegen Regierungen in muslimisch geprägten Ländern, denen sie vorwerfen, vom „wahren Islam" abgefallen zu sein, als auch gegen westliche Demokratien. Ein besonders prägendes Merkmal der jihadistischen Salafisten in Europa allerdings ist ihre ideologische, organisatorische und strategisch-taktische Nähe zu internationalen jihadistischen Bewegungen wie dem Islamischen Staat und der Al Qaida bzw. zu den mit ihr assoziierten Gruppen wie der Al Qaida im islamischen Maghreb, der Jabhat Al Nusra/Jabhat Fatah Al Sham, der Al-Shabab und anderen Regionalablegern der Al Qaida.

---

43 Das Bundesamt für Verfassungsschutz geht aktuell offiziell von ca. 10.000 Salafisten allein in Deutschland und von ca. 1000 deutschen Jihad-Reisenden aus, was prozentual die Zahl 10 ergibt. https://www.verfassungsschutz.de/de/arbeitsfelder/af-islamismus-und-islamistischer-terrorismus/zahlen-und-fakten-islamismus/zuf-is-reisebewegungen-in-richtung-syrien-irak; 18.1.2017.

2.6 Definition und Kurzzusammenfassung

Salafismus ist eine besonders fundamentalistische islamistische Ausprägung, die einen stilisierten und idealisierten Ur-Islam des siebten und achten Jahrhunderts als Vorbild für eine Umgestaltung von Staat und Gesellschaft auf der Grundlage salafistischer Interpretationen islamischer Werte und Normen anstrebt. Gleichzeitig hat der Salafismus Züge einer extremistischen Gegenkultur zur Moderne, die diese Abgrenzung von der „Mehrheitsgesellschaft" als elitäres Alleinstellungsmerkmal zur Stärkung der eigenen Identität nutzt.

Salafismus
- ist eine besonders fundamentalistische Form des islamischen Extremismus;
- ist ein besonders heterogener Phänomenbereich, der ineinander übergehende salafistische Strömungen beinhaltet;
- viele politische Salafisten lehnen Gewalt als Mittel zur Erreichung ihrer politischen Ziele nicht grundsätzlich ab;
- die salafistische Szene ist strukturell amorph, hybrid strukturiert;
- jihadistische Salafisten befürworten eine offene, unmittelbare und sofortige Gewaltanwendung gegen jeden, der vom „wahren Islam" abgefallen ist;
- besonders prägendes Merkmal der jihadistischen Salafisten in Europa ist ihre ideologische, organisatorische und strategisch-taktische Nähe zu internationalen jihadistischen Bewegungen wie dem Islamischen Staat und der Al Qaida.

Ziele des Salafismus:
- eine islamistische Islaminterpretation strebt die Reinigung des Islam und die Wiederherstellung des Islam in seiner als „ursprünglich" deklarierten Form an;
- glorifiziert den Ur-Islam Mohammeds und seiner „Gefährten" und inhaltlich den Koran und die Hadithen/Sunna als Vorbild für das richtige gesellschaftliche und politische Verhalten in der Gegenwart und Zukunft;
- die salafistischen Islaminterpretationen richten sich an der religiösen Praxis und Lebensführung des Propheten Mohammed und seiner Gefährten (die „rechtschaffenen Altvorderen") aus.
- Kurz: Die Gesellschaft, in der sie leben, durch ein salafistisches Islamverständnis grundlegend zu verändern.

Politikwissenschaftliche und rechtliche Bewertung:
- Salafismus ist wie Islamismus als extremistische Ideologie zu beurteilen, die außerhalb der FdGO steht;
- die religiös-theologisch-ideologische Grundlage aller drei salafistischer Strömungen ist im Wesentlichen gleich, was höchst problematisch für die Sicherheitsbehörden ist;
- politische Salafisten legen ihren taktischen Schwerpunkt auf die Verbreitung ihrer islamistisch-salafistischen Ideologie durch *Dawa*, also Missionierung und Rekrutierung neuer Anhänger durch Propagandaaktivitäten; (spätestens) hier beginnt der strafrechtlich relevante Bereich;
- nach Einschätzung deutscher Verfassungsschutzbehörden werden ca. 10% bis 20% aller Salafisten jihadistische Terroristen, 80% bis 90% bleiben politische Salafisten; daraus ergibt sich die Regel: „Nicht jeder Salafist wird Jihadist, aber quasi alle Jihadisten waren bzw. sind Salafisten."

3. Islamistischer Terrorismus: Mögliche Definitionen

3.1 Analyse der Sicherheitsbehörden und der sozialwissenschaftlichen Forschung

Der deutsche Auslandsnachrichtendienst Bundesnachrichtendienst definiert den islamistischen Terrorismus wie folgt:

Seine Gruppierungen agieren transnational und verfolgen häufig einen global-jihadistischen Ansatz, der westliche Ziele und damit auch die Bundesrepublik Deutschland ins Visier nimmt. Ideologische Grundlage islamistischer Terrorgruppierungen ist eine vorgebliche Rückbesinnung auf traditionelle islamische Werte in Anlehnung an das „Goldene Zeitalter" zur Zeit des Propheten Muhammad. Als Ziel propagieren sie die Errichtung von islamischen Gemeinwesen nach den Grundsätzen der Sharia. Mittel zum Zweck ist für alle Gruppierungen der als heiliger Krieg („Jihad") bezeichnete gewaltsame Kampf.[44]

---

44 BND 2017.

II Begriffsbestimmungen

Das Bundesamt für Verfassungsschutz, der deutsche Inlandsnachrichtendienst des Bundes, definiert den islamistischen Terrorismus wie folgt:

Islamistischer Terrorismus ist der nachhaltig geführte Kampf für islamistische Ziele, die mit Hilfe von Anschlägen auf Leib, Leben und Eigentum anderer Menschen durchgesetzt werden sollen, insbesondere durch schwere Straftaten, wie sie in § 129 a Abs. 1 StGB genannt sind, oder durch andere Straftaten, die zur Vorbereitung solcher Straftaten dienen.[45]

Den Bereich des islamistischen Terrorismus, der *homegrown* entstanden ist, konkretisiert das Bundesamt für Verfassungsschutz wie folgt:

Unter „Homegrown"-Terrorismus sind islamistische Strukturen oder Strukturansätze zu verstehen, die sich aus radikalisierten Personen ab der zweiten Einwanderergeneration sowie radikalisierten Konvertiten zusammensetzen. Die Personen sind zumeist in europäischen Ländern geboren und/oder aufgewachsen, stehen jedoch aufgrund religiöser, gesellschaftlicher, kultureller oder psychologischer Faktoren dem hiesigen Wertesystem ablehnend gegenüber und erachten die Errichtung einer islamistischen Gesellschaftsordnung für erstrebenswert. Gemeinsames Kennzeichen dieses Personenkreises ist, dass er von der pan-islamischen „Al Qaida"-Ideologie beeinflusst wird.[46]

Nachdem die sicherheitspolitische und sozialwissenschaftliche Forschung zum Ende des 20. Jahrhunderts und zu Beginn des 21. Jahrhunderts – vor allem nach dem 11. September 2001 – versuchte, das Phänomen Terrorismus eindeutig und abschließend zu definieren, wurde bald die Unmöglichkeit erkannt, eine allgemein gültige und anerkannte Definition von Terrorismus zu finden. Einige wissenschaftliche Studien haben sich dezidiert mit dem „Definitionsproblem Terrorismus" beschäftigt und dieses erläutert.[47]

Schmid und Jongman haben 109 Definitionen von Terrorismus dahingehend untersucht, welche Definitionselemente darin am häufigsten genannt werden.[48] Zu den charakterisierenden definitorischen

---

45 BfV 2017, Glossar.
46 BfV 2017, Glossar.
47 *Schmid/Jongman* 2005.
48 Ebd.

Elementen der 109 untersuchten Definitionen von „Terrorismus" gehören nach der Nennung ihrer Häufigkeit:
- Gewalt und Zwang
- politisch
- Hervorrufung von Angst und Schrecken
- Drohung
- Psychologische Effekte und antizipierte Reaktionen
- Opfer-Ziel-Differenzierung
- Zielgerichtetes, geplantes, systematisches, organisiertes Handeln
- Methoden des Kampfes, Strategie, Taktik
- Außerhalb der Normalität, Verletzung akzeptierter Regeln, ohne humanitäre Rücksichtnahmen
- Nötigung, Erpressung, Herbeiführung von Nachgiebigkeit
- Publizitätsaspekte
- Willkürlichkeit, Nichtkombattanten, Neutrale, Außenseiter als Opfer
- Einschüchterung
- Hervorhebung der Schuldlosigkeit der Opfer
- Gruppe, Bewegung, Organisation als Täter
- Symbolische und demonstrative Aspekte
- Unberechenbarkeit, Unvorhersehbarkeit, Plötzlichkeit des Auftretens von Gewalt
- Heimlichkeit
- Wiederholbarkeit; Serien- oder Kampagnencharakter der Gewalt
- kriminell
- Forderungen an dritte Parteien.[49]

3.2 Der islamistische Terrorismus als internationaler islamistischer Terrorismus

In der internationalen, sicherheitspolitischen Forschung hat sich in den letzten Jahren weitgehend die Auffassung durchgesetzt, dass es „den" Terrorismus nicht gibt, dass Terrorismus kein kohärentes, eindeutiges Phänomen ist, sondern als Strategie verstanden werden muss, die von sehr unterschiedlichen Akteuren in sehr unterschiedlichen politischen Situationen angewendet wird.[50]

---

49 Ebd.
50 *Tilly* 2004, S. 5-13.

Damit hängt eine weitere, für die Terrorismusforschung sehr zentrale Position zusammen, indem Terrorismus als strategische Wahl eines rational handelnden Akteurs verstanden wird. „Terrorism can be considered a reasonable way of pursuing extreme interests in the political arena. It is among the many alternatives open to radical organizations."[51]

Neben im engeren Sinne sozialwissenschaftlicher Forschung finden sich hier auch sozialpsychologische oder *rational choice*-Ansätze, die besonders die strategische Wahl des Terrorismus als Ergebnis einer rationalen Abwägung betonen. Die aktuelle Analyse der Strategie des Islamischen Staates zeigt, dass der IS Terrorismus als ein taktisches Mittel von vielen nutzt. Der IS als nichtstaatlicher Akteur (Terrororganisation) ist gegenüber den von ihm angegriffenen Staaten der westlichen Welt von einem eindeutigen Macht- und Ressourcen-Ungleichgewicht geprägt. Terroristische Gewalt ist für ihn ein Mittel in Form eines kommunikativen Aktes zur Erreichung religiös-politischer Ziele.[52]

Die Akteure des internationalen oder auch transnationalen[53] Terrorismus operieren in zahlreichen Staaten auf unterschiedlichen Kontinenten, haben keine unveränderlichen lokalen Bezugspunkte und die räumliche Wahl seiner Ausbildungseinrichtungen und Basen beruht auf strategischen und ökonomischen Erwägungen. Das Beispiel Al Qaida zeigt, dass sich eine solche Wahl wiederholt ändern kann.

Als Charakteristika des internationalen Terrorismus sind zu nennen:
- dezentrale Netzwerk-Struktur auf substaatlicher Ebene
- multiple private Finanzquellen und Logistik
- internationale Zielsetzung
- Multinationalität der Mitglieder
- Hohe taktische Flexibilität.

Das sicherheitspolitische Interesse an internationalen nichtstaatlichen Akteuren ist in den letzten zwei Jahrzehnten stark gestiegen. Wurde internationalen nichtstaatlichen Akteuren auch nach dem Ende des Kalten Krieges noch „keine nennenswerte Rolle" zugeschrieben, so hat sich dies spätestens seit dem 11.9.2001 deutlich ver-

---

51 *Crenshaw* 2010.
52 *Goertz* 2017, Der „Islamische Staat" und seine asymmetrische Strategie gegen westliche Demokratien.
53 *Keohane/Nye* 1971, S. xii.

ändert.⁵⁴ Anders als der ethno-nationale Terrorismus (z.B. die *Euskadi Ta Askatasuna*, ETA, in Spanien und Frankreich und die *Irish Republican Army*, IRA, in Nordirland, Irland und England) ist der islamistische Terrorismus, der Jihadismus, durch die globale Reichweite seiner religiös-ideologischen (jihadistischen) Ausrichtung in höchstem Maße international orientiert. Die aktuellen Organisationen des internationalen Terrorismus sind allerdings keine säkularen Gruppierungen mit spezifischen politischen Zielen mehr, die sich auf einzelne Staaten oder isoliert auf einzelne Regionen und deren „Unabhängigkeit" beziehen. Sie prosperieren vor allem in kriegserschütterten Staaten und Gesellschaften der sog. zweiten und dritten Welt, wie zum Beispiel auf dem Balkan, im Kaukasus, in Zentral-Asien, in Pakistan, in West- und Nord-Afrika und in Somalia. Auffällig ist, dass alle diese empirischen Beispiele, Staaten, Regionen und Gesellschaften muslimisch geprägt sind.⁵⁵

Der weltweite islamistische Terrorismus und seine terroristischen Organisationen profitieren entscheidend von den Entwicklungen der Globalisierung, von geöffneten Grenzen, von schwach bis gar nicht kontrollierten Grenzen und modernen Kommunikationsmitteln. Seine Gruppierungen und Zellen nutzen sowohl schwache und gescheiterte Staaten der sog. zweiten und dritten Welt, Staaten, die nicht auf Rechtshilfeersuchen anderer Staaten reagieren und Auslieferungsabkommen nicht einhalten, als auch europäische Staaten mit strengen Bankgeheimnissen, wie beispielsweise die Schweiz und Luxemburg.⁵⁶

Ein Beispiel für den Grad der internationalen Vernetzung des islamistischen Terrorismus stellt die Interaktion zwischen der Organisation Islamic Jihad Usbekistans und den Taliban Afghanistans dar, die Drogenhandel und -schmuggel zur Finanzierung ihrer terroristischen Aktivitäten nutzen. Auch die Al Qaida soll – ebenfalls religiös-ideologisch basiert – seit einigen Jahren mit Akteuren der Organisierten Kriminalität in Bosnien und damit in der unmittelbaren Nachbarschaft West-Europas kooperieren. Personelle Ressourcen, Ausbildungscamps und Schmuggelrouten von Afghanistan über den Balkan nach West-Europa sind die Grundlage dieser internationa-

---

54 *Nölke* 2010, S. 395; *Halliday* 1991, S. 197.
55 *Shelley* 2014.
56 *Thompson* 2011; *Naylor* 2002.

len Kooperation.⁵⁷ In Nord- und West-Afrika profitieren Akteure des islamistischen Terrorismus von der fest etablierten sozialen und personellen Infrastruktur regionaler muslimischer Milizen als Basis für den Transport von Drogen, Zigaretten, Menschen, Waffen und Treibstoff durch die Sahelzone.⁵⁸ Ein komplexes, heterogenes und grenzüberschreitendes Netzwerk verbindet seit den 1990er Jahren staatliche und nichtstaatliche malische, libysche und algerische Akteure aller politischen und wirtschaftlichen Ebenen mit regionalen Milizen, verschiedenen Tuareg-Gruppierungen und Jihadisten (AQIM und GSPC).⁵⁹

Internationale islamistisch-terroristische Organisationen verfügen sowohl in westlichen, demokratischen Staaten (wie z.B. in den USA, Kanada, Australien und in zahlreichen europäischen Staaten) über Zellen in ethnischen und religiösen Milieus („Diaspora-Communities") und sind über solche Milieus auch in Konfliktregionen wie Afrika, den Nahen und Mittleren Osten und den Kaukasus vernetzt.

Die empirische Analyse des Islamischen Staates zeigt, dass der IS Terrorismus als eine taktische Methode, ein taktisches Mittel von vielen nutzt. Terroristische Gewalt ist für den IS ein Mittel in Form eines kommunikativen Aktes zur Erreichung religiös-politischer Ziele. Die Al Qaida im islamischen Maghreb beweist seit ca. zehn Jahren in Nord- und West-Afrika ihre Flexibilität und Anpassungsfähigkeit an sich verändernde regionale Rahmenbedingungen. Verbunden ist dies auch mit ihrer Fähigkeit, sich mit Hilfe ihrer transnationalen jihadistischen Ideologie an praktisch jeden Konflikt der Welt, an dem Muslime beteiligt sind, anzugliedern und dort neue Anhänger zu mobilisieren.

---

57 *Makarenko* 2004, S. 132.
58 Nach einem aktuellen Bericht des *United Nations Office on Drugs and Crime* kommen ca. 25% des auf dem europäischen Markt angebotenen Kokains über Westafrika nach Europa, dabei entwickelte sich Nordmali zu einem wichtigen Umschlagplatz. Nach Ansicht der *West Africa Commission on Drugs 2014* ist West- und Nord-Afrika „das Drehkreuz für Kokain und Heroin, das aus Südamerika und Asien stammend auf dem Weg zu europäischen Märkten ist". WACOD 2014.
59 *Lohmann* 2011.

3.3 Definition und Kurzzusammenfassung

Islamistischer Terrorismus wendet Aufsehen erregende Gewalt gegen die Zivilbevölkerung und staatliche Stellen an, um Angst und Schrecken zu verbreiten und dadurch politische Entscheidungen von Staaten zu beeinflussen. Die politischen und gesellschaftlichen Ziele des islamistischen Terrorismus basieren auf einer extremistischen Interpretation der Religion Islam und ihrer Rechtsquellen.

Islamistischer Terrorismus
- ist der nachhaltig geführte Kampf für islamistische Ziele, die mit Hilfe von Anschlägen auf Leib, Leben und Eigentum erreicht werden sollen;
- „der" Terrorismus existiert nicht;
- Terrorismus ist kein kohärentes, eindeutiges Phänomen, sondern eine Strategie mit zahlreichen unterschiedlichen Taktiken, die von sehr unterschiedlichen Akteuren in sehr unterschiedlichen politischen Situationen angewendet werden;
- Terrorismus ist die strategische Wahl eines rational handelnden Akteurs;
- „Homegrown"-Terroristen sind radikalisierte Islamisten ab der zweiten Einwanderergeneration, in europäischen Ländern geboren und/oder aufgewachsen, lehnen aufgrund religiöser, gesellschaftlicher, kultureller und/oder psychologischer Faktoren das westliche, demokratische Verfassungssystem ab;
- Gewalt ist für ihn ein Mittel in Form eines kommunikativen Aktes zur Erreichung religiös-politischer Ziele;
- dezentrale Netzwerk-Struktur auf substaatlicher Ebene;
- multiple private Finanzquellen und Logistik;
- internationale Zielsetzung;
- Multinationalität der Mitglieder;
- hohe taktische Flexibilität;
- anders als der ethno-nationale Terrorismus (ETA, IRA etc.) ist er durch die globale Reichweite seiner religiös-ideologischen Ausrichtung in höchstem Maße international orientiert;
- profitiert entscheidend von den Entwicklungen der Globalisierung, von geöffneten Grenzen, von schwach bis gar nicht kontrollierten Grenzen und modernen Kommunikationsmitteln;
- seine Gruppierungen und Akteure nutzen sowohl schwache und gescheiterte Staaten der sog. zweiten und dritten Welt (Syrien,

Irak, Afghanistan, Somalia) als auch europäische Staaten mit strengen Bankgeheimnissen (z.B. die Schweiz und Luxemburg);
- internationale islamistisch-terroristische Organisationen verfügen in westlichen, demokratischen Staaten über organisatorische Strukturen wie Zellen und Schläfer in ethnischen und religiösen Milieus („Diaspora-Communities") und sind über solche Milieus auch in Konfliktregionen wie Afrika, den Nahen und Mittleren Osten und den Kaukasus vernetzt.

Ziele des islamistischen Terrorismus:
- die islamistisch-terroristische Ideologie ist ein trojanisches Pferd, um – ursprünglich regionale, politisch, wirtschaftlich, ethnisch entstandene – Konflikte zu infiltrieren;
- Etablierung eines Kalifats und der Sharia („Gottes Herrschaft auf Erden");
- Zeitgenössische Kalifatinterpretation (wie z.B. die derzeitige des IS);
- Infiltrieren von regionalen Konflikten auf der ganzen Welt.

Politikwissenschaftliche und rechtliche Bewertung:
- die Akteure des internationalen islamistischen Terrorismus wenden völkerrechtlich illegale taktische Mittel wie Angriffe und Straftaten gegen die Zivilbevölkerung an;
- die Akteure des internationalen islamistischen Terrorismus tragen keine Uniformen bzw. identifizierende Abzeichen, um sich nicht als Kombattant erkennen zu geben;
- der IS nutzt Terrorismus als eine taktische Methode, als ein taktisches Mittel von vielen;
- terroristische Gewalt ist für den IS ein Mittel in Form eines kommunikativen Aktes zur Erreichung religiös-politischer Ziele.

III. Die Akteure: Eine psychologische und sozialwissenschaftliche Analyse

1. Psychologische, religiöse, politische und soziale Einflussfaktoren auf Islamisten, Salafisten und islamistische Terroristen: Die analytische Leitfrage

Die dominierende analytische Leitfrage dieses Buches lautet:

Warum und wie radikalisieren sich Menschen, die in demokratischen, freiheitlichen, sozialstaatlichen Gesellschaften aufgewachsen und/oder geboren sind, zu Islamisten und islamistischen Terroristen, die grundlegende Verfassungsprinzipien wie Demokratie, Freiheit, Gleichheit, Volkssouveränität und Minderheitenschutz ablehnen und ihre islamistische religiös-politische Ideologie mit dem Mittel des Terrorismus zur Grundlage des Lebens aller Menschen machen wollen?

Diese Analysefrage ist in der Radikalisierungsforschung zu verorten. Da die Radikalisierungsforschung über Jahre einen großen Einfluss auf die gesamtgesellschaftliche Debatte über (islamistische) Radikalisierung hatte, wird einführend kurz die Radikalisierungsdebatte und ihre – wissenschaftlich als teilweise falsch bewiesenen – Thesen dargestellt. Daraufhin wird in diesem Kapitel der obigen analytischen Leitfrage für den Radikalisierungsprozess von Islamisten, Salafisten und islamistischen Terroristen auf drei Ebenen nachgegangen.

Die psychologische und sozialwissenschaftliche Radikalisierungsforschung im Phänomenbereich des islamistischen Terrorismus muss vor dem Hintergrund der jihadistischen Anschläge der Jahre 2015 und 2016 in Europa und Deutschland als von höchster Bedeutung identifiziert werden. Wie beim Phänomen „Terrorismus" besteht in der Wissenschaft keine Einigkeit über eine Definition des Begriffs „Radikalisierung". Im 19. und 20. Jahrhundert wurde damit eine drastische Abwendung von den geltenden gesellschaftlichen Verhältnissen und Regeln sowie die Errichtung eines anderen gesellschaftlichen, politischen Systems assoziiert.[60] Was genau der Prozess der Radikalisierung beinhaltet, ist wissenschaftlich umstritten. Kon-

---

60 *Mandel* 2009.

sens herrscht allerdings darüber, dass es sich um einen Prozess über einen gewissen Zeitraum hinweg handelt, wobei seine Zeitdauer – empirisch analysiert – sich in letzter Zeit stark verkürzt hat, bis auf wenige Monate.[61]

> Die definitorische Grundlage von **Radikalisierung** in diesem Kapitel ist folgende:
>
> Ein Radikalisierungsprozess ist jeweils individuell, in seinem Verlauf übernehmen Individuen extreme politische, religiöse und gesellschaftliche Ideale und Ziele, wofür die Anwendung von Gewalt gerechtfertigt wird.
>
> Im Fall einer islamistischen, salafistischen, jihadistischen Radikalisierung kommt es zur Übernahme einer islamistischen, gewaltbereiten Ideologie.
>
> Religiös-politische Radikalisierung kann als kognitiver Veränderungsprozess der sozialen Einstellung, des sozialen Verhaltens auf der Grundlage einer (religiösen) Ideologisierung hin zur Bereitschaft zur Anwendung von Gewalt verstanden werden.
>
> Für die zunehmende, schrittweise Übernahme der Ideologie des Islamismus, bzw. des politischen und jihadistischen Salafismus wird hier synonym der Begriff Radikalisierung verwendet.

Aus einer sozialwissenschaftlichen Perspektive spricht Barran von der Radikalisierung als einem Mechanismus eines Fließbandes, auf welchem Schritt für Schritt verschiedene Elemente und Einflüsse hinzukommen.[62] Wichtig zu erwähnen ist hierbei allerdings, dass diese Fließbandthese eben nicht davon ausgeht, dass alle kognitiven Extremisten eines Tages zu gewalttätigen Extremisten werden. Der Umkehrschluss jedoch trifft zu. Gegner der Fließbandthese argumentieren dagegen, dass Denken und Handeln völlig unterschiedlich und getrennt seien und die Gleichung „je extremistischer die Ideologie, desto höher die Gewaltbereitschaft" oftmals falsch sei.[63] Aus sozial-psychologischer Perspektive wird die Radikalisierung mit einem Treppenhaus verglichen, in dem sich Personen – abhängig vom Grad ihrer Einstellung und ihrer Nähe zur Militanz – auf verschiedenen Ebenen bzw. Stufen befinden.

---
61 *Baran* 2005, S. 68-78; *Moghaddam* 2005, S. 161-169.
62 *Baran* 2005.
63 *Lambert* 2008; *Borum* 2011.

2. Falsche theoretische Hypothesen von Radikalisierung: Abschied von zwei falschen Erklärungsansätzen

2.1 Psychische Krankheiten als Radikalisierungfaktor? Nein!

Die überwiegende aktuelle, internationale psychologische und sozialwissenschaftliche Forschung kommt zum Schluss, dass islamistische Terroristen im Wesentlichen „normale" Menschen ohne psychische Krankheiten sind.[64] Studien zu Beginn des 21. Jahrhunderts zeigen, dass islamistische Terroristen einen „normalen" sozialen Hintergrund haben und nicht unter mentalen Krankheiten leiden.[65] Anders als neo-freudianische Ideen annehmen, leiden islamistische Terroristen nicht unter pathologischem Narzissmus, unter Paranoia oder unter autoritären Persönlichkeitsstörungen, sondern sind nach Ansicht von Sageman „surprisingly normal in terms of mental health."[66]

Im Alltag allerdings werden Terroristen immer noch häufig als „abnorme" Persönlichkeiten mit klinisch relevanten Auffälligkeiten dargestellt. Die klinische Psychologie allerdings lehnt psychische Störungen als Faktor für eine Radikalisierung zu islamistischen Anschlägen und Attentaten als empirisch nicht bestätigt ab.[67] *Rational choice*-Ansätze von psychologischer Ursachenforschung des islamistischen Terrorismus analysieren die strategische Wahl von Terrorismus als taktischem Mittel als Ergebnis einer rationalen Abwägung von rational entscheidenden Akteuren.[68] Dies bestätigend kommen sozialpsychologische Untersuchungen zum Ergebnis, dass (islamistische) Terroristen alles andere als irrational sind und dass psychisch Kranke sicherlich keine komplizierten geheimen terroristischen Anschläge planen können.[69]

Die umfassende empirische Untersuchung von internationalen Jihadisten (*foreign fighters*), durchgeführt von Venhaus, zeigt, dass „keinerlei Zeichen von klinischen Psychosen" vorlagen, allerdings

---

64 Vgl. u.a. *Horgan* 2003; *ders.* 2014; *Sageman* 2017.
65 *Horgan* 2003; *Schmid* 2011.
66 *Sageman* 2004, S. 83.
67 *Silke* 1998, S. 51-69; *DeAngelis* 2009.
68 *Ashworth/Clinton/Meirowitz* 2008, S. 269-273.
69 *Sageman* 2004, S. 81; *Silke* 2008, S. 104.

auffälliges, unsoziales, aggressives Verhalten durchaus überdurchschnittlich beobachtet werden konnte.[70]

2.2 Sozio-ökonomische Unterschiede wie Bildung, Arbeitslosigkeit und soziale Herkunft als Radikalisierungsfaktor? Nein!

Zahlreiche internationale wirtschaftswissenschaftliche, politikwissenschaftliche und psychologische Studien belegen, dass die immer noch von verschiedenen politischen Parteien und verschiedenen Medien vertretene Idee, dass islamistische homegrown-Terroristen westlicher Staaten sich aus sozio-ökonomischen Gründen radikalisiert hätten, falsch ist.[71] Das britische MI5 stellte im Rahmen einer Untersuchung von britischen islamistischen Terroristen im Jahr 2011 gar fest, dass über 60% aus der sog. Mittelklasse oder gar gehobeneren sozialen Schichten stammen.[72] Sowohl das FBI als auch das Bundeskriminalamt und das Bundesamt für Verfassungsschutz stellen fest, dass die meisten homegrown-Terroristen aus der sog. Mittel- bzw. gar Oberschicht kommen, arbeiten und verheiratet sind.[73] Zwar sind islamistische Terroristen im empirischen Durchschnitt junge Männer im Alter zwischen 15 und 25 Jahren, dies gilt allerdings für die meisten Gewalttäter.[74]

Auch die Untersuchung von Lebenslaufanalysen verurteilter islamistischer Straftäter und von biographischen Kenntnissen zu deutschen Jihad-Reisenden (Afghanistan, Syrien, Irak) widerlegen die Jahrzehnte populäre These, dass islamistische Täter sich wegen sozio-ökonomischer Benachteiligung und niedrigerer Bildungsabschlüsse radikalisiert hätten.[75] Es kann gar das Gegenteil konstatiert werden: Ca. 40 % von ihnen haben die Hochschulreife erlangt, 23% verfügen über einen Realschulabschluss, 27% der ausgereisten Per-

---

70 *Venhaus* 2010.
71 http://www.economist.com/node/17730424; 9.1.2017; http://edition.cnn.com/2015/02/19/opinion/bergen-terrorism-root-causes/; 9.1.2017.
72 http://www.dailymail.co.uk/news/article-2049646/The-middle-class-terrorists-More-60pc-suspects-educated-comfortable-backgrounds-says-secret-M15-file.html; 9.1.2017.
73 FBI 2011; BKA/BfV 2016.
74 *Silke* 2004.
75 BKA/BfV 2016, S. 15-18.

sonen erlangten einen Hauptschulabschluss und nur sieben Prozent haben keinen Schulabschluss.[76] Zusätzlich haben über 42 % der Vergleichsgruppe eine Berufsausbildung abgeschlossen, ca. 30% erst vor der Ausreise eine Ausbildung begonnen.[77] Hier kann festgestellt werden, dass entgegen immer noch weit verbreiteter Meinungen islamistische Terroristen nicht überdurchschnittlich ungebildet, arbeitslos oder ohne familiären Rückhalt sind.[78]

Die bis zum Beginn des 21. Jahrhunderts dominierenden psychologischen[79] Hypothesen *Frustrations-Aggressions-Hypothese*[80], *Hypothese der negativen Identität*[81] und *Hypothese der narzisstischen Wut*[82] konzentrierten sich im Wesentlichen auf die subjektiven Wahrnehmungen und Handlungsmuster des Individuums und erklärten psychopathologische Anomalien sowie frühkindliche Sozialisationsschäden für den Radikalisierungsprozess verantwortlich, so dass multikausale Erklärungsmuster für die Radikalisierung kaum in Betracht gezogen wurden.

Weiterhin zeigt eine Analyse der wissenschaftlichen Literatur zum Komplex islamistischer Radikalisierung (erstaunlicherweise) eine jahrelange Dominanz und Beeinflussung des politischen Diskurses durch soziologische Erklärungsansätze wie z.B. soziale und sozioökonomische Marginalisierung, Deprivation, Entfremdung und Diskriminierung von Menschen mit Migrationshintergrund durch die europäischen Mehrheitsgesellschaften als verantwortliche Ursache für diese Radikalisierungsprozesse.[83] Diese soziologischen und sozioökonomischen Theorien interpretierten eine Status-Frustration sowie sozioökonomische Missstände als Ausgangspunkt für das Erschaffen subkultureller und parallelgesellschaftlicher Werte als Gegenreaktion auf die europäischen Mehrheitsgesellschaften.[84] Kurz: Soziale und sozioökonomische Ungleichbehandlung durch die Mehrheitsgesellschaft verantworte den Radikalisierungsprozess.[85]

---

76 Ebd. S. 16-17.
77 BKA/BfV 2016, S. 15-18.
78 FBI 2011; BKA/BfV 2016.
79 *Hudson* 1999.
80 *Aronson* 2008; *Gurr* 1970/2012.
81 *Knutson* 1981; *Fend* 2003.
82 *Post* 1990, S. 65-71; *Pearlstein* 1991; *Crayton* 1983.
83 *Roy* 2004; *ders.* 2008; *Khosrokhavar* 2005; *Korteweg* 2010; *Cottee* 2011.
84 *Auchter/ Büttner* 2003; *Böllinger* 2002; *Fischer/Haslam* 2010.
85 *Buijs* 2006; *Taarnby* 2005.

III Die Akteure: Eine psychologische und sozialwissenschaftliche Analyse

Diese soziologischen Thesen können jedoch auf verschiedenen Ebenen leicht widerlegt werden. Zum einen zeigt die internationale Forschung, dass ein großer Anteil der Jihadisten über ein relativ hohes Bildungsniveau verfügt.[86] Auch in Deutschland ist der Anteil (weiblicher) gewaltaffiner Jihadisten mit einer Hochschulausbildung fünf Mal so hoch wie in der Gesamtheit der Muslime in Deutschland.[87] Zum anderen verdeutlicht das Problem der Sensitivität bzw. der Spezifität, das die sozioökonomische Desintegrationstheorie und die Subkulturtheorie nicht erklären kann, dass sich nur ein geringer Teil derjenigen Individuen, die von den sozioökonomischen Radikalisierungsfaktoren betroffen sind, tatsächlich radikalisiert.[88]

Anders als die oben dargestellten sozioökonomischen Theorien dagegen untersucht ein psycho-sozialer Ansatz Muster von Radikalisierungsprozessen durch Biographieforschung und weist Gemeinsamkeiten mit wissenschaftlichen Ergebnissen der allgemeinen Jugendkriminalitätsforschung auf. So stellen dysfunktionale Familienhintergründe, Gewalt und psychische Unterdrückung in der Kindheit ebenso wie Auffälligkeiten und Brüche in der Schule und im Berufsleben empirische Faktoren für Radikalisierungsprozesse dar.[89]

Die von der Europäischen Union beauftragte, Studie *Lone-Actor Terrorism, Personal Characteristics of Lone-Actor Terrorists* aus dem Jahr 2016 führt für den Erhebungszeitraum 2000 bis 2014 innerhalb der Europäischen Union aus, dass lediglich 28 % der so genannten *lone wolves* (islamistische Einzeltäter) sozial isoliert waren.[90] In Bezug auf den Grad der Religiosität als Faktor für den Radikalisierungsprozess wird dort ausgeführt, dass streng religiöse Einzeltäter sehr selten bis gar nicht sozial isoliert sind.[91]

Diverse weitere internationale, qualitative und quantitative Studien der letzten zehn Jahre kommen – anders als die oben erwähnten soziologischen, sozioökonomischen Theorien – zum Ergebnis, dass Islamisten und Jihadisten verheiratete, geschiedene, ledige Männer

---

86 *Merari* 2005, S. 70-86; *Sageman* 2004.
87 *Heerlein* 2014.
88 Ausführlich zur Kritik an den oben erwähnten sozioökonomischen Theorien siehe *Horgan* 2008; *Victoroff* 2005; *Dalgaard-Nielsen* 2010.
89 *Pantucci* 2015.
90 Ebd.
91 *Zuijdewijn* 2016, S. 6.

und Frauen unterschiedlichster Nationalitäten, unterschiedlichster Berufe aus verschiedenen sozialen Schichten sind und beweisen, dass soziale und sozioökonomische Faktoren eine bedeutend weniger wichtige Funktion für den islamistischen Radikalisierungsprozessen haben, als dies jahrelang in der breiten und politisch viel zitierten soziologischen Forschung angenommen wurde.[92]

2.3 Islamistische, salafistische und jihadistische Radikalisierung: Neue Analysefragen

Der Untersuchungsbereich von Radikalisierung kann einerseits in die „Untersuchung des *Prozesses, wie* verläuft ein Radikalisierungsprozess?" unterschieden werden und andererseits in die „Untersuchung der *Ursachen, warum* radikalisiert sich ein Individuum?".
Um die Gefahr zu vermeiden – der zahlreiche Debatten in den Medien und im politischen Raum offensichtlich erlegen sind –, diese beiden Untersuchungsbereiche zu vermischen und/ oder zu versimplifizieren, werden hier neue analytische Fragen für die Untersuchung eines individuellen Radikalisierungsprozesses abgeleitet:
- *Warum* werden Individuen wissend und wollend Teil einer militanten und/oder terroristischen Organisation bzw. Gruppe, die Gewalt anwendet?
- *Wie* schließen sich Individuen militanten und/oder terroristischen Organisationen bzw. Gruppen an?
- *Welche* Rolle(n) bzw. Aufgabe(n) übernehmen Individuen, die sich einer militanten und/oder terroristischen Organisation bzw. Gruppe anschließen?
- *Wie* und *warum* verändert sich die Rolle und Funktion eines Individuums in solchen militanten und/oder terroristischen Organisationen bzw. Gruppen?
- *Wie* und *warum* übernehmen Individuen die ideologischen Werte und Normen einer militanten und/oder terroristischen Gruppe, *wie* und *warum* passen sie sich an die daraus entstehende „Parallelrealität" bzw. „Scheinrealität" an?

---

92 *Bakker* 2006; *Nesser* 2006; BKA/BfV 2016.

- *Wie* und *warum* verüben individuelle Mitglieder einer militanten und/oder terroristischen Gruppe Gewalt? Härten Individuen durch Erfahrung ab? *Wie* verändert die Ausübung von terroristischer Gewalt die individuellen Mitglieder einer Gruppe und *wie* geht das Individuum damit um?
- *Wie* und *warum* beeinflussen sie andere individuelle Mitglieder einer militanten und/oder terroristischen Organisation bzw. Gruppen?
- *Wie* und *warum* verlassen manche Individuen militante und/oder terroristische Organisationen bzw. Gruppen?

2.4 (Abgestufte) Grade von Radikalisierung und die individuelle Funktion in einer terroristischen Gruppierung

Folgende fünf unterschiedliche Kategorien von Beteiligung an terroristischen Gruppen können identifiziert werden:

1. *Aktive Teilnehmer* = stehen unmittelbar davor, terroristische Anschläge bzw. Attentate durchzuführen;
2. *Kandidaten* = zeigen Interesse an der Durchführung eines terroristischen Anschlags;
3. *Unterstützer* = beteiligen sich an der taktischen und logistischen Vorbereitung von terroristischen Anschlägen;
4. *Ausgebildete Kandidaten* = sind noch ein deutliches Stück von der Kategorie Nr. 2 entfernt;
5. *Ideologen/Anstifter* = fördern terroristische Anschläge bzw. Attentate durch Rhetorik, Propaganda und ermutigen zu terroristischen Akten.[93]

Um diese qualitative Einteilung terroristischer Gruppierungen um eine quantitative Dimension zu ergänzen, kann das aktuelle Forschungsergebnis von McCauley angeführt werden, der erklärt, dass nur ein kleiner Teil von terroristischen Gruppierungen bzw. Organisationen zur Kategorie *aktive Teilnehmer* gerechnet werden kann, der größte Teil jedoch zur Kategorie *Unterstützer* gehört.[94] Auf Basis dieser Feststellung fordert er dazu auf, den Fokus nicht nur auf

---

93 *Dyer/Simcox* 2013.
94 *McCauley* 2012.

die Kategorie *aktive Teilnehmer* zu richten, sondern verstärkt auch auf die erheblich größere Gruppe von Personen, die mit terroristischen Organisationen und Ideologien sympathisieren und Terrorismus rechtfertigen. In dieser Feststellung liegt die Verbindung zum salafistischen Milieu, das augenblicklich als „Durchlauferhitzer" für Jihadisten bezeichnet wird.

3. Entscheidende Radikalisierungsfaktoren: Religion, Fundamentalismus und Ideologie

3.1 Religion und Terrorismus, Islam und Terrorismus: Der aktuelle sozialwissenschaftliche Forschungsstand

3.1.1 Religion und Gewalt

Religionen können folgende Funktionen für militante Ideologien und Fundamentalismus haben:
- Religionen wirken identitätsbildend,
- Religionen sind Glaubenssysteme, die das Verhalten von Individuen und Gruppen beeinflussen,
- Religionen produzieren Doktrinen, allumfassende Sichtweisen und Regeln,
- Religionen produzieren Legitimität,
- Religionen institutionalisieren sich.[95]

Fundamentalismus, bzw. im Fall von Islamismus, Salafismus und islamistischem Terrorismus auch Literalismus und (salafistischer) Neofundamentalismus sind wesentliche Bestandteile der Ideologie und Theologie des Jihadismus:

- Fundamentalismus ist eine Strategie zur Bewahrung einer Gruppenidentität durch Betonung selektiver Dogmen, Glaubenssätze, Normen und Praktiken zur Abgrenzung von außen.
- Fundamentalismus ist sowohl derivativ (leitet sich aus der Vergangenheit ab) als auch originell (sucht nach innovativen Doktrinen), und strebt nach einer Form von „Erneuerung".

---

95 *Fox/Sandler* 2005.

- Fundamentalismus bietet aufgrund seines absoluten und exklusiven Wahrheitsanspruches eine „ontologische Sicherheit".[96]

Verbunden damit können folgende **phänomenologischen Gewalttypen** in einem Zusammenhang mit Religionen identifiziert werden:
- rituelle und symbolische Gewalt (z.b. Opferrituale),
- physische Gewalt aufgrund der Dichotomie „Wir" gegen „die Anderen",
- Diebstahl, Vergewaltigung, Mord (im religiösen System verlangt oder gerechtfertigt),
- Verfolgung oder Bestrafung (aufgrund von Stereotypisierung),
- religiös legitimierte soziale/strukturelle Gewalt (z.b. Geschlechterdiskriminierung),
- organisierte Vergeltungsgewalt (religiös motivierter Terrorismus),
- heiliger Krieg.[97]

Aus anthropologisch-kulturtheoretischer Perspektive kann argumentiert werden, dass religiöse Deutungsmuster, verstanden als kulturelle Vorgabe für das Verständnis der Legitimität von Gewalt, besonders dazu geeignet sind, Gewaltbereitschaft hervorzurufen bzw. zu steigern.[98]

Aus der analytischen Leitfrage dieses Buches können weitere Analysefragen für dieses Unterkapitel abgeleitet werden:
- *Welchen* Einfluss hat eine *religiös-politische Ideologie* auf den Radikalisierungsprozess, auf dem Weg zu terroristischer Gewalt?
- *Wie* kann ein „sacred struggle", ein „heiliger Kampf", ein „heiliger Krieg" im *Namen einer Religion* erklärt werden?

Sozialwissenschaftlich können vier Faktoren von Religionen genannt werden, die Gewalt hervorrufen bzw. bestärken:
1. Religion hat die Fähigkeit, äußerste Verpflichtung bei ihren Anhängern hervorzurufen;
2. Religion bringt eine Sprache hervor und nutzt diese, um die Gewalt einem höheren Zwecke dienlich erscheinen zu lassen;
3. Religion kontrolliert und kanalisiert Gewalt in ihrem Ursprung (Ritus, Opfer), dadurch hat Religion eine Art von Gewaltkon-

---

96 *Brocker* 2003; *Künzl* 2008.
97 *Pahl* 2002.
98 *Krech* 2002.

trolle, wie sie sonst nur vom modernen Staat mit seinem Gewaltmonopol wahrgenommen wird;
4. In besonderen Krisen, kriegerischen Auseinandersetzungen und psychologischen Grenzsituationen kann im Rückgriff auf die Quellen der eigenen Religion, im Sinne einer „Erweckung" einer Gesellschaft, einer Gruppe, ein ursprünglicher, archaischer Impuls reaktiviert werden, da die Entstehungsgeschichte der großen Religionen eine gewaltsame ist.[99]

Religionen haben das Potential, aus einem Chaos eine Ordnung entstehen zu lassen, eine Ordnung nach den allein gültigen Prinzipien der eigenen Religion. Demnach ist ein „kosmischer" Kampf der Prozess, an dessen Ende die Ordnung über das Chaos siegt. „Kosmisch", weil in dessen Zentrum der metaphysische Konflikt zwischen Gut und Böse steht und wer sich im Krieg befindet, hat die moralische Rechtfertigung für Gewalt.[100]

3.1.2 Die „wahre Religion"

Indem die Salafisten zwischen den „wahren Muslimen", den „unwahren Muslimen" und den „Kuffar", „den Ungläubigen" – unabhängig, ob streng religiöse Juden, Buddhisten, Christen oder Atheisten – also „den Anderen" unterscheiden, schaffen sie eine Einteilung in „Gut und Böse", „richtig oder falsch". Dass ein ausgeprägtes Freund-Feind-Denken historisch betrachtet zu Kriegen, Weltkriegen, Genoziden, Bürgerkriegen, gewaltsamen Konflikten und Übergriffen geführt hat, muss konstatiert werden.

Die religiös-ideologische Radikalisierung der Salafisten schafft eine menschenrechtsverletzende Dichotomie „Wir gegen die Anderen" und rechtfertigt damit Gewalt bis hin zum Mord mit der Religion Islam durch einen „heiligen Krieg", den Jihad. In den salafistischen Milieus und "hot spots" Deutschland ist eine nahezu totale Isolierung von der nicht-islamischen Mehrheitsgesellschaft zu beobachten, Kontakte zu „Ungläubigen" werden vermieden und das öffentliche Agitieren gegen religiöse und politische Gegner nimmt häufig Formen von Straftatbeständen an.[101]

---

99 *Rapoport* 1992.
100 *Juergensmeyer* 1992; *ders.* 2003.
101 BfV 2016.

Gerade in Bezug auf die leichter zu radikalisierende Bezugsgruppe junger Menschen zwischen 12 und Mitte 20 hat die salafistische Ideologie eine entscheidende Funktion. Auf schwierige Fragen der Sinnsuche, des Umgangs mit konkreten Problemen des Alltags erhalten die jungen Interessierten einfache Antworten, die religiös begründet werden. Der (religiöse) Exklusivitätsanspruch der Islamisten und Salafisten bezieht sich dabei eben nicht nur auf die Religion, sondern auf „alles", auf das politische Alltagsgeschehen, auf die Weltanschauung, auf konkrete Alltagsfragen wie: „Neben wem darf ich in der Schule nicht sitzen?", „Wen soll ich bei alltäglichen Fragen um Rat bitten?", „Mit wem darf ich welche Art von intimer Beziehung führen?". Gerade im 21. Jahrhundert, dem Jahrhundert der Globalisierung, der Grenzenlosigkeit, in dem „ethisch-moralische Beliebigkeit", ein „Man-kann-ja-alles-machen" von zahlreichen Vertretern ganz unterschiedlicher politischer, gesellschaftlicher und ideologischer Spektren kritisiert wird, hat diese über zwölf Jahrhundert alte islamistisch-salafistische Ideologie taktisch leichtes Spiel.

3.1.3 Der Islam und der Jihad, der Koran und der Jihad, islamistische Prediger und der Jihad

„Jihad is, without doubt, the pride of Islam and the basis of Islam, and the verses and hadiths regarding this are known to everybody inshallah."[102]

In Antwort auf die Frage nach dem Verhältnis von Religion und Gewalt, Religion und Terrorismus, Islam und Jihad, Koran und Jihad ist festzustellen, dass die islamistisch-salafistische und jihadistische Ideologie ihre Interpretation des Jihad als religiöse Pflicht „der Muslime" mit der Darstellung des Propheten Mohammed im Koran verbinden. Mohammed führte 27 *ghazwat*, Feldzüge bzw. Angriffe und seine „Gefährten" führten unzählige mehr.

Ahmed Ibn Hanbal – auf den die dogmatisch-rigide Islamlehre des Hanbalismus zurückgeht – hat, ebenso wie Ibn Taymiyya und Mohammed Ibn Abd Al Wahhab, auf den die Schule des Wahhabismus zurückzuführen ist, großen Einfluss auf die zeitgenössischen Salafisten und prägt deren Interpretation von Jihad. Weitere sunnitische Rechtslehrer wie beispielsweise Abdullah Assam führten in den 1980er Jahren aus, dass die linguistische Unterscheidung in großen

---
102 *Muhammad Al-Albani* zit.n. *Maher* 2016, S. 36.

und kleinen Jihad nicht relevant sei, wohl aber das Urteil aller vier normativen Rechtsschulen der islamischen Rechtsprechung, welche einstimmig Jihad mit *al qital*, militantem, aktivem Kampf verbunden hätten.[103]

Der Islamwissenschaftler Maher bewertet das Konzept des „großen Jihad", als „inneren Kampf gegen eigene Schwächen" innerhalb islamischer Rechtsgelehrter als höchst umstritten, weil sich dieses Konzept des „großen Jihad", also des „inneren Kampfes", nicht auf den Koran beruft, sondern auf einen Hadith, eine Überlieferung, deren Authentizität innerislamisch angezweifelt wird.[104]

Das Konzept des „kleinen Jihad", des militanten Jihad, lässt sich im Koran in der dritten und vierten Phase Mohammeds finden. Diese Phase beginnt mit der Schlacht von Badr 624 n.Chr., als Mohammed dem göttlichen Befehl zum Kampf gegen die Verfechter der Vielgötterei folgt (Sure 2, Verse 190-193 sowie Sure 47, Verse 4-6).[105] Auf der Suche nach der Definition von „Jihad" müssen die sogenannten „Schwertverse" in Sure 9 studiert werden:

Wenn die heiligen Monate abgelaufen sind, dann tötet die Polytheisten, wo immer ihr sie findet, greift sie an, belagert sie und lauert ihnen auf jedem Weg auf.[106]

Auf militärische Offensiven gegen die nordarabische Christenstadt Tabuk beziehen sich einige Verse der Sure 9:

- *Und wenn die verbotenen Monate verflossen sind, dann tötet die Götzendiener, wo Ihr sie trefft, und ergreift sie, und belagert sie, und lauert ihnen auf in jedem Hinterhalt* (Sure 9, 5).

- *Zieht in den Kampf, leicht- oder schwerbewaffnet, und kämpft mit Gut und Blut für die Religion Allahs* (Sure 9,41).

---

103 *Maher* 2016.
104 Ebd., S. 218.
105 *Seesemann* 2015.
106 Sure 9, 5 des Koran. Polytheismus (von Griechisch πολύς, polys, „viel" und θεοί, theoi, „Götter"), auf Deutsch auch als „Vielgötterei" bezeichnet, ist eine religiöse Verehrung einer Vielzahl von Göttern. Die meisten Religionen des Altertums waren polytheistisch. Der Aufruf dieses Verses aus Sure 9 bedeutet also wörtlich ausgelegt: „Tötet diejenigen, die der Vielgötterei anhängen". Mohammed belagerte aber nicht nur „polytheistische Widerständler" der Stadt Ta'if, sondern auch die nordarabische Christenstadt Tabuk.

- *Wenn ihr nicht zum Kampfe auszieht, wird euch Allah mit schwerer Strafe belegen* (Sure 9,49).
- *Wenn die Gläubigen töten oder getötet werden, so werden sie das Paradies erlangen, indem sie für die Religion Allahs kämpfen ...* (Sure 9,112).

In Vers 5 erhalten die Muslime den Befehl, den Kampf gegen die „Götzenanbeter" weiterzuführen; Vers 29 ruft auch zum Kampf gegen die sog. „Buchbesitzer" (gemeint sind insbesondere Juden und Christen als Empfänger früherer, schriftlich niedergelegter Offenbarungen) auf, bis sie den Tribut entrichten und ihre Unterwerfung anerkennen.[107] Vers 39, Sure 8 des Koran befiehlt den Gläubigen, so lange zu kämpfen, bis es keine Unterdrückung (oder: Verführung zum Abfall vom Glauben, *fitna*) mehr gibt.

Eine islamistisch-salafistische, bzw. jihadistische Auslegung des Koran versteht die oben zitierten Suren und Verse des Koran zum einen wörtlich und beruft sich andererseits auf wichtige muslimische Rechtsschulen wie die wahhabitische Lehre sowie den hanbalitischen Rechtsgelehrten Ibn Taymiyya. Der Hanbalit Taymiyya hatte entscheidenden Anteil an der Entwicklung der Vorstellung, dass ein nicht nach den Regeln der Sharia handelnder (geistlicher und/oder weltlicher) Herrscher per Jihad bekämpft werden müsse.[108]

In der internationalen sozialwissenschaftlichen Forschung betrachten einige Analysen in der Religion Islam nicht nur „einen" Faktor zum Verständnis von islamistisch-salafistischen Terrororganisationen, die eine Ideologie religiösen Ursprungs benutzen, sondern verorten in der Religion selbst die Erklärung für die Entstehung von islamistischem Terrorismus.[109]

3.1.4 Jihadismus als Ideologie, Theologie und Strategie

They [the American Forces] think that we fight for money and prestige – and what they do not understand is that our arteries are filled with the ideology of Jihad. Even if they managed to reach Zarqawi, praise to be Allah, we have a Million more Zarqawis because our ummah is the ummah of Jihad, and Jihad is at the top of our religious

---

107 *Seesemann* 2015.
108 Ebd.
109 *Stern* 2003; *Fair/ Shepherd* 2014; *Holbrook* 2010; *Venkatraman* 2007.

hierarchy. Aus der Grabrede für Abu Musab Al-Zarqawi, dem ehemaligen Führer der Al Qaida im Irak.[110]

Ideologien sind nach Hannah Arendt und Karl Mannheim sowohl abstrakter als Religionen als auch abstrakter als politische Programme, da sie abstrakte Theorien in Form einer Theologie – hier besteht die Verbindung zur Religion – in kohärente Doktrinen übersetzen, um eine Utopie – bzw. eine Dystopie – anzustreben.[111] Übertragen auf die oben ausgeführte Fragestellung nach der Verbindung von Religion und Terrorismus, Islam und Terrorismus ist zu konstatieren, dass der Jihadismus abstrakter als die Religion Islam, eine Theologieinterpretation des Islam ist, sich also verschiedener Quellen des Koran, der Sunna und der Hadithen bedient, um seine Utopie – ein Kalifat in der Gegenwart des 21. Jahrhunderts – zu verwirklichen. Entsprechend kann der Jihadismus nach der „Ideologie-Theorie" von Karl Mannheim als Partikularideologie verstanden werden, die im Wettstreit mit anderen islamischen Theologien liegt.

Nach der Konzeption der „politischen Religion" von Eric Voegelin ist der salafistische Jihadismus eine totalitäre politische Religion[112]. Eric Voegelin, Leo Strauss und Hannah Ahrendt verstanden die totalitären Ideologien des 20. Jahrhunderts als „Ersatzreligionen", die absolutistische politische Macht durch ein gemeinsames Ziel anstrebten und dabei – ebenso wie der Jihadismus – zum Nihilismus neigten.[113]

Abu Mohammed Al Maqdisi erklärt den Jihad mit der wahhabitischen Tradition der Koranauslegung. Abu Musab Al Suri wiederum vertritt einen „Realpolitik-Jihad", der militärisch-taktisch möglichst effektiv sein soll.[114] Auch der ehemaliger Führer der Al Qaida in Saudi-Arabien, Yusuf Al Uyayri, kombiniert Inhalte der klassischen salafistischen Theologie mit „a sharp and ruthless analysis of reality, geared to the implementation of a Jihadi strategy, thus producing a Salafist activist concept of praxis that is comparable to Leninism".[115]

---

110 *Maher* 2016, S. 21.
111 *Arendt* 1967; *Mannheim* 1993.
112 *Voegelin* 1987; *Gontier* 2013.
113 *Jones/Smith* 2014.
114 *Meijer* 2009, S. 25.
115 Ebd.

"Kampf" und "Krieg" bilden einen wichtigen Themenkreis im Koran und werden mit einem Vokabular wie beispielsweise „kämpfen, töten, Krieg führen" beschrieben. Es geht dabei um göttliche Aufrufe, die Waffen zu ergreifen, Anweisungen zu kämpfen, die Aufteilung militärischer Pflichten und die Behandlung von Kriegsgefangenen. Nach Lohlker sind der Begriff Jihad und der Koran verknüpft mit einem komplexen, dynamischen System von Lehren und Praktiken der Kriegsführung.[116] Außerhalb des Korans wiederum werden Mohammed Abdalwahhab und Said Qutb als „die" Ideologen des Jihadismus bezeichnet.[117]

Zeitlich jünger und aktuell noch wichtiger als Abdalwahhab (Wahhabismus) und Qutb für die Theologie des salafistischen Jihadismus ist jedoch Abdullah Assam. Seine religiös-ideologische Bedeutung für die moderne jihadistische Bewegung ist entscheidend. So wird beispielsweise berichtet, dass das bloße Anschauen eines seiner Interviews auf Video ausreiche, um Menschen zum militanten Jihad zu radikalisieren.[118] Islamwissenschaftlich-theologisch muss seine Theorie des „defensiven Jihad" als maßgeblich für die Theorie des Jihad bezeichnet werden. Anders als in der Sekundärliteratur zum Jihadismus angenommen, ist die „individuelle Pflicht eines jeden Muslim der Jihad als Glaubenspflicht" nicht die theologische Leistung von Osama Bin Laden, sondern die Theorie von Abdullah Assam.[119] Nach Assam sind alle sunnitischen Rechtsschulen der Auffassung, dass Jihad zum Kampf und zur Hilfe im Kampf aufruft.[120] Kurz: Assam, als sunnitischer Rechtslehrer, der vom salafistischen und jihadistischen Personenspektrum als islamische Autorität angesehen wird, erklärt den Jihad so, dass jede weltliche Regierung, die sich der von Gott auferlegten Pflicht des Jihad in den Weg stellt, getötet und bekämpft werden muss.[121]

---

116 *Lohlker* 2009.
117 *Metzger* 2005, S. 24.
118 *Bergen* 2001.
119 *Lohlker* 2009.
120 *Assam* 2006.
121 Ebd.

3.1.5 Der Jihad und die Apokalypse

Apokalyptische Vorstellungen sind in den gegenwärtigen salafistisch-jihadistischen Milieus weltweit präsent. Wie für die Besetzer der Großen Moschee in Mekka am 20.11.1979 – dem ersten Tag des 15. Jahrhunderts nach der Hijra[122] – ist der Mahdi, die Erlösergestalt des Islam, von entscheidender Bedeutung für die gegenwärtigen salafistisch-jihadistischen Gruppen und Einzelpersonen. Die apokalyptische[123] Vorstellung der Erlösergestalt Mahdi ist in jihadistischen Milieus weltweit präsent, wobei die Bedingungen, unter denen der Mahdi erscheinen wird, weiterhin intensiv diskutiert werden. Das Erscheinen des Mahdi ist die Voraussetzung für das Herannahen des jüngsten Gerichtes, der Apokalypse.

Dann erheben sich die schwarzen Banner im Osten und kämpfen einen Kampf, wie ihn noch niemand gekämpft hat. […] Es steht fest auf der Grundlage eines gültigen Hadithes, dass der Mahdi in der Auseinandersetzung der Leute um das Kalifat hervortreten wird. Es berichtet uns Kutaiba. Er sagte: Der Gottgesandte, Gott segne ihn und spende ihm Heil, sagte: Es werden aus Chorasan die schwarzen Banner hervorkommen. [124]

Die schwarzen Banner, die schwarzen Fahnen mit dem Glaubensbekenntnis in vollständiger oder teilweiser Form gehört zur Ikonographie von Jihadisten wie beispielsweise dem „Islamischen Staat".

---

122 Die *Hijra* (Arabisch روج) bezeichnet die Auswanderung Mohammeds von Mekka nach Medina und seine Ankunft in Quba an 24.9.622. Sie markiert den Beginn der islamischen Zeitrechnung, die allerdings erst 17 Jahre später durch den Kalifen Omar Ibn Al-Chattab eingeführt wurde.

123 Die Apokalypse (Griechisch: ἀποκάλυψις, „Enthüllung", wörtlich „Entschleierung") ist eine thematisch bestimmte Gattung religiöser Schriften, die das „Gottesgericht", den „Weltuntergang", die „Zeitenwende" und die „Enthüllung göttlichen Wissens" in den Mittelpunkt stellt. Eine Apokalypse berichtet in prophetisch-visionärer Sprache vom katastrophalen „Ende der Geschichte" und vom Kommen und Sein des „Reichs Gottes". Der theologische Fachterminus für prophetische und apokalyptische Zukunftserwartungen ist Eschatologie. Eschatologie (aus dem Altgriechischen τὰ ἔσχατα, ta és-chata, „die äußersten Dinge", „die letzten Dinge" und λόγος lógos „Lehre") ist ein theologischer Begriff, der die prophetische Lehre von den Hoffnungen auf die Vollendung des Einzelnen (individuelle Eschatologie) und der gesamten Schöpfung (universale Eschatologie) beschreibt. Eschatologie wird auch als die „Lehre vom Anbruch einer neuen Welt" verstanden.

124 Mujahid Nr. 1, zit. nach *Lohlker* 2009. Schwarze Banner verweisen auf alte islamische Bewegungen wie die der abbasidischen Revolution.

Ein weiteres apokalyptisches Thema der Jihadisten sind die Huris, die Paradiesjungfrauen. In der von den Attentätern des 11.9.2001 hinterlassenen „geistlichen Anleitung" werden die Huris[125], die Paradiesjungfrauen, mehrfach erwähnt.[126] Das Konzept der Paradiesjungfrauen wird sowohl im Koran als auch in der Hadithliteratur ausgeführt.[127] Die Huris gehören zu den herausragenden Belohnungen, die die gläubigen Muslime im Paradies erwartet. Sie sind Wesen, die die Männer – ungeduldig – im Paradies erwarten, zugleich aber zurückhaltend sind und einen „züchtigen Blick haben, die Augen (sittsam) niedergeschlagen" (Sure 38/52). Nach Khalfaoui hat sich „das Paradies gleichsam in eine Jungfrau verwandelt"[128].

3.1.6 Zwischenfazit

Eine Religion hat die Fähigkeit, äußerste Verpflichtung bei ihren Anhängern hervorzurufen, kann Gewalt in ihrem Ursprung (Ritus, Opfer) kontrollieren und kanalisieren und hat dadurch eine Art von Gewaltkontrolle, wie sie sonst nur vom modernen Staat mit seinem Gewaltmonopol wahrgenommen wird. Weil die Entstehungsgeschichte der großen Religionen eine gewaltsame ist, kann in besonderen Krisen bzw. kriegerischen Auseinandersetzungen im Rückgriff auf die Quellen der eigenen Religion – im Sinne einer Erweckung einer Gesellschaft oder einer Gruppe – ein ursprünglicher, archaischer Impuls zur Gewalt reaktiviert werden.

Religion kann aufgrund von Stereotypisierung des „Ungläubigen" Verfolgung oder Bestrafung auslösen und damit auch strukturelle Gewalt (z.B. Geschlechterdiskriminierung der Frau) auslösen. Islamismus als eine Ausprägung von Fundamentalismus bietet aufgrund seines absoluten und exklusiven Wahrheitsanspruches seinen Anhängern eine ontologische Sicherheit. Aus islamistischer Sicht wird im Kampf gegen „die Ungläubigen", „die Anderen", „das Böse" das gläubige Individuum, der „wahre Muslim" zum Werkzeug Gottes und damit auch zum Werkzeug von Gewalt und Terrorismus. Jiha-

---

125 Die *Huris* (Arabisch روح) sind nach islamischem Glauben Jungfrauen – „die Blendendweißen" –, die den Seligen im Paradies beigegeben werden.
126 „Danach wird der Tag kommen, den du mit Gottes Erlaubnis mit den *Huris* im Paradies verbringen wirst". Zit. n. *Kippenberg/Seidensticker* 2004.
127 *Lohlker* 2009.
128 *Khalfaoui* 2006, S. 11.

dismus als "sacred struggle", „heiliger Krieg" ist religiös motivierter und legitimierter Terrorismus.

Die salafistische und jihadistische Ideologie dient terroristischen Organisationen wie der Al Qaida und dem IS als Strategie zur Bewahrung einer Gruppenidentität durch Betonung selektiver Dogmen, Glaubenssätze, Normen und Praktiken zur Abgrenzung von außen. Darüber hinaus ist sie sowohl derivativ (leitet sich aus der Vergangenheit ab) als auch originell (sucht nach innovativen Doktrinen), und strebt nach einer Form von „Erneuerung". Jihadismus als Fundamentalismus bietet aufgrund des absoluten und exklusiven Wahrheitsanspruches eine „ontologische Sicherheit" für seine Anhänger.[129]

Übersetzt in die konkrete Fragestellung nach der Verbindung von Religion und Terrorismus, Islam und Terrorismus bedeutet dies, dass der (salafistische) Jihadismus eine politisch-ideologische Theologieform des Islam ist. Dabei bedient sich der (salafistische) Jihadismus sowohl verschiedener Quellen des Koran, der Sunna und der Hadithen als auch der radikalen Rechtsschulen des Wahhabismus, des Hanbalismus und salafistisch-jihadistischer Rechtsgelehrter wie Mohammed Abdalwahhab, Said Qutb und insbesondere Abdullah Assam. Der salafistische Jihadismus ist eine totalitäre religiös-politische Ideologie, die Gewalt, Mord und Terrorismus als legitimes Mittel erachtet, um den „Willen Gottes auf Erden" umzusetzen.

3.2 Kurzzusammenfassung

Entscheidende Radikalisierungsfaktoren:
- Religion,
- Fundamentalismus, Islamismus, Salafismus
- Ideologie, Theologie des Jihad, Jihadismus

Religionen können militante Ideologien und Fundamentalismus fördern:
- *Religionen bilden Identität und Legitimität („ich tue das Richtige") aus, in Individuen und in Gruppen*

---

[129] *Brocker* 2003.

III Die Akteure: Eine psychologische und sozialwissenschaftliche Analyse

- Religionen als Glaubens- und Ordnungssysteme beeinflussen das Verhalten von Individuen und Gruppen
- Religionen haben allumfassende Sichtweisen und Regeln
- Fundamentalismus ist eine Strategie zur Bewahrung einer Gruppenidentität durch Betonung bestimmter Glaubenssätze, Normen und Praktiken zur Abgrenzung von außen
- Fundamentalismus leitet sich aus der Vergangenheit ab, ist aber auch originell und strebt nach einer Form von „Erneuerung"
- Fundamentalismus bietet aufgrund seines absoluten und exklusiven Wahrheitsanspruches eine „ontologische Sicherheit"
- Religion hat die Fähigkeit, äußerste Verpflichtung bei ihren Anhängern hervorzurufen
- Religion bringt eine Sprache hervor und nutzt diese, die Gewalt einem höheren Zwecke dienlich erscheinen zu lassen
- Religionen bieten Ordnung im Chaos an

Religionen können kognitive und reale Gewalt fördern:
- rituelle und symbolische Gewalt
- Gewalt aufgrund der Dichotomie „Wir" gegen „die Anderen" (aufgrund von Stereotypisierung)
- religiös legitimierte soziale/ strukturelle Gewalt (z.B. Geschlechterdiskriminierung)
- organisierte Vergeltungsgewalt (religiös motivierter Terrorismus)
- heiliger Krieg
- Religion kontrolliert und kanalisiert Gewalt in ihrem Ursprung (Ritus, Opfer), dadurch hat sie eine Art von Gewaltkontrolle wie sonst nur das Gewaltmonopol des modernen Staates
- In Krisen, kriegerischen Auseinandersetzungen und psychologischen Grenzsituationen kann aus den Quellen der eigenen Religion ein ursprünglicher, archaischer, gewalttätiger Impuls reaktiviert werden

Islamismus und Salafismus als Fundamentalismus und Ideologie geben Fragenden (sich radikalisierenden Personen) „die" Antworten
- klare Unterscheidung zwischen den „wahren Muslimen", den „unwahren Muslimen" und den „Kuffar" („den Ungläubigen", also allen anderen Religionen und/oder Atheisten)
- klare Einteilung in „Gut und Böse", „richtig oder falsch"
- ein ausgeprägtes „Freund-Feind-Denken" hat historisch betrachtet zu Kriegen, Weltkriegen, Genoziden, Bürgerkriegen, gewaltsamen Konflikten und Übergriffen geführt

- vor allem in der leichter zu radikalisierenden Bezugsgruppe junger Menschen zwischen 10 und Mitte 20 kann Islamismus und Salafismus eine verheerende Wirkung haben
- auf schwierige Fragen der Sinnsuche und des Umgangs mit konkreten Problemen des Alltags erhalten die jungen Interessierten einfache Antworten, die religiös begründet werden
- der religiöse Exklusivitätsanspruch der Islamisten und Salafisten bezieht aber nicht nur auf die Religion, sondern auf „alles"
- gerade im 21. Jahrhundert, dem Jahrhundert der Globalisierung, der Grenzenlosigkeit, der „ethisch-moralischen Beliebigkeit", des „Man-kann-ja-alles-machen" die Gut-Böse/Freund-Feind-Ideologie des Islamismus und Salafismus taktisch leichtes Spiel

Islam und Jihad, Koran und Jihad
- Die Konzeption Jihad ist in den Schwertversen in Sure 9 des Koran zu finden:
  - *Wenn die heiligen Monate abgelaufen sind, dann tötet die Polytheisten, wo immer ihr sie findet, greift sie an, belagert sie und lauert ihnen auf jedem Weg auf. Wenn sie umkehren, das Gebet verrichten und die Abgabe entrichten, dann lasst sie ihres Weges ziehen.*
  - *Zieht in den Kampf, leicht- oder schwerbewaffnet, und kämpft mit Gut und Blut für die Religion Allahs.*
  - *Wenn ihr nicht zum Kampfe auszieht, wird euch Allah mit schwerer Strafe belegen.*
  - *Wenn die Gläubigen töten oder getötet werden, so werden sie das Paradies erlangen, indem sie für die Religion Allahs kämpfen.*
- Eine Auslegung der Schwertverse in Sure 9 des Koran dem Literalsinn nach dient Jihadisten als Grundlage für ihre Ideologie.
- Die muslimischen Rechtsschulen des Wahhabismus und Hanbalismus haben großen Einfluss auf islamistisch-salafistische Lesarten des Jihad im Koran.
- Jihadismus ist eine religiös-politische Ideologie.
- Jihadismus ist eine Theologieinterpretation des Islam.
- Jihadismus bedient sich verschiedener Quellen des Koran, der Sunna und der Hadithen, um seine Utopie eines Kalifats in der Gegenwart zu verwirklichen.
- Abu Musab Al-Suri vertritt einen „Realpolitik-Jihad".
- Die strategisch enorm bedeutsame Theorie des „defensiven Jihad" als „individuelle Pflicht eines jeden Muslim als Glaubenspflicht" wurde von Abdullah Assam begründet.

III Die Akteure: Eine psychologische und sozialwissenschaftliche Analyse

- Apokalyptische Vorstellungen sind in den gegenwärtigen salafistisch-jihadistischen Milieus weltweit präsent.
- Die schwarze Fahne mit dem Glaubensbekenntnis des Islam in vollständiger oder teilweiser Form gehört zur Ikonographie von Jihadisten.
- Der Jihadist wird im Kampf gegen „die Ungläubigen", „die Anderen", „das Böse" zum „wahren Muslim", zum Werkzeug Gottes.
- Jihad als „heiliger Krieg" ist religiös-politisch motivierter und legitimierter Terrorismus.
- Jihadismus ist eine totalitäre religiös-politische Ideologie, die Gewalt, Mord und Terrorismus als legitimes Mittel erachtet, um den Willen Gottes auf Erden umzusetzen.

4. Entscheidende Radikalisierungsfaktoren: Der soziale Nahbereich, das Milieu, die Peer Group

Da sich quasi alle Menschen – unabhängig von ihrer kulturellen und gesellschaftlichen Herkunft – über die Zugehörigkeit zu Gruppen definieren, hat die soziale Funktion von Milieus, des sozialen Nahraumes, eine entscheidende Rolle in der Analyse von Radikalisierungsprozessen. Milieus und Gruppen stiften durch die Faktoren Freundschaft, ethnische Herkunft, Soziolekt und Religion „Lebenssinn". So rekrutieren Salafisten einerseits in einem Umfeld, in dem sie auf Grund ihrer Biografie und/oder ihrer aktuellen Situation für eine Radikalisierung besonders anfällige Menschen vermuten (bestimmte Stadtteile, bestimmte Moscheen, bestimmte Schulen, Gefängnisse). In Deutschland sind solche salafistischen Milieus auffällig häufig in Städten wie Berlin, Hamburg, Frankfurt am Main, Bonn, Städten des Ruhrgebietes, Bremen, Wolfsburg und Neu-Ulm zu beobachten, wobei die Bedeutung einer Stadt für islamistische Radikalisierungsprozesse vornehmlich von der Existenz einer islamistisch-salafistischen „Infrastruktur" abhängig ist, die in der Regel aus islamistisch-jihadistisch geprägten Moscheevereinen, Imamen und Aktivisten besteht.

4.1 Islamistisch-salafistische und jihadistische Radikalisierung in der Realwelt

Ein im angelsächsischen Sprachraum stark beachtetes Modell salafistisch-jihadistischer Radikalisierung stammt von der *Intelligence* Abteilung (nachrichtendienstliche Abteilung) der New Yorker Polizei (NYPD) und wurde gemeinsam mit Terrorismus-Forschern erarbeitet.[130] Dieses Modell bezieht sich exklusiv auf den Phänomenbereich homegrown, also auf in westlichen, demokratischen Staaten aufgewachsenen und/oder geborenen Menschen und beschreibt vier Stufen der Radikalisierung.

1. Prä-Radikalisierung: Die Phase vor der intensiven Beschäftigung mit salafistisch-jihadistischen Inhalten; hier spielen auch individuelle Faktoren eine Rolle;
2. Selbst-Identifikation: Das Entdecken, das Kennenlernen des salafistischen Islam, Annäherung an seine ideologischen Kernpunkte und sein soziales Umfeld;
3. Indoktrination: In dieser Phase werden sowohl der Glaube des Individuums als auch seine Entschlusskraft zu (gewalttätigen) Taten intensiviert, motiviert und befördert durch das soziale Umfeld, die *peer-group*;
4. Islamistischer Terrorismus: Unterstützung, Planung und/oder durchgeführte Straftaten im Bereich politisch motivierter Kriminalität.[131]

Gemäß aktueller internationaler Forschung sind der soziale Nahraum, also *peer groups* und *social ties*, das islamistische Milieu, die Beziehungsebene zwischen dem anwerbenden Szeneangehörigen – dem Sozialisationsagenten der extremistischen Szene – und dem zu werbenden Sympathisanten die entscheidenden Faktoren für eine Radikalisierung.[132] So schließen sich bis zu 75 % der sich Radikalisierenden aufgrund von Freundschaftsnetzwerken einer islamistischen, salafistischen bzw. jihadistischen Gruppe an.[133] Sowohl Rollenzwang als auch gruppendynamische Prozesse – Konzepte von *ingroup love*

---

130 *Silber/Bhatt* 2007.
131 Ebd.
132 *Meijer* 50/2005, S. 279-291; *Coolsaet* 2012.
133 *Sageman* 2004; *Bakker/de Graaf* 2006; *Wiktorowicz* 2005; *Roex* 2014, S. 51-63; *Nesser/Stenersen* Dezember 2014, S. 2-24.

und *outgroup hate* – stellen zentrale treibende Kräfte einer Szene bzw. eines Milieus als Katalysator für eine Radikalisierung dar.

4.1.1 Die Rolle der Gruppe

Weil Menschen das Bedürfnis haben, „dazuzugehören", wollen sie, dass die eigene Gruppe und sie selbst positiv bewertet werden. Entsprechend hat die eigene Gruppe (*ingroup*) eine große identitätsstiftende Wirkung. Wenn die Gruppe nun für eine als wichtig, essentiell, existenziell wahrgenommene Sache (Allah, der Islamische Staat als Kalifat der Gegenwart) kämpft, dann gewinnt jeder Einzelne in der Gruppe an Bedeutung. Darüber hinaus wird durch den Kampf für eine gemeinsame Sache bzw. gegen andere der Gruppenzusammenhalt verstärkt. Nach dieser Logik muss die Gruppe gegen andere Personen, die die eigene Lebensweise vorgeblich bedrohen, verteidigt werden.[134]

Die eigene Gruppenzugehörigkeit ermöglicht eine Abgrenzung zu anderen Gruppen (*outgroup hate*), wodurch es zu einer Abwertung der anderen Gruppe kommt. Dualistisches Schwarz-Weiß-Denken in Form von „Wir gegen die Anderen" ist eine Konsequenz. Dadurch werden in letzter Konsequenz Mitglieder der *outgroup* nicht mehr als Individuen wahrgenommen (De-Individualisierung).[135] Diese De-Individualisierung ermöglicht die Entstehung einer Distanz zu den Mitgliedern der anderen Gruppe, da Anonymität einen emotionalen Rückzug ermöglicht. Wer keine Empathie für „die Anderen" mehr empfindet, wird eher dazu neigen, Mitglieder der *outgroup* zu verletzen und/ oder zu töten.[136]

Die Abwertung der Mitglieder der *outgroup* wird unter anderem verstärkt durch:

- Kulturelle und ethnische Unterschiede: Die *outgroup* wird als Feind oder Sündenbock wahrgenommen. Traditionelle Gruppenunterschiede ermöglichen oft eine Diffamierung der Mitglieder der anderen Gruppe als kulturell niedere Lebensform, was sich unter anderem allein durch den Sprachgebrauch („*Kuffar*, Hunde,

---

134 https://www.verfassungsschutz.de/de/aktuelles/schlaglicht/schlaglicht-2016-05-psychologische-erklaerungsansaetze-jihadisten; 22.12.2016.
135 Ebd.
136 Ebd.

Schweine") zeigt. Die Entmenschlichung der anderen spielt eine vitale Rolle bei der Anwendung von Gewalt.[137]
- Die Überzeugung, moralisch überlegen zu sein und den Glauben an den Kampf für die gerechte Sache: Der Kampf ist legitime Selbstverteidigung, das Töten wird zum Akt der Gerechtigkeit (Verteidigung des Kalifats).

In Gemeinschaften mit „engen" Wertvorstellungen, wie sie beispielsweise von salafistischen und jihadistischen Gruppen vertreten werden, ist der freie Austausch von Ideen unerwünscht. Freund-Feind-Schemata werden kreiert und verstärkt, basierend auf dem typischen Schwarz-Weiß-Denken.

4.1.2 Radikalisierungsangebote: Weg von der Mehrheitsgesellschaft („den Ungläubigen"), hin zu den „wahren Muslimen"

Der in Kapitel II erläuterte religiös-politische Exklusivitätsanspruch strebt danach, auf verschiedenen Ebenen potentielle Anhänger und potentielle Attentäter möglichst total einzunehmen. Ein strenges Befolgen der als „einzig richtig" dargestellten religiösen Auffassungen, Gebote und Riten wird (teilweise) aggressiv eingefordert, offensives, öffentliches Missionieren gehört zu den Aufgaben. Im Rahmen der Teilnahme an (islamistischen, salafistischen) „Islamseminaren" wird der Prozess der Indoktrinierung und weiteren Radikalisierung von charismatischen Führungspersönlichkeiten und der Peergroup gefördert und vorangetrieben. Neben den „Islamseminaren" werden auch sog. „Benefizveranstaltungen", also Spendensammelaktionen für „Glaubensbrüder und Glaubensschwestern in Not" für die Verfestigung der Ideologie genutzt, indem der Glaube durch die helfende Tat „gelebt" und die sozialen Strukturen des salafistischen Milieus weiter vernetzt werden. An den oben aufgeführten Orten wird u.a. eine zunehmende Fixierung auf das Jenseits propagiert, wodurch das eigene, irdische Leben von sekundärer Bedeutung wird, was die letzten Schritte auf einem Radikalisierungsweg zur Tat, sprich: einem Anschlag bedeuten kann.[138]

Die Struktur der salafistischen Milieus in Deutschland und Europa ist amorph, besteht aus losen – virtuellen und realen – Personennetzwerken, u.a. in der Nähe von örtlichen, regionalen Islamverei-

---
137 Ebd.
138 BSI 2016.

nen und sog. „Hinterhofmoscheen". Augenblicklich sprechen die deutschen Verfassungsschutzbehörden von mindestens 90 islamistisch-salafistischen Moscheen in Deutschland, „die in Bezug auf die Migrationsbewegungen aktiv geworden sind".[139] Daraus muss gefolgert werden, dass es einerseits mehr als 90 islamistisch-salafistische Moscheen in Deutschland gibt und dass es sich hier andererseits nur um die von den Verfassungsschutzbehörden als solche identifizierten handelt, sprich: an die 100 islamistische-salafistische Moscheen ist das Hellfeld, die Zahl im Dunkelfeld mag deutlich höher sein.

Das salafistische „Bildungsangebot", bzw. Maßnahmen zur Indoktrinierung und Radikalisierung, wird sowohl durch Online-Prediger auf Websites oder in sozialen Netzwerken durch verlinkte Videos als auch durch charismatische Predigerpersönlichkeiten als Multiplikatoren in der Realwelt ergänzt. Kombiniert wird dies mit einer kontinuierlichen Präsenz in der Öffentlichkeit, um Konfliktlinien zur deutschen bzw. europäischen Mehrheitsgesellschaft zu verdeutlichen und das „Freund gegen Feind-Prinzip" weiter zu stärken. „Dawa" (wörtlich: Einladung, hier: Missionierung bzw. bei bereits Missionierten eine Radikalisierung) und andere „soziale" Maßnahmen dienen dem Ziel der Beendigung der kulturellen Verwestlichung muslimischer Mitbürgerinnen und Mitbürger in Gestalt einer radikalen Abgrenzungssemantik. Die Islamisierung des sozialen Nahbereiches, des persönlichen Umfeldes und letztlich der Gesellschaft durch die Umwandlung des Bildungswesens nach salafistischen Kriterien verbunden mit einer Abgrenzung von den nicht-salafistischen Muslimverbänden – wird ebenso direkt wie politische Bestrebungen zur Umgestaltung von Gesellschaft, Kultur, Staat und Politik anhand salafistischer Interpretation des Korans und der Sunna propagiert wie die Sharia als angestrebtes politisch-gesellschaftliches Ordnungsprinzip.

---

139 https://www.verfassungsschutz.de/de/aktuelles/schlaglicht/schlaglicht-2016-09-radikalisierung-von-muslimischen-migranten; 28.12.2016.

4.2 Das islamistisch-salafistische Milieu erfüllt psychologisch-soziale Bedürfnisse und fordert religiös-politischen Gehorsam

Es besteht eine hohe (gruppenbezogene) Valenz für ideologische Problemthemen und die Gruppe verstärkt die individuellen Fähigkeiten, instinktive und/oder erlernte moralische Grenzen in Bezug auf das Verletzen Unbeteiligter zu überschreiten. Es sind markante Unterschiede zwischen geistig-kognitiven und militanten Islamisten zu konstatieren, wobei die militanten Islamisten eine verstärkte Neigung aufweisen, dem Druck der Peergroup nachzugeben.[140] Sageman konzentriert sich in seiner Radikalisierungsanalyse auf die Rolle von informellen sozialen Netzwerken und führt aus, dass Menschen aufgrund von sozialen Kontakten in den Phänomenbereich des gewalttätigen islamistischen Extremismus driften und die religiös-politische Ideologie des Islamismus bzw. Salafismus den auslösenden Faktor des Radikalisierungsprozesses darstellt.[141] Daneben muss zwischen Radikalisierung durch Gruppen und Radikalisierung durch „die Masse" differenziert werden. Während unter Radikalisierung durch Gruppen Polarisierung und Isolierung innerhalb von Gruppen und gruppeninternen Wettkampf zu verstehen ist, ist mit Radikalisierung durch „die Masse" Märtyrertum und Hass gemeint.[142] Der Radikalisierungsprozess durch Gruppen gliedert sich in das Auflösen alter (sozialer) Bindungen und Ideen, das Entwickeln neuer Bindungen und neuer Ideen sowie das Einfügen in ein neues Netzwerk sozialer Bindungen, die neue Werte bereitstellen und mit ihnen Taten vorbereiten.[143] Ob jemand entscheidet, sich einer Gruppe anzuschließen, die eine Gewaltstrategie verfolgt, hängt psychologisch und sozialwissenschaftlich analysiert u.a. ganz wesentlich von der Gruppe ab: „three factors determine, whether or not an individual supports violent or constitutional politics: ideology, social networks, and expectations of success".[144]

Die aktuelle internationale Radikalisierungsforschung im Bereich Islamismus geht davon aus, dass sich bis zu 75 % der sich Radikalisierenden aufgrund von Freundschafts- und Familiennetzwerken

---
140 *Bartlett/Miller* 2012.
141 *Sageman* 2004.
142 *McCauley/Moskalenko* 2011.
143 Ebd.
144 *White* 1992.

und deren religiöser Ausrichtung einer islamistischen bzw. salafistischen Gruppe anschließen.[145] Sowohl sozialpsychologische Modelle als auch empirische Studien schlussfolgern, dass der Einfluss von Gruppen auf Individuen in Bezug auf Gewaltanwendung enorm hoch ist.[146]

Verstärkend wirkt dieser Effekt dadurch, dass Gruppenentscheidungen die Rationalität des Individuums marginalisieren, so dass individuelle Meinungen und Haltungen hin zur Gewalt verstärkt werden. Die hohe Anziehungskraft von Gruppen wird dadurch erklärt, dass sich Individuen aufgrund von erwarteten Anreizen und Nutzen Gruppen anschließen, die sowohl auf der Ebene von sozialen Kontakten als auch auf der Ebene von Sinn und Aufgabe bestehen. Eine dritte Gruppe wiederum ist vornehmlich auf der Suche nach *thrill*. Weil Gruppen die von Individuen ausgeübte Gewalt wohlwollend als Tat „für die gemeinsame Sache" anerkennen und honorieren, kann dadurch auch extreme Gewalt getriggert werden. Die Auffassung, ideologisch-moralisch auf der „richtigen Seite zu stehen", kann insbesondere bei denjenigen Gruppen, die sich selbst als benachteiligt erleben („Kampf gegen westliche Demokratien und ihre Sicherheitsbehörden"), zu einer Selbstaufwertung führen.[147] Diese Tendenz zu extremer Gewalt wird noch durch die psychologisch analysierte Neigung verstärkt, dass sich Individuen als Teil einer Gruppe weniger verantwortlich für gewalttätige Aktionen empfinden.

4.3 Die Rolle von charismatischen „Predigern"

Die Rolle von charismatischen „Predigern" wird aktuell von zwei englischsprachigen Studien untersucht.[148] Beiden Studien untersuchen die Radikalisierungsprozesse von britischen homegrown-Jihadisten in 117 bzw. 350 Fällen, was empirisch durchaus eine solide Basis an Untersuchspersonen darstellt. Beide Studien ergaben, dass über 80% der untersuchten britischen Islamisten von vier prominenten charismatischen islamistischen „Predigern" (entweder selbst ernannte Sheiks und/ oder Imame) sowie deren Netzwerken in London radikalisiert wurden. Diese Feststellung allein, muss erheblichen

---

145 *Bakker* 2006; *Nesser/Stenersen* 2014.
146 *Borum* 2011.
147 *Borum* 2011.
148 *Gartenstein-Ross/Goodman/Grossman* 2008; *Klausen* 2010.

Einfluss auf die Ausrichtung der Analyse von Radikalisierungsprozessen im deutschen salafistischen Milieu haben – sowohl für die Sicherheitsbehörden als auch für die Wissenschaft.

Weiter führen diese Studien aus, dass mindestens jeder Dritte der untersuchten britischen Islamisten von einem der vier „Prediger" ideologisch und psychologisch auf eine terroristische Gewalttat vorbereitet wurde.[149] Problematischerweise ist der Faktor „Einfluss von charismatischen Predigern auf (junge) Muslime in Deutschland" von der deutschen Radikalisierungsforschung bislang nicht beleuchtet worden. Dabei ist es nahe liegend, dass vor allem salafistische Imame und/oder selbst ernannte Prediger einen vitalen Einfluss auf die Radikalisierung von (jungen, leichter zu beeinflussenden) Menschen haben können.

Das ZDF-Magazin „Frontal 21" berichtete am 5.7.2016, dass viele Imame in deutschen Moscheen für einen radikalen Islam werben und zu Hass aufrufen. Allein 900 Imame wurden von der staatlichen türkischen Religionsbehörde Diyanet aus der Türkei in Ditib-Moscheen in Deutschland abgeordnet. Die türkische Religionsbehörde Diyanet ist direkt dem Ministerpräsidenten Binali Yıldırım (AKP) unterstellt und gilt als die höchste islamische Autorität des Landes. Diyanet verfügt über mehr als 100.000 Mitarbeiter und ein Jahresbudget von über einer Milliarde Euro.[150] So kontrolliert Diyanet das Personal in deutschen Ditib-Moscheen, verfasst Predigten, die von den Imamen verlesen oder als Grundlage für eigene Predigten verwendet werden. Nach Ansicht von „Frontal 21" (5.7.2016) vermitteln diese türkischen Imame oftmals ein Bild des Islam, das nicht zur freiheitlichen demokratischen Grundordnung in Deutschland passt und verbreiten auch außerhalb der Moscheen Botschaften, die Hass und Intoleranz schüren. Die Leiterin des Frankfurter Forschungszentrums „Globaler Islam", Susanne Schröter, analysiert die türkischen Ditib-Imame im „Frontal 21-Magazin" als „türkische Staatsbeamte, denen die hiesige Lebenswirklichkeit vollkommen fremd ist" und appelliert daran, den ausländischen Einfluss auf deutsche Moscheen zu minimieren. So vermittelt Diyanet nach Bericht des ZDF-Magazins „Frontal 21" Märtyrertum in Form von Comics an

---

149 *Gartenstein-Ross/Goodman/Grossman* 2008.
150 http://www.spiegel.de/politik/ausland/tuerkei-fatwa-verbietet-flirten-und-haendchenhalten-a-1070458.html; 8.1.2017.

Kinder. Nach Ansicht des Landeskoordinators der Ditib Hessen, Selcuk Dogruer, allerdings fördere und fordere der Islam das friedliche Zusammenleben.

Zusammenfassend ist festzustellen, dass die beiden oben erwähnten Studien die Notwendigkeit der Erforschung und Analyse der Rolle von religiös-spirituellen Autoritätspersonen im Phänomenbereich Islamismus in Deutschland als logische Konsequenz darstellen.

4.4 Die salafistische Organisation „Die wahre Religion" und ihr Verbot

Mit der Koranübersetzung in der Hand werden Hassbotschaften und verfassungsfeindliche Ideologien verbreitet und Jugendliche mit Verschwörungstheorien radikalisiert. Bisher sind über 140 junge Menschen nach Syrien bzw. in den Irak ausgereist, um sich dort dem Kampf terroristischer Gruppierungen anzuschließen, nachdem sie an „LIES!"-Aktionen teilgenommen haben. Deutschland ist eine wehrhafte Demokratie: Eine systematische Beeinträchtigung unserer Grundwerte ist mit angeblicher Religionsfreiheit nicht zu vereinbaren. Hier setzt der Rechtsstaat ein klares Zeichen, so der deutsche Bundesinnenminister de Maizière.[151]

Am 15.11.2016 verbot das Bundesministerium des Innern (BMI) die Vereinigung „Die wahre Religion (DWR)" alias „LIES! Stiftung"/ „Stiftung LIES" und löste sie auf. Das Verbot wurde in zehn Bundesländern (Hessen, Nordrhein-Westfalen, Bayern, Baden-Württemberg, Berlin, Niedersachsen, Schleswig-Holstein, Rheinland-Pfalz, Hamburg und Bremen) mit rund 190 Durchsuchungs- und Beschlagnahmemaßnahmen vollzogen. Explizit betont das BMI, dass sich das Verbot nicht auf eine Werbung für oder eine Verbreitung des islamischen Glaubens oder die Verteilung von Koranübersetzungen bezieht, sondern explizit der Missbrauch einer Religion durch Personen, die – unter dem Vorwand, sich auf den Islam zu

---

151 http://www.bmi.bund.de/SharedDocs/Downloads/DE/Nachrichten/Presse mitteilungen/2016/11/eckpunkte-verbotsverfuegung-dwr_de.pdf?__blob= publicationFile; 26.12.2016.

berufen – extremistische Ideologien propagieren und terroristische Organisationen unterstützen, verhindert werden soll.[152]

So bezeichnet das BMI das DWR-Verbot „vor dem Hintergrund des in Deutschland weiter wachsenden salafistischen Personenpotenzials und der gleichzeitig massiv gestiegenen Zahl von Ausreisen in die Jihadgebiete nach Syrien und den Irak zur Unterstützung terroristischer Organisationen" als unabweisbar.[153]

Dabei erklärt DWR die Ablehnung der Demokratie zur Pflicht für jeden Muslim und teilt die Welt in zwei Lager, in denen ‚wahre' Muslime, also diejenigen, die ihrer extremistischen Auslegung des Islam folgen, allen anderen überlegen sind und den ‚Ungläubigen' feindlich gegenüberstehen. Eine Verständigung mit Muslimen, die ihrer Auslegung des Islams nicht folgen, und Angehörigen anderer Religionen ist im DWR-Weltbild ausgeschlossen: ‚Ungläubige' sind zu hassen, zur Umkehr zu bewegen und in letzter Konsequenz zu vernichten. BMI 2016, Eckpunkte der Verbotsverfügung, 15.11.2016.[154]

Sowohl die Zielsetzung als auch die Handlungen der salafistischen Vereinigung DWR richteten sich gegen die verfassungsmäßige Ordnung des Grundgesetzes und gegen den Gedanken der Völkerverständigung und so analysiert das Bundesamt für Verfassungsschutz, dass DWR eine Ideologie propagierte, die einen bewaffneten Jihad befürwortete.[155] Dazu stellte DWR ein deutschlandweit einzigartiges Rekrutierungs- und Sammelbecken für jihadistische Islamisten sowie für sog. Jihad-Reisende dar, Personen, die aus salafistisch-jihadistischer Motivation nach Syrien bzw. in den Irak ausreisen wollten, um dort für den sog. Islamischen Staat (IS) zu kämpfen oder ihn anderweitig zu unterstützen.

Bei der „LIES!"-Kampagne handelte es ich um eine Form von Street-Dawa, bei der salafistische Aktivisten auf belebten öffent-

---

152 www.bmi.bund.de/SharedDocs/Downloads/DE/Broschueren/2007/Muslime%20in%20Deutschland.pdf?__blob=publicationFile; 11.12.2016.
153 http://www.bmi.bund.de/SharedDocs/Kurzmeldungen/DE/2016/11/vereinsverbot-dwr.html; 24.12.2016.
154 http://www.bmi.bund.de/SharedDocs/Downloads/DE/Nachrichten/Pressemitteilungen/2016/11/eckpunkte-verbotsverfuegung-dwr_de.pdf?__blob=publicationFile; 26.12.2016.
155 https://www.verfassungsschutz.de/de/aktuelles/meldungen/me-20161115-verbot-dwr-lies; 27.12.2016.

lichen Plätzen und Straßen an Informationsständen Koranübersetzungen an vorwiegend Nicht-Muslime verteilten sowie für ihre Arbeit um Spenden warben und Nachwuchs werben wollten. Die Infostände des „LIES!"-Projekts bzw. der „Street Dawa" wurden dabei als Mittel genutzt, um eine salafistische Ideologie zu propagieren, die dazu geeignet war, islamistische Radikalisierung anzustoßen bzw. zu fördern. An den Aktionen des Projekts „LIES!" beteiligten sich zahlreiche Personen aus dem jihadistischen Spektrum bzw. mit Kontakten in die jihadistische Szene. Dabei verbreitete DWR ihre verfassungsfeindlichen und gegen den Gedanken der Völkerverständigung verstoßenden Botschaften im Rahmen von Seminaren, öffentlichen Veranstaltungen sowie bei der Verteilung von Koranübersetzungen in Fußgängerzonen verbreitet. Zusätzlich wurden Tausende von Clips dieser Aktionen im Internet veröffentlicht. Dadurch wurde eine verfassungsfeindliche Einstellung und kämpferisch-aggressive Grundhaltung bei den überwiegend jungen – teilweise minderjährigen – Anhängern geschaffen bzw. verstärkt, was bis zu einer Befürwortung von und einem Aufruf zu Gewalt und der Ausreise von mindestens 140 DWR-Aktivisten nach Syrien bzw. in den Irak reichte, um sich dort dem Kampf terroristischer Gruppierungen anzuschließen.[156]

Vor allem junge Menschen in der Identitätsfindungsphase und auf der Suche nach Antworten nehmen simplifzierende salafistische Ideen und eindeutige Antworten von charismatischen Leitfiguren der salafistischen Szene oftmals bereitwillig an. Bei der überwiegenden Zahl der DWR-Aktivisten handelte es sich „zielgruppenorientiert" um Jugendliche und junge Erwachsene. Parallel dazu wurde die salafistische Ideologie der DWR/„LIES" über die sozialen Netzwerke verbreitet. Daher begründet das Bundesamt für Verfassungsschutz das Verbot als „notwendig, um mit DWR/‚LIES!' ein für die salafistische Szene in Deutschland bedeutsames Rekrutierungs- und Sammelbecken für jihadistische Islamisten auszutrocknen".[157]

---

[156] http://www.bmi.bund.de/SharedDocs/Downloads/DE/Nachrichten/Pressemitteilungen/2016/11/eckpunkte-verbotsverfuegung-dwr_de.pdf?__blob=publicationFile; 26.12.2016.
[157] https://www.verfassungsschutz.de/de/aktuelles/meldungen/me-20161115-verbot-dwr-lies; 27.12.2016.

4.5 Kurzzusammenfassung

Entscheidende Radikalisierungsfaktoren:
- der soziale Nahbereich,
- das Milieu,
- die Peer Group

Islamistisch-salafistische Radikalisierung im sozialen Nahbereich:
- Menschen definieren sich über die Zugehörigkeit von Gruppen.
- Milieus und Gruppen stiften durch die Faktoren Freundschaft, ethnische Herkunft, Soziolekt und Religion „Lebenssinn".
- Islamisten und Salafisten rekrutieren in einem Umfeld ähnlicher Biografien.
- Die Beziehungsebene zwischen dem anwerbenden Szeneangehörigen und dem zu werbenden Sympathisanten ist ein entscheidender Faktor für eine Radikalisierung.
- Islamistisch-salafistische Infrastruktur besteht in der Regel aus islamistisch-jihadistisch geprägten Moscheevereinen, Imamen und Aktivisten .
- Rollenzwang und gruppendynamische Prozesse (*ingroup love* und *outgroup hate*) stellen zentrale treibende Kräfte als Katalysator für eine Radikalisierung dar.

Die Rolle der Gruppe:
- Menschen haben das Bedürfnis „dazuzugehören".
- Die eigene Gruppe (*ingroup*) hat eine große identitätsstiftende Wirkung.
- Kämpft die Gruppe für eine als wichtig, essentiell, existenziell wahrgenommene Sache, gewinnt jeder Einzelne an Bedeutung.
- Der Kampf für eine gemeinsame Sache bzw. gegen andere verstärkt den Gruppenzusammenhalt.

Die Taktik islamistisch-salafistischer Gruppen:
- Die eigene Gruppenzugehörigkeit ermöglicht eine Abgrenzung von anderen Gruppen (*outgroup hate*), dadurch kommt es zu einer Abwertung der anderen Gruppe.
- Dualistisches Schwarz-Weiß-Denken in Form von „Wir gegen die Anderen".
- Mitglieder der *outgroup* werden nicht mehr als Individuen wahrgenommen (De-Individualisierung).
- De-Individualisierung ermöglicht die Entstehung einer Distanz zu den Mitgliedern der „anderen Gruppe".

- Wer keine Empathie für „die Anderen" mehr empfindet, neigt eher dazu, Mitglieder der *outgroup* zu verletzen und/ oder zu töten.
- Die Abwertung der Mitglieder der *outgroup* wird durch religiöse, kulturelle und ethnische Unterschiede erklärt.
- Die Überzeugung, moralisch überlegen zu sein und der Glaube an den Kampf für die gerechte Sache transformiert (tödliche) Gewalt zur legitimen „Selbstverteidigung", zu einem Akt der Gerechtigkeit (Verteidigung „des Islam").
- Die Strukturen der salafistischen Milieus sind amorph und bestehen aus losen Personennetzwerken, u.a. in der Nähe von örtlichen, regionalen Islamvereinen und „Hinterhofmoscheen".

Radikalisierungsangebote islamistisch-salafistischer Organisationen und Gruppen:
- „Islamseminare" fördern den Prozess der Indoktrinierung und Radikalisierung.
- Ein strenges Befolgen der als „einzig richtig" dargestellten religiösen Auffassungen, Gebote und Riten wird (teilweise) aggressiv eingefordert.
- Offensives, öffentliches Missionieren (*Dawa*) gehört zu den Aufgaben islamistisch-salafistischer Gruppen .
- Salafistische „Prediger" (selbst ernannte „Sheiks"), Imame und charismatische Führungspersönlichkeiten nutzen die Überlegenheit ihrer Autorität.
- „Benefizveranstaltungen", Spendensammelaktionen für inhaftierte Islamisten, Salafisten und Jihadisten; der Glaube wird durch die helfende Tat „gelebt".
- An den oben aufgeführten Orten wird eine zunehmende Fixierung auf das Jenseits propagiert; das eigene, irdische Leben wird von sekundärer Bedeutung.
- „Dawa" (wörtlich: Einladung, hier: Missionierung bzw. bei bereits Missionierten eine Radikalisierung) dient dem Ziel der Beendigung der kulturellen Verwestlichung.

5. Islamistische, salafistische und jihadistische Angebote des Internets als Radikalisierungsfaktoren

5.1 Islamistisch-salafistische und jihadistische Radikalisierung in der virtuellen Welt

Virtuelle *Dawa* („Missionierung") ist ein vitaler Faktor für eine islamistische bzw. salafistische Radikalisierung und dient strategisch und taktisch der Rekrutierung und Motivation von Mitgliedern, Anhängern und Sympathisanten. Die virtuelle Rekrutierung reicht von einer Partizipation an salafistischen Aktionen, Demonstrationen und Koran-Verteilaktionen bis zu offenen Aufrufen zur aktiven Beteiligung am militanten Jihad.[158] Diese virtuelle *Dawa* findet sowohl in sozialen Netzwerken wie Facebook, Youtube, Twitter und Instagram statt, als auch auf den Websites der jeweiligen islamistischen und jihadistischen Organisationen.[159] Wichtige Ideologen und Führungspersonen von islamistischen und jihadistischen Gruppen nutzen Audio-, Video- und Textbotschaften und auch Videos im Stil von Reportagen in den sozialen Netzwerken, aber auch Instant-Messaging-Dienste und Videos, die auf Websites und in den sozialen Netzwerken verfügbar sind, um dort propagandistische, radikalisierende Inhalte zielgruppengerecht und multilingual zu kommunizieren. Auch Einladungen zu sog. „Islamseminaren" und Vorträgen von überregional agierenden islamistischen „Predigern" und Aufrufe zu Spendensammelaktionen für „Muslime in Kriegsregionen" werden in islamistischen Internetangeboten tausendfach gepostet und verlinkt.

Nach Angaben des Bundeskriminalamtes und des Bundesamtes für Verfassungsschutz beträgt der Anteil von islamistischen online-Rekrutierungsmedien für den individuellen Radikalisierungs- und Entscheidungsprozess, sich jihadistischen Organisationen wie dem IS oder der Al Qaaida in Syrien, dem Irak, in Libyen oder anderswo anzuschließen, seit der Ausrufung des Kalifatstaats IS im Sommer

---

158 *Goertz* 2016.
159 Beispielhaft ausgewählte Beispiele für virtuelle *Dawa* sind z.B. www.way-to-allah.com/projekte.html; Denk mal islamisch!; sharia4belgium; sharia4holland; sharia4spain; Islam4UK, SalafiMedia, Tawheed Movement, Millatu Ibrahim, Abu-Z-Projekt; Muslim Mainstream, Independent Journalists, Shababul Islam Media und Sabri Ben Abda Media.

2014 über 50%.[160] Al Qaida bezeichnete schon im Jahr 2007 das Internet als *activating tool to pursue jihad and resistance in secrecy and alone [...] and to form a cell for the individual jihad.*[161] Individuelle, persönliche Erfahrungen der „Jihad-Reisenden", sowohl ihre „spirituell-religiöse" als auch ihre geographische Reise an Jihad-Schauplätze in Form von Posts, Berichten und Video-Clips, haben eine wichtige propagandistisch-rekrutierende Funktion. Biographische „Wege in den Jihad" oder das „Leben als Mujahid" werden in den sozialen Netzwerken mit extrem vielen Likes bewertet und haben aufgrund ihrer (angeblichen, oftmals allerdings nicht verifizierbaren) Authentizität einen besonders hohen Radikalisierungsfaktor.[162] Motivierende Aufrufe zur personellen und materiellen Unterstützung „des Jihad" werden religiös-ideologisch begründet und „der Jihad" als erste Pflicht für Muslime bezeichnet.[163]

Die islamistisch-salafistische Propaganda zielt, wie jede effektive Propaganda, vor allem auf eine emotionale Ebene ab und bedient sich hierfür technisch bei pop- bzw. subkulturellen Formaten wie Rap-Videos, Computerspielen und Filmen und deren Soziolekt, die unterhaltungsästhetischen Anforderungen entsprechen und damit ihre (junge) Zielgruppe in deren Lebenswirklichkeit abholen.[164] Das Gros dieser Propagandavideos wirkt wie „Pop-Jihad" und das Zurschaustellen von Brutalität, u.a. in menschenverachtenden Hinrichtungsvideos – in welchen enthauptet und verbrannt wird –, weil genau diese archaische Brutalität – verpackt in moderne Video-Clip-Ästhetik – die (junge) Zielgruppe anspricht, entspricht der Logik von Terrorismus.

Die zahlreichen Sympathisanten dieser islamistisch-salafistischen Angebote partizipieren und „teilen" in Form eines Schneeballsystems, indem die Inhalte auf anderen Websites veröffentlicht und zu diesen verlinkt werden, diese kommentieren sowie den Adressaten-

---

160 BKA/BfV 2016.
161 *Lia* 2007.
162 „Baya to the Islamic State, Abu Talha/bai'a ila daulat Al-Islam…Abu Talha Al-Almani", youtube.com; www.ahlu-sunnah.com/threads/20701-wer-ist-euer-Führer; www.kuthba.net; www.alhamdudillah.net; www.al-azr.com; 14.11.2016.
163 www.salafihd.com/salafimedia.de2/downloads/audio-vortraege/ebu-tejma/item/1742-die-vorzüge-des-jihad.html; https://twitter.com/shamcenterinfo; 17.12.2016.
164 *Goertz* 2016.

kreis durch Übersetzungen in andere Sprachen erweitern. Das Web 2.0 mit seinen islamistischen und jihadistischen Angeboten dient islamistischen und jihadistischen Organisationen, Netzwerken, Gruppen und auch islamistischen Einzeltätern (*lone wolves*) als „virtuelle Universität des Islamismus", des Salafismus und des Jihadismus.[165] Deutsche Sicherheitsbehörden analysieren den Anteil von islamistischen online-Rekrutierungsmedien für den individuellen Radikalisierungs- und Entscheidungsprozess, sich jihadistischen Organisationen wie dem IS oder der Al Qaida in Syrien, dem Irak, in Libyen und anderen Staat anzuschließen, seit der Ausrufung des Kalifatstaats IS im Sommer 2014 mit über 50%.[166]

5.1.1 Islamistische, salafistische und jihadistische Propaganda

Sowohl die sozialen Netzwerkeinträge als auch die Blogs und Kommentare auf einschlägigen islamistischen, salafistischen und jihadistischen Websites beweisen einerseits ihre Aktualität und Nähe zum politischen Tagesgeschehen, zu politischen Entscheidungen europäischer und anderer westlicher Regierungen bis hin zu Twitter-Kommentaren und Äußerungen von einzelnen westlichen Politikern und andererseits eine Quantität auf einem erstaunlich hohen Niveau.[167]

Eine zentrale Rolle für salafistisch-jihadistische Propaganda und Indoktrinierung spielen motivierende Aufrufe zur personellen und materiellen Unterstützung des Jihad. Religiös-ideologisch wird dies unterstützt, indem der Jihad als erste Pflicht für Muslime erklärt wird.[168]

Der Kleine Krieg in Syrien übte bereits vor der Gründung des IS im Sommer 2014 eine hohe Anziehungskraft auf die europäische jihadistische Szene aus. Einige ihrer Propagandisten, die zuvor von europäischen Staaten aus propagandistisch tätig waren, setzten dies auf dem vom IS eroberten Territorium fort, was ihnen in den Augen der islamistisch-jihadistischen Szene eine höhere Glaubwürdigkeit verlieh. In Videobotschaften aus den Kampfgebieten wurden und

---

165 Ebd.
166 BKA/BfV 2016.
167 *Goertz* 2016.
168 www.salafihd.com/salafimedia.de2/downloads/audio-vortraege/ebu-tejma/item/1742-die-vorzüge-des-jihad.html; https://twitter.com/shamcenterinfo; 17.11.2016.

werden in martialischer Pose Selbstmordattentate verherrlicht und man stilisiert sich zum Vorbild für künftige Kämpfer.[169]

Das Spektrum der islamistischen und jihadistischen Propaganda kann als äußerst heterogen, multimedial und mehrsprachig beschrieben werden und die Grenzen zwischen salafististisch-politischer und salafistisch-jihadistischer Propaganda sind fließend.

Die jihadistische Propaganda hat die Funktion einer Selbstdarstellung zum Zweck der Bedrohung und Einschüchterung des Gegners sowie der Motivation und Rekrutierung von Sympathisanten und Unterstützern. Die verschiedenen Medien des Web 2.0 bieten den Islamisten und Jihadisten zahlreiche Möglichkeiten auf unterschiedlichen Plattformen für multimediale Ansätze ihrer Propaganda. Die einschlägigen Websites und auch die sozialen Netzwerkeinträge sind mit Tausenden von Büchern, Zeitschriften und Aufsätzen aus dem religiös-ideologischen Bereich des Islamismus, Salafismus und Jihadismus verlinkt.[170] Dort finden sich unterschiedliche Inhalte wie Interviews von Ideologen und Führungspersonen, Bekenntnisse zu bzw. Distanzierungen von Anschlägen und persönliche Erfahrungsberichte von Jihad-Schauplätzen. Die visuelle Kommunikation der jihadistischen Propaganda deckt ein breites Spektrum an Themen ab: Die hinlänglich bekannten Gefechts- und Hinrichtungsvideos einerseits, aber andererseits auch „Beweise" für funktionierende Infrastruktur wie Wasserversorgung, Straßenbau und Bilder aus Schulen. Sowohl in sozialen Netzwerken wie Facebook, Youtube, Twitter und Instagram als auch über Instant-Messaging-Dienste und in Form von Videos, die auf Websites und in sozialen Netzwerken verfügbar sind, werden propagandistische Inhalten zielgruppengerecht, häufig jugendgerecht, multilingual, auf technisch unterschiedlichem Niveau kommuniziert.[171] Wichtige Ideologen und Führungspersonen von islamistischen und jihadistischen Gruppen nutzen Audio-, Video- und Textbotschaften und auch Videos im Stil von Reportagen.

---

169 „Baya to the Islamic State, Abu Talha/bai'a ila daulat Al-Islam...Abu Talha Al-Alman", youtube.com; 14.11.2016.
170 Beispiele für Links aus dem Bereich des politischen, missionierenden Salafismus sind www.diewahrereligion.de; www.islamhouse.com; www.islamland.com; www.way-to-allah.com; 2.11.2016.
171 *Goertz* 2016.

5.1.2 Videos und *Anashid*

Bereits seit einigen Jahren rufen aus Europa stammende homegrown-Jihadisten in Video-, Audio- und Textbotschaften Muslime dazu auf, ihre Wohnorte zu verlassen und sich „ganz der jihadistischen Idee, einem jihadistischen Leben" zu widmen. Die salafistischen und jihadistischen Botschaften werden zielgruppengerecht in Form von Videos und sogenannten *Nashid* (singular) bzw. *Anashid* (plural) – wörtlich Hymnen – salafistischen und jihadistischen Kampfgesängen transportiert und stellen eine verzerrte, propagandistisch gefärbte „Jihad-Realität" dar.[172] Seit etwa 2010 sind diese „islamischen Hymnen" verstärkt auf salafistischen und jihadistischen Seiten, Links in sozialen Netzwerken und Videos auf Youtube zu finden. Darin werden der „kleine Jihad" und seine „ehrenvolle Konsequenz", der Märtyrertod, stilisiert und verherrlicht, sowie zur aktiven Teilnahme am Jihad an internationalen Jihad-Schauplätzen aufgerufen. Diese „islamischen Hymnen" (Anashid islamiya) zielen darauf ab, „die Begeisterung und den Wunsch für den Jihad zu entzünden", gelten als „Kampflieder" mit „großem geistigen und moralischen Nutzen für die Krieger", die „Heldenmut und Tapferkeit" erzeugen sowie Muslime dazu bewegen sollen, „das Schwert für die Sache Allahs (...) zu erheben".[173] Dass multimediales Material schneller und stärker radikalisiert als bloße Texte, ist herrschende Meinung der Forschung zu islamistischen Medien.[174]

Unter anderem ist die IS-Medienabteilung *Al-Hayat Media Center* (HMC) seit Mitte 2014 für die jihadistische Ansprache des westlichen Publikums zuständig und dabei bekannt für die Aufsehen erregenden Hochglanz-Produktionen wie die ästhetischen Features *Salil as-Sawarim IV* und *Flames of War* bis hin zu den zahlreichen Enthauptungsfilmen. Jihadistische Videos wie das vom IS produzierte und veröffentlichte *Fisabilillah* bieten eine *„wahre Geschichte"* als prototypische Handlungsanweisung für die Zielgruppe dieser Propaganda: Religiös-ideologisch inspiriert soll der *Mujahid* Abschied vom (friedlichen) Alltagsleben nehmen und für den Jihad zur Waffe greifen, sei es eine Unkonventionelle Spreng- und Brandvorrichtung (USBV), ein Gewehr, eine Pistole oder auch nur ein Messer.

---

172 *Al-Kanadi* 2004, S. 61, 83-84, 89, 106.
173 Ebd.
174 *Archetti* 2015, S. 55; *Lemieux/Nill* 2011, S. 144.

III Die Akteure: Eine psychologische und sozialwissenschaftliche Analyse

Im Sinne der Zielrichtung dieser Propaganda muss die europäische, westlich sozialisierte Zielgruppe kein fortgeschrittenes islamisch-theologisches Wissen besitzen, um mit der religiös-ideologischen Weltsicht der islamistisch-jihadistischen Videos zu sympathisieren. Viele dieser Videos motivieren und radikalisieren ihre Zielgruppe einerseits ästhetisch-audiovisuell und andererseits affektiv und emotional, so dass diese Videopropaganda aufgrund ihrer modernen, attraktiven und professionelle Aufmachung ein Einstiegs- bzw. ein Zusatzangebot der jihadistischen Propaganda insgesamt ist.[175]

Kurz: Die salafistisch-jihadistische Propaganda zielt – wie jede effektive Propaganda – vornehmlich darauf ab, eine emotionale, affektive Ebene ihrer Zielgruppe anzusprechen. Technisch-visuell bedient sie sich hierbei in zahlreichen Fällen bei pop- bzw. subkulturellen Formaten wie Rap-Videos, Computerspielen und Filmen und deren Soziolekt, die unterhaltungsästhetischen Anforderungen entsprechen und holen ihre (meist junge) Zielgruppe damit in deren Lebenswirklichkeit ab.[176] Diese salafistisch-jihadistischen Propagandavideos wirken wie „Pop-Jihad", indem sie ungefiltertes Zurschaustellen von unfassbarer Brutalität, menschenverachtenden Tötungsvideos nutzen. Problematischerweise spricht genau diese ungefilterte, archaische Brutalität, verpackt in moderne visuelle Ästhetik, die junge Zielgruppe islamistischer, salafistischer und jihadistischer Inhalte an. Damit präsentieren diese salafistisch-jihadistischen Propagandavideos direkt und indirekt einen gewaltverherrlichenden, archaischen Gegenentwurf zur rechtsstaatlichen Demokratie und einer Freiheitlichen demokratischen Grundordnung, welche von diesen islamistisch-salafistischen Propagandavideos abgelehnt wird.

Das Video der Hinrichtung eines jordanischen Piloten durch Verbrennung, dessen Flugzeug vom IS abgeschossen wurde, kursiert hunderttausendfach kopiert auf salafistischen und jihadistischen Websites.

---

175 Ebd.
176 Ebd.

5.1.3 Aufrufe und Motivation zu islamistischen Anschlägen und Attentaten in der westlichen Welt

Aufrufe zu Anschlägen durch islamistische Einzeltäter im Westen sind Teil der Strategie und Propaganda der jihadistischen Organisationen „Islamischer Staat" und Al Qaida. In Verbindung damit wird in der islamistisch-salafistischen Sympathisantenszene im Internet nach wie vor zu Anschlägen und Attentaten aufgerufen. Es gibt immer wieder Propagandaveröffentlichungen zum Thema islamistische Anschläge und Attentate – auch in deutscher Sprache –, wobei das Bundesamt für Verfassungsschutz diese nicht als punktuelle, systematische Kampagne bewertet.[177] Zum Beispiel ruft in einem am 5.9.2016 vom Bundesamt für Verfassungsschutz gesicherten Video der „Provinz Furat" des IS ein deutschsprachiges IS-Mitglied dazu auf, sich die „Brüder" als Beispiel zu nehmen, die „in Deutschland, Frankreich, Brüssel und Orlando ihr Blut vergossen" hätten. Das eigentliche Thema des Videos ist die Beschreibung des Werdegangs des aus Deutschland stammenden IS-Kämpfers, der darüber berichtet, wie er sich dem IS angeschlossen habe. In dem Video wird er unter anderem dabei gezeigt, wie er sowohl bei einer Auspeitschung als auch bei einer Amputation einer Hand eines angeblichen Diebes zugegen ist und dabei teilweise auch mitwirkt.[178]

In einer Videoveröffentlichung der „Provinz al-Khair" des IS vom 22.8.2016 werden islamistische Anschläge und Attentate auf westliche Ziele legitimiert. Ein Sprecher des IS ruft Muslime westlicher Staaten dazu auf,

sie [die Ungläubigen] in Angst zu versetzen, wie sie es [mit den Muslimen] machen und die Frauen [der Ungläubigen] zu Witwen und ihre Kinder zu Waisen zu machen, wie sie es [mit den Muslimen] machen.[179]

Um den Inhalt des Videos propagandistisch zu untermalen, werden Menschen gezeigt, die von gegen den IS gerichteten Luftschlägen berichten, bei denen komplette Familien getötet worden sein sollen. Als Reaktion darauf ruft der Sprecher des IS zu Anschlägen und Attentaten im Westen auf. Unter anderem wird ein Ausschnitt aus dem Bekennervideo des Attentäters von Würzburg eingeblendet, der am

---

177 BfV-Newsletter Nr. 3/2016 – Thema 1.
178 Ebd.
179 Ebd.

18.7.2016 in einer Regionalbahn mehrere Fahrgäste mit einer Axt und einem Messer angegriffen und dabei vier Personen schwer verletzt hatte. Der Anschlag von Nizza wird im Video als Beispiel für eine „erfolgreiche Operation, die niemand erwartet hat", beschrieben. Am Ende des Videos werden verschiedene Möglichkeiten zur Beschaffung und Herstellung von Waffen gezeigt. Beispielsweise werden Schraubendreher, Baseballschläger und giftige Flüssigkeiten gezeigt, die man für Angriffe verwenden solle. Auch Fahrzeuge werden als „Waffe" vorgeschlagen. Der Sprecher weist in diesem Zusammenhang auf die „erfolgreiche Operation" in Nizza hin, bei der am Abend des 14.7.2016 ein Mann mit einem LKW in eine Menschenmenge fuhr und dabei zahlreiche Menschen tötete sowie mehrere Hundert verletzte.

In der zehnten Ausgabe von „Dar Al-Islam", dem französischsprachigen Online-Magazin des IS, greift ein Artikel mit dem Titel „Game Over" dieses Thema auf und führt aus, dass die „Soldaten des Kalifats" innerhalb kürzester Zeit Anschläge im Herzen Europas verübt und damit die vielen Opfer der Bombardements in muslimischen Ländern gerächt hätten. Neben den wirtschaftlichen Einbußen und Verlusten der Tourismusbranche hätten die IS-Attentäter es geschafft, das „französische Lebensgefühl zu zerstören".[180]

Auf einem deutschsprachigen Telegram-Kanal, der den IS propagandistisch unterstützt, wurde am 22.8.2016 folgender Text veröffentlicht:

Ist Deutschland gegen so einen Terror gewappnet? Was passiert, wenn die Muslime aus Rache für Luftangriffe der Kreuzzug-Koalition, anfangen Steine von Brücken zu schmeißen? Häuser anzuzünden? (...) Die Aufklärung solcher Taten ist für die Behörden, sehr schwierig und der Täter, sollte Er sich nicht allzu blöd anstellen, könnte solche Taten oft wiederholen. Die Angst der Bevölkerung würde nur noch dadurch steigen wenn der Täter dann noch die Tat filmt und den IS-Medien die Aufnahme zu spielt oder?[181]

Dazu stellte der Nutzer ein Bild und einen Bericht über einen Vorfall im August 2016 in Dänemark ein, bei dem Unbekannte einen Betonklotz von einer Autobahnbrücke geworfen und das Auto einer

---

180 BfV-Newsletter Nr. 3/2016 – Thema 1.
181 Ebd.

deutschen Familie getroffen hatten. Die Mutter auf dem Rücksitz des Autos wurde dabei getötet und ihr Mann schwer verletzt.

Am 24.8.2016 wurde ein englischsprachiger Text veröffentlicht, der sich an die „Brüder und Schwestern" richtet, „die in besetzten Gebieten und in Gebieten des Unglaubens leben", womit Israel und westliche Staaten gemeint werden. In dem Text werden islamistische Einzeltäter, „lone wolves", zu Anschlägen aufgerufen und hierfür diverse Methoden vorgestellt. Zum Beispiel wird vorgeschlagen, Rattengift in nicht abgepackte Lebensmittel wie Obst, Gemüse und Fleisch zu mischen. Daneben wird empfohlen, geeignete Giftstoffe in geschlossenen Räumen in Lüftungen und Klimaanlagen einzubringen.[182]

Um den terroristischen Effekt der Verbreitung von Angst und Schrecken zu verstärken, wird angeregt, falsche Berichte über angeblich vergiftetes Obst, Gemüse oder andere Lebensmittel zu verbreiten, um wirtschaftlichen Schaden zu verursachen und Panik auszulösen. Als weitere Taktik wird vorgeschlagen, Feuerwerkskörper auf Veranstaltungsplätzen zu zünden, um Angst zu verbreiten sowie Falschmeldungen über Bomben an belebten Orten (zum Beispiel Flughäfen oder Züge) in Umlauf zu bringen. Auch wird empfohlen, Drohungen von außen an geparkte Autos anzubringen und diese mit „IS Wölfe" zu unterschreiben.[183]

5.2 Bekenntnis zu jihadistischen Attentaten und Anschlägen

Einen Tag nach dem islamistischen Anschlag von Anis Amri auf den Berliner Weihnachtsmarkt am Breitscheidplatz am 19.12.2016 veröffentlichte die dem „Islamischen Staat" nahe stehende Medienstelle A'maq News Agency eine Erklärung, in der sich der IS zu der Tat bekannte.

Wenige Tage später folgte ebenfalls durch A'maq die Veröffentlichung eines Videos von Anis Amri, in dem er unter anderem den Treueeid auf den IS-Anführer Abu Bakr Al-Baghdadi ablegt und zum Kampf gegen die „Kreuzzügler" aufruft.[184] Wie zuvor auch die Erklärungen zu den Anschlägen in Würzburg am 18.7.2016 und in

---
182 Ebd.
183 Ebd.
184 BfV Schlaglicht, 1/2017.

Ansbach am 24.7.2016 bezieht sich das schriftliche Bekenntnis des IS auf einen im Mai 2016 veröffentlichten Aufruf zur Durchführung von Anschlägen in den USA und Europa des ehemaligen IS-Sprechers Abu Muhammad Al-Adnani.[185]
Zahlreiche Sympathisanten äußerten sich auf einschlägigen nationalen und internationalen jihadistischen Internetpräsenzen positiv über den Anschlag in Berlin. Inhaltlich ging es dabei überwiegend um die positive Bewertung des Anschlags mittels LKW, da derartige Taten schwer zu verhindern seien. Dementsprechend wurde neben der Anpreisung möglichst hoher Opferzahlen immer wieder hervorgehoben, wie wenig logistischer Aufwand und Mittel nötig seien, um eine solche Tat begehen zu können.[186] Anschläge von islamistischen Einzeltätern mittels LKW wurden von jihadistischen Organisationen wiederholt propagiert. Schon im Jahr 2010 veröffentlichte „Al-Qaida auf der Arabischen Halbinsel" in der zweiten Ausgabe ihres englischsprachigen Onlinemagazins „INSPIRE" einen Artikel zu entsprechenden Anschlägen. Auch das in mehreren Sprachen – darunter auch auf Deutsch – veröffentlichte IS-Onlinemagazin „Rumiyah" thematisiert in seiner dritten Ausgabe von November 2016 solche Szenarien. Eine bereits 2015 veröffentlichte Fotomontage eines „Jihadisten vor dem Reichstag" mit der Aufschrift „Bald in Berlin" ist nach dem Anschlag des 19.12.2016 mit den Worten „Mission abgeschlossen" in roter Schrift ergänzt worden. Dies soll belegen, dass der Anschlag auf den Berliner Weihnachtsmarkt Teil einer längerfristigen Strategie war und seine Durchführung als Erfolg zu werten ist.

5.3 Die Kommunikationsstrategie terroristischer Organisationen: Das Beispiel „Islamischer Staat"

Die online-Propaganda der terroristischen Organisation Islamischer Staat (IS) basiert auf zwei Säulen: Den offiziellen Medienstellen des IS einerseits und den Aktivitäten der Unterstützer beziehungsweise Sympathisanten andererseits. Die offiziellen Medienstellen des IS produzieren und verbreiten als online-Sprachrohre der Organisation Propagandaprodukte, an denen sich die Kommunikations-

---

185 Ebd.
186 Ebd.

strategie des IS ablesen lässt und anhand derer Ziele, Strategie und Taktik der Organisation deutlich werden. Diese Medienstellen sind derzeit[187]:

- „Al-Furqan", die offizielle Hauptmedienstelle. Sie agiert als exklusive Medienstelle für die Führungsebene des IS. Botschaften dieser Medienstelle enthalten oftmals richtungweisende Inhalte für die Organisation.
- „Al-Hayat Media Center", zuständig für Veröffentlichungen in anderen Sprachen als Arabisch. Diese Medienstelle kommuniziert sprachlich und inhaltlich mit dem nicht-arabischen Publikum. Qualität und Layout dieser Propaganda erinnert an westliche Filmproduktionen, Computerspiele und Hochglanzmagazine.
- „Ajnad" für die Produktion von Audios in Form religiöser Erbauungssendungen wie Koranrezitationen und Anashid (Hymnischer Kampfgesang, in der Regel zur Glorifizierung von Kampf und Kämpfern).
- „Al-Bayan Radio", das auch als Internetradio abrufbar ist.
- Die Wochenzeitung „Al-Naba", in der hauptsächlich Operationsberichte und Infografiken sowie Berichte zu aktuellen Ereignissen veröffentlicht werden. So erschien in der 40. Ausgabe von „Al-Naba" am 26. Juli 2016 eine angebliche Biografie des Attentäters von Ansbach (Anschlag vom 24.7.2016).

Die „Medienbüros" der einzelnen IS-Provinzen sind voneinander unabhängig, stehen jedoch unter der direkten Kontrolle des „IS-Medienministeriums". Sie sind zuständig für Lokalnachrichten aus den jeweiligen Provinzen. Zudem ist zu beobachten, dass sie auch teils konzertierte Aktionen organisieren, wie nach den Anschlägen in Paris vom 13.11.2015: Nachdem sich der IS am Folgetag zu den Anschlägen bekannt hatte, folgten an den nächsten Tagen Videoveröffentlichungen verschiedener IS-Provinzen zu dem Thema. Damit wird bezweckt, ein großes Medienecho zu erzielen und den IS als einheitlich agierende Körperschaft darzustellen.[188]

Unterstützer und Sympathisanten

Neben den oben aufgeführten offiziellen Medienstellen sind für die Verbreitung und Erstellung von Propagandaprodukten zudem zahl-

---
187 BfV Schlaglicht, 12/2016.
188 BfV Schlaglicht, 12/2016.

reiche Unterstützer und Sympathisanten der Organisation wichtig. Diese verbreiten offizielle IS-Propagandaprodukte weiter, übersetzen diese in andere Sprachen und produzieren teilweise auch eigene Propagandaprodukte, die jedoch nur dann toleriert werden, wenn sie der inhaltlichen Linie der offiziellen Propaganda entsprechen. Somit wirken Unterstützer und Sympathisanten als Verstärker und Distributoren. Neue Ziele und Taktiken des IS lassen sich aus ihren Produkten jedoch nicht ablesen.

Amaq

Die Medienstelle Amaq nimmt im Augenblick eine Sonderstellung ein, indem sie ausschließlich Propaganda zugunsten des IS produziert. Allerdings wurde „Amaq" noch nicht öffentlich vom IS anerkannt. Amaq wurde erstmals im August 2014 im Zusammenhang mit den Kämpfen zwischen dem IS und kurdischen Kräften um das nordsyrische Kobane bekannt. Amaq verbreitet insbesondere zeitnah veröffentlichte schriftliche Kurzmeldungen sowie IS-Operationsberichte in Form nachbereiteter Handy-Videos. Indem Amaq Privataufnahmen von Unterstützern und Sympathisanten den „offiziellen Anstrich" des IS gibt, erzielen der IS und Amaq mit wenig Aufwand eine große Wirkung. Regional betrachtet fokussiert sich Amaq nicht auf Europa, sondern berichtet aus allen „Einflussgebieten" des IS. Bisher ist es allerdings auffällig, dass Amaq insbesondere auch Bekennervideos von Attentätern veröffentlicht, die in Europa Anschläge begangen haben. Sowohl das Bekennervideo des islamistischen Attentäters von Würzburg als auch das des Attentäters von Ansbach wurde jeweils einen Tag nach der Tat von Amaq veröffentlicht.[189]

Nutzen sozialer Netzwerke für den IS

Insgesamt ist feststellbar, dass der IS von der allgemeinen Beliebtheit sozialer Netzwerke und der weiten Verbreitung mobiler Endgeräte profitiert. Das Internet wird als eine Erweiterung der realen Welt wahrgenommen. Je mehr Zeit in den sozialen Netzwerken verbracht wird, desto mehr Einfluss erlangt der virtuelle Freundeskreis auf den Nutzer. Zudem befördern die sozialen Netzwerke aufgrund ihrer Funktionsweise die Schaffung meinungshomogener virtueller Räume, in denen Abweichler ausgeschlossen werden und die

---

189 Ebd.

Gleichgesinnten sich immer wieder gegenseitig bestärken. Der IS profitiert hiervon im Sinne einer „Gleichschaltung". Die Nutzung mobiler Endgeräte kann diesen meinungshomogenen Gleichschaltungseffekt verstärken, da der Nutzer überall und unabhängig von seinem tatsächlichen sozialen Umfeld gleichzeitig in seinem virtuellen sozialen Umfeld vernetzt sein und kommunizieren kann. Hierbei kann das virtuelle Umfeld zu einer Konkurrenz zum realen Umfeld werden. Virtuelles Vertrauen wird gerade von Minderjährigen schnell aufgebaut, die sich in einer Findungsphase befinden und sich durch die kontinuierliche Bestätigung im virtuellen Umfeld bestärkt fühlen. Hier können neben der jihadistischen Propaganda auch direkte Ansprachen von IS-Aktivisten sowohl in der realen als der virtuellen Welt besonders radikalisierend wirken.

5.4 Die Analyse einer beispielhaften jihdistischen Online-Publikation: Rumiyah, das neue IS-Propaganda-Magazin

Hier ein Auszug der taktischen Anweisung des neuen IS-online-Magazins Rumiyah, Ausgabe November 2016[190]:

Vehicle Attacks

Though being an essential part of modern life, very few actually comprehend the deadly and destructive capability of the motor vehicle and its capacity of reaping large numbers of casualties if used in a premeditated manner. This was superbly demonstrated in the attack launched by the brother Mohamed Lahouaiej-Bouhlel who, while traveling at the speed of approximately 90 kilometers per hour, plowed his 19-ton load-bearing truck into crowds celebrating Bastille Day in Nice, France, harvesting through his attack the slaughter of 86 Crusader citizens and injuring 434 more.

The method of such an attack is that a vehicle is plunged at a high speed into a large congregation of kufar, smashing their bodies with the vehicle's strong outer frame, while advancing forward – crushing their heads, torsos, and limbs under the vehicle's wheels and chassis – and leaving behind a trail of carnage.

---

190 Auszug aus dem neuen IS-Magazin Rumiyah, November 2016, https://terrortrendsbulletin.com/2016/11/12/new-islamic-state-rumiyah-magazine-details-tactics-for-jihadis-in-the-us/; 13.11.2016.

III Die Akteure: Eine psychologische und sozialwissenschaftliche Analyse

Vehicles are like knives, as they are extremely easy to acquire. But unlike knives, which if found in one's possession can be a cause for suspicion, vehicles arouse absolutely no doubts due to their widespread use throughout the world. It is for this obvious reason that using a vehicle is one of the most comprehensive methods of attack, as it presents the opportunity for just terror for anyone possessing the ability to drive a vehicle. Likewise, it is one of the safest and easiest weapons one could employ against the kufar, while being from amongst the most lethal methods of attack and the most successful in harvesting large numbers of the kufar.

Acquiring a vehicle is a simple task regardless of one's location. However, the type of vehicle and its structural and technical specifications are extremely important factors for ensuring the success of the operation. Observing previous vehicle attacks, it has been shown that smaller vehicles are incapable of granting the level of carnage that is sought. Similarly, off-roaders, SUVs, and four-wheel drive vehicles lack the necessary attributes required for causing a blood bath. One of the main reasons for this is that smaller vehicles lack the weight and wheel span required for crushing many victims. Thus, smaller vehicles are least suitable for this kind of attack. Rather, the type of vehicle most appropriate for such an operation is a large load-bearing truck.

The Ideal Vehicle
- *Load-bearing truck*
- *Large in size, keeping in mind its controllability*
- *Reasonably fast in speed or rate of acceleration (Note: Many European countries pre-restrict larger vehicles to specified speeds)*
- *Heavy in weight, assuring the destruction of whatever it hits*
- *Double-wheeled, giving victims less of a chance to escape being crushed by the vehicle's tires*
- *Possessing a slightly raised chassis (the under frame of the vehicle) and bumper, which allow for the mounting of sidewalks and breeching of barriers if needed*
- *If accessible, with a metal outer frame which are usually found in older cars, as the stron- ger outer frame allows for more damage to be caused when the vehicle is slammed into crowds, contrary to newer cars that are usually made of plastics and other weaker materials*

Vehicles to Avoid
- *Small cars, including larger SUVs*

Islamistische, salafistische und jihadistische Angebote

- *Slower vehicles that cannot exceed 90km per hour*
- *Load-bearing trucks with load compartments that are not fixed to the cabin, which may cause loss of control and subsequent jackknifing, especially if driven erratically*
- *Load-bearing trucks with excessively elongated trailer compartments, which can cause the driver trouble as he seeks to maneuver*

If one has the wealth, buying a vehicle would be the easiest option. Alternatively, one could rent a vehicle or simply ask to borrow one from an acquaintance or relative who owns or has access thereto. For the one not capable of attaining a vehicle by any of these means, there is the option of hotwiring or carjacking a vehicle. This is only recommended for one possessing the know-how or having previous experience in this domain.

Applicable Targets
- *Large outdoor conventions and celebrations*
- *Pedestrian-congested streets (High/Main streets)*
- *Outdoor markets*
- *Festivals*
- *Parades*
- *Political rallies*

In general, one should consider any outdoor attraction that draws large crowds.

When deciding on the target, attention should be given to that target's accessibility by the vehicle. The target should be on a road that offers the ability to accelerate to a high speed, which allows for inflicting maximum damage on those in the vehicle's path.

It is essential for the one seeking this method of operation to understand that it is not conditional to target gatherings restricted to government or military personnel only. All so-called „civilian" (and low-security) parades and gatherings are fair game and more devastating to Crusader nations.

Preparation and Planning
- *Assessing vehicle for roadworthiness*
- *Filling vehicle with a sufficient amount of fuel*
- *Mapping out the route of the attack*
- *Surveying the route for obstacles, such as posts, signs, barriers, humps, bus stops, dumpsters, etc. which is important for sidewalk-mounted attacks, keeping in mind that more obstacles might be set up on the day of a targeted event, and doing the surveillance*

in an inconspicuous manner, especially if one suspects being monitored by an intelligence apparatus
- *If accessible, a secondary weapon should be attained*

Also, an appropriate way should be determined for announcing one's allegiance to the Khalifah of the Muslims and the goal of making Allah's word supreme, so that the motive of the attack is acknowledged. An example of such would be simply writing on dozens of sheets of paper „The Islamic State will remain!" or „I am a soldier of the Islamic State!" prior, and launching them from the vehicle's window during the execution of the attack.

In a bid to ensure utmost carnage upon the enemies of Allah, it is imperative that one does not exit his vehicle during the attack. Rather, he should remain inside, driving over the already harvested kufar, and continue crushing their remains until it becomes physically impossible to continue by vehicle. At this stage, one may exit the vehicle and finish his operation on foot, if he was able to obtain a secondary weapon. He could also remain in the vehicle, targeting pedestrians, the emergency services, or security forces who arrive at the scenes of just terror, until he is martyred.

Having a secondary weapon, such as a gun or a knife, is also a great way to combine a vehicle attack with other forms of attacks. Depending on what is obtained, the kill count can be maximized and the level of terror resulting from the attack can be raised. This could also increase the possibility of attaining shahadah, which is the best of departures from this Dunya into the larger expanse of the Akhirah. „And hasten to forgiveness from your Lord and to a garden – the expanse of which is that of the heavens and the earth – prepared for the muttaqin" (Al 'Imran 133).

In der dritten Ausgabe (November 2016) des neuen Magazins des IS, namens Rumiya[191], entwickelt sich der Inhalt des IS weg vom stärker religiös-theologischen Inhalt des IS-Magazins Dabiq und hin zu taktischen Anschlagsanweisungen (Just Terror Tactics). So soll der Truck möglichst schwer und hoch sein. Er soll schnell beschleunigen können, um Bordsteinkanten und Absperrungen zu überwinden. Als ideale Ziele wurden Fußgängerzonen und öffentliche Feiern be-

---

191 https://terrortrendsbulletin.com/2016/11/12/new-islamic-state-rumiyah-magazine-details-tactics-for-jihadis-in-the-us/; 14.1.2017.

nannt. Der IS weist ausdrücklich darauf hin, dass ein LKW auch entführt werden kann.

Attentate mit Autos gehören seit langem zu den Taktiken des „Islamischen Staats". So gab 2010 „Al-Qaida auf der Arabischen Halbinsel" in seinem Magazin „Inspire" eine Anleitung für Pickup-Trucks heraus. Übersetzt hieß es „die Idee ist es, einen Pick-up zu verwenden – aber nicht, um Gras zu mähen, sondern die Feinde Allahs." Dazu sollten die Fahrzeuge im unteren vorderen Bereich mit scharfen Klingen oder dicken Stahlblechen versehen sein.

Das neue Magazin des IS, „Rumiyah", erscheint seit September 2016 und richtet sich an islamistische Einzeltäter, die sich ohne Mitgliedschaft in einer Terrorzelle, vornehmlich durch Propaganda-Videos und Chats, radikalisieren. „Rumiyah" ist vom Stil her ähnlich wie „Dabiq" gestaltet. Immer wieder wiederholt die Ausgabe vom November 2016, dass das größte Ziel darin besteht, so viele Kuffar, Ungläubige, zu töten, wie möglich. In der Bildmontage wird eine US-amerikanische Erntedank-Parade als „ideales Ziel" bezeichnet, daneben ist ein Lastwagen des Autovermieters „Hertz" und im Hintergrund ein Bild der Verwüstungen des Anschlags von Nizza zu sehen. „Rumiyah" erklärt einleitend, dass im November 2016 immer noch nur wenige die tödliche und zerstörerische Wirkung von großen Fahrzeugen verstehen. Der Attentäter von Nizza habe das „großartig demonstriert", indem es gelungen sei, 86 Menschen mit Hilfe eines Lastwagens „abzuschlachten".

Lastwagen werden als „sicherste und einfachste Waffen, die man sich gegen Kuffar besorgen kann" bezeichnet, die zu den „tödlichsten Methoden des Anschlags" zählen. Ausführlich werden Kriterien für die Wahl des richtigen Fahrzeuges angeführt. So eignen sich keine zu kleinen und zu großen Fahrzeuge, auch keine größeren Geländewagen, da man mit ihnen nicht den „gewünschten Grad eines Gemetzels" garantieren könne. Fahrzeuge, die nicht schneller als 90 Stundenkilometer fahren können und besonders lange Lastwagen, schwer manövrieren, seien ebenfalls ungeeignet. Die mögliche Geschwindigkeit sei entscheidend für den Verlauf des Anschlags, ein hohes Gewicht erhöhe den Schaden, eine doppelte Bereifung sei empfehlenswert, dadurch würden mehr Opfer zerquetscht. Auch mögliche Anschlagsziele werden angeben, große Veranstaltungen im Freien, Fußgängerzonen, Festivals, Paraden und Märkte. Bei der Planung des Anschlags sei zu beachten, wie gut ein Ziel erreichbar sei und ob man auf dem Weg dorthin eine bestimmte Geschwindigkeit erreichen könne. Im Sinne der terroristischen Logik sei es von höchster Bedeutung, vor dem Anschlag sicherzustellen, dass nach dem Anschlag bekannt werde, „welche Motive man verfolge", „dass man Allahs Wort groß machen" wolle. So wird u.a. empfohlen, Sätze wie „Ich bin ein Soldat des Islamischen Staats" oder „Der Islamische Staat wird bleiben" auf Zettel zu schreiben und diese bei der Durchführung des Attentats aus dem Fenster zu werfen. Abschließend wird erklärt, dass mit weiteren Waffen wie Messer oder Pistole die Zahl der Toten weiter erhöht werden könne. Im letzten Abschnitt des Textes wird ein Vers aus dem Koran angeführt, wonach all das die Chance auf den Weg in den Himmel erhöhe.

5.5 Kurzzusammenfassung

Entscheidende Radikalisierungsfaktoren:
- Islamistisch-salafistische und jihadistische Radikalisierung in der virtuellen Welt

Islamistisch-salafistische und jihadistische Radikalisierung in der virtuellen Welt
- Virtuelle *Dawa* („Missionierung") ist ein vitaler Faktor für eine islamistische bzw. salafistische Radikalisierung und dient strategisch und taktisch der Rekrutierung und Motivation von Mitgliedern, Anhängern und Sympathisanten.
- Virtuelle *Dawa* findet sowohl in sozialen Netzwerken wie Facebook, Youtube, Twitter und Instagram statt, als auch auf den Websites der jeweiligen islamistischen und jihadistischen Organisationen.
- Wichtige islamistische und jihadistische Ideologen und Führungspersonen nutzen Audio-, Video- und Textbotschaften und Videos im Stil von Reportagen in den sozialen Netzwerken, Instant-Messaging-Dienste und Videos, die auf Websites und in den sozialen Netzwerken verfügbar sind.
- Nach Angaben des BKA und des BfV beträgt der Anteil von islamistischen online Rekrutierungsmedien für den individuellen Radikalisierungs- und Entscheidungsprozess von Jihadisten über 50%.

Islamistisch-salafistische und jihadistische Propaganda
- Spricht die emotionale Ebene ab und bedient sich technisch bei pop- bzw. subkulturellen Formaten wie Rap-Videos, Computerspielen und Filmen und deren Soziolekt, die unterhaltungsästhetischen Anforderungen entsprechen und ihre (junge) Zielgruppe in deren Lebenswirklichkeit abholen.
- Das Gros dieser Propagandavideos wirkt wie „Pop-Jihad".
- Die archaische Brutalität, u.a. in menschenverachtenden Hinrichtungsvideos, – in welchen enthauptet und verbrannt wird, verpackt in moderne Video-Clip-Ästhetik – spricht die (junge) Zielgruppe an.
- Das Web 2.0 dient islamistischen und jihadistischen Organisationen, Netzwerken, Gruppen und auch Einzeltätern als „virtuelle Universität".
- Das Spektrum der islamistischen und jihadistischen Propaganda ist äußerst heterogen, multimedial und mehrsprachig; die Grenzen zwischen salafistisch-politischer und salafistisch-jihadistischer Propaganda sind fließend.

Videos und Anashid
- *Nashid* (singular) bzw. *Anashid* (plural) – wörtlich Hymnen –, salafistische und jihadistische Kampfgesänge, stellen eine verzerrte, propagandistisch gefärbte „Jihad-Realität" dar.
- *Anashid* stilisieren den „kleinen Jihad" und seine „ehrenvolle Konsequenz", den Märtyrertod.

Taktische Anleitungen für islamistische Einzeltäter:
Das neue IS-Propaganda-Magazin Rumiyah
- Anders als Dabiq, weniger religiös-theologisch, mehr taktische Anschlagsanweisungen (Just Terror Tactics), Beispiel: Anschlag von Einzeltätern mit Trucks/LKW/Lastzügen
  - Truck soll möglichst schwer und hoch sein, schnell beschleunigen können, um Bordsteinkanten und Absperrungen zu überwinden.
  - Als ideale Ziele wurden Fußgängerzonen und öffentliche Feiern benannt.
  - Lastwagen werden als „sicherste und einfachste Waffen, die man sich gegen Kuffar besorgen kann" bezeichnet, die zu den „tödlichsten Methoden des Anschlags" zählen.
  - Als mögliche Anschlagsziele werden große Veranstaltungen im Freien, Fußgängerzonen, Festivals, Paraden und Märkte angegeben.

IV. Strategie und Taktik des islamistischen Terrorismus: Analyse und Beispiele

1. Aktuelle Analyse der Sicherheitsbehörden

Die unverändert größte Bedrohung für unsere freien Gesellschaften stellt aktuell der international agierende islamistische Terrorismus dar. [...] Deutschland ist und bleibt im Fadenkreuz des islamistischen Terrorismus.[192]

Der Bundesminister des Innern, Dr. Thomas de Maizière, analysiert im obigen Zitat den islamistischen Terrorismus als gegenwärtig größte Gefahr für die freien, demokratischen Gesellschaften Europas. Korrespondierend spricht das Bundesamt für Verfassungsschutz im aktuellsten Verfassungsschutzbericht von 2016 von einer „neuen Dimension des Terrors", so dass davon auszugehen sei, „dass der sog. Islamische Staat Pläne für weitere Anschläge in Europa, und damit auch in Deutschland, verfolgt".[193] Die Gefahr islamistisch-terroristisch motivierter Gewalttaten in Deutschland und Europa ist vor dem Hintergrund der aktuellen, weltweiten Entwicklungen im Phänomenbereich des islamistischen Terrorismus anhaltend hoch. Nach Aussagen des Präsidenten des Bundesamtes für Verfassungsschutz erhalten die deutschen Verfassungsschutzbehörden täglich bis zu vier Hinweise auf mögliche islamistisch-terroristische Anschlagsplanungen in Deutschland.[194]

EUROPOL analysierte im Jahr 2016, dass der „Islamische Staat" über „neue gefechtsartige Möglichkeiten" verfügt, weltweit „eine Reihe groß angelegter Terroranschläge" zu verüben, „insbesondere in Europa".[195] Darüber hinaus geht EUROPOL davon aus, dass alleine der IS mindestens 5000 Jihadisten – organisiert in Form von zahlreichen Schläferzellen und Kommandostrukturen – nach Europa einschleusen konnte.[196]

---

192 BMI 2016, S. 3.
193 BfV 2016a, S. 2.
194 https://www.verfassungsschutz.de/de/oeffentlichkeitsarbeit/vortraege/rede-p-symposium-2016; 15.1.2017.
195 www.tagesschau.de/ausland/europol-terror-101.html; 15.1.2017.
196 Europol 2016a.

Der aktuellste Bericht der EUROPOL „European Union Terrorismus Situation and Trend Report 2016" nennt Zahlen von Festnahmen wegen (geplanter und/oder durchgeführter) islamistisch-terroristischer Straftaten: Von 122 Festnahmen im Jahr 2011 stieg die Zahl 2012 auf 159, 2013 auf 216, 2014 auf 395 und 2015 auf 687, was ca. eine Versechsfachung darstellt.[197] Das Bundesamt für Verfassungsschutz bewertete den jihadistischen Angriff in einem Regionalzug bei Würzburg als „ersten Anschlag mit offizieller Bekennung seitens des IS in Deutschland. Die Tat als solche verdeutlicht die anhaltend hohe Gefährdungslage in Deutschland durch den islamistischen Terrorismus."[198]

Die islamistisch-terroristischen Anschläge der Jahre 2015 und 2016 in Frankreich, Belgien, Dänemark und Deutschland (unter anderem am 7.1.2015, 13.11.2015, 14.7.2016, 22.3.2016, 14.2.2015, 18.7.2016, 24.7.2016 und am 19.12.2016) und die durch Zugriffe der GSG 9 in Flüchtlingseinrichtungen in Schleswig-Holstein am 13.9.2016 verhinderten Anschläge sowie die verhinderten Anschläge auf Berliner Flughäfen durch die Festnahme des Syrers Jabr Al Bakr am 10.10.2016 in Leipzig zeigen, dass der islamistische Terrorismus, sowohl der homegrown-Terrorismus als auch der internationale Terrorismus, ideologisch basierend auf Islamismus, Salafismus und Jihadismus, auch in der europäischen Gesellschaft einen fruchtbaren Nährboden gefunden hat.

2. Großanschläge und multiple Szenarien von internationalen islamistisch-terroristischen Organisationen: Hit-Teams

Aktuell geht von der Bedrohung durch internationale islamistisch-terroristische Organisationen für Deutschland und Europa das taktische Szenario von Großanschlägen und multiplen Szenarien aus. Diese von internationalen islamistisch-terroristischen Organisationen wie dem Islamischen Staat und der Al Qaida sind im *top-down* Prinzip geplante und durchgeführte Anschläge (sog. „Mumbai/Paris/Brüssel-style" Anschläge). Durchgeführt werden diese Groß-

---

197 Europol 2016b.
198 BfV 2016b.

anschläge von *Hit-Teams* – mit/ohne (para-) militärische(r) Ausbildung – und sie führen sowohl durch Simultanität als auch durch zeitversetzte Angriffe die Sicherheitsbehörden und Rettungsdienste westlicher Staaten an ihre Grenzen.

Bei Großanschlägen wie am 13.11.2016 in Paris bewiesen die islamistisch-terroristischen Attentäter Infanteriefähigkeiten und -ausstattung (Sturmgewehre), so führten sie zwischen 600–1000 Schuss Munition pro Mann mit. Dadurch befinden sich die meisten deutschen und europäischen polizeilichen Einsatzkräfte materiell (Wirkmittel und Feuerkraft) und immateriell (Ausbildung) im taktischen Nachteil.[199]

Auch das Beispiel des versuchten Zugriffs der französischen Spezialeinheit RAID (*Recherche, Assistance, Intervention, Dissusion* = Suche, Unterstützung, Intervention, Abschreckung) der französischen Nationalpolizei auf zwei für den 13.11.2016 verantwortliche islamistische Terroristen am 17.11.2016 zeigte und verdeutlichte den Gefechtswert und die Fähigkeiten im Orts- und Häuserkampf der beiden Attentäter. Diese reagierten mit dem Einsatz von Schusswaffen und nutzten eine Sprengstoffweste, um sich selbst und Mitglieder der RAID zu töten und sich damit dem Zugriff zu entziehen. Der Einsatz der RAID zum Zugriff auf die beiden islamistisch-terroristischen Attentäter begann um 0430 Uhr morgens, dauerte sieben Stunden und die RAID gab dabei 5000 Schuss Munition ab.[200]

Dieser Fall verdeutlicht eindringlich das Niveau und den Gefechtswert im Orts- und Häuserkampf, über die zahlreiche Mitglieder islamistisch-terroristischer Organisationen wie dem IS, der Al Qaida oder der Jabhat Fatah Al Sham (früher Jabhat Al Nusra) verfügen. Wie oben bereits erwähnt, schreibt EUROPOL dem IS zu, dass er über „neue gefechtsartige Möglichkeiten" verfügt, in Europa „eine Reihe groß angelegter Terroranschläge" zu verüben und dass alleine der IS mindestens 5000 – in Syrien und im Irak kampfprobte – Jihadisten nach Europa einschleusen konnte.

---

199 *Goertz/Maninger* 2016, S. 38.
200 ZDF 2016.

2.1 Islamistisch-terroristische Einzeltäter

Das Bundesamt für Verfassungsschutz thematisierte islamistische Einzeltäter (*lone wolves*) in einem kurzen Newsletter erstmals im Juli 2013 wie folgt:

Neben Gruppen und Netzwerken mit engen Verbindungen zu „jihadistischen" Organisationen im Ausland rücken vermehrt Einzeltäter (sogenannte „lone wolves") und weitgehend autonome Kleinstgruppen in den Fokus. Oftmals handelt es sich um „homegrown"-Terroristen, Personen, die in Europa aufgewachsen und sozialisiert wurden. Sie haben sich oftmals durch das Internet radikalisiert.[201]

Das Landesamt für Verfassungsschutz Baden-Württemberg wiederum erwähnte islamistische *lone wolves*/Einzeltäter bereits im Verfassungsschutzbericht 2011:

Am 2. März 2011 kam es zum ersten islamistisch motivierten Anschlag mit Todesopfern in Deutschland. Dieser Anschlag verdeutlicht die Gefahr, die von Einzeltätern ausgehen kann: Die sogenannten „lone wolves" radikalisieren sich vor allem in virtuellen Netzwerken und durch deren Inhalte.[202]

Diese beiden Zitate repräsentieren den Querschnitt der von deutschen Verfassungsschutzbehörden seit 2011 veröffentlichten „Analysen" zum Phänomenbereich islamistischer Einzeltäter (*lone wolves*) und verdeutlichen, dass eine umfassende, offizielle Definition bzw. Typologie von Seiten der Verfassungsschutzbehörden fehlt.

In der (überwiegend englischsprachigen) sicherheitspolitischen Forschung werden Definitionen und Charakteristika von *lone wolves* seit Ende der 1990er Jahre angrenzend an den Phänomenbereich *leaderless resistance* und *freelance terrorism* diskutiert.[203] Burton und Stewart beschreiben *lone wolves*/Einzeltäter 2008 wie folgt:

A Person, who acts on his or her own without orders from an organisation [...] a lone wolf is a standalone operative who by his very nature is embedded in the targeted society and is capable of self-activation at any time.[204]

---

201 BfV-Newsletter Nr. 1/2013, Thema 6.
202 MIDM BaWü 2012.
203 *Kaplan* 1997; *Kushner* 2003; *Hewitt* 2003.
204 *Stewart/Burton* 2008.

Weiter als Burton und Stewart gehen Bakker und de Graaf:

[…] this includes individuals that are inspired by a certain group but who are not under the command of any other person, group or network. They might be members of a network, but this network is not a hierarchical organisation in the classical sense of the word.[205]

Eine sowohl mit wissenschaftlichen Kriterien abgrenzbare als auch für den Gebrauch von deutschen Sicherheitsbehörden geeignete Definition von islamistischen Einzeltätern (*lone wolves*) sollte folgende Definitionsmerkmale enthalten:

> (Islamistische) **Einzeltäter** operieren organisatorisch und logistisch unabhängig von einer Organisation, einem Netzwerk oder einer Gruppe, sind allerdings von deren Ideologie bzw. Idee(n) inspiriert und handeln somit im Sinne der Strategie der terroristischen Organisation.

Aktuelle englischsprachige Forschung betont die Wichtigkeit festzustellen, dass der Unterschied von Einzeltätern zu „losen Mitgliedern" einer Zelle, einer Gruppe bzw. einer Organisation fließend sein kann und von einem Grad der ideologischen und operativen Unabhängigkeit bestimmt wird.[206] Der aktuelle Fall des islamistisch-terroristischen Attentäters Anis Amri – ausgehend vom bisher verfügbaren Stand der Informationen – verdeutlicht diese offensichtlich bestehende Grauzone zwischen autonom bzw. autark operierenden islamistisch-terroristischen Einzeltätern und ihre Verbindungen zum islamistisch-salafistischen Milieu und/ oder zu internationalen Jihadisten (*foreign fighters*) des „Islamischen Staates".

Das Al Qaida online-Magazin Inspire bekräftigte in der Ausgabe vom 31.5.2013 die strategische Ausrichtung auf den „individuellen Jihad", hier: auf islamistische Einzeltäter.[207] Die Anschläge der islamistischen Einzeltäter in Boston am 15.4.2013, in London am 22.5.2013 und in Toulouse im März 2012 preist Inspire als effektive Beispiele des „individuellen Jihad". Interessanterweise werden dort zwei taktische Richtungen des „individuellen Jihads" aufgezeigt. Zum einen ermöglicht *low level*-Terrorismus, wie beispielsweise das

---
205 *Sageman* 2004.
206 FBI 2011.
207 http://www.lemonde.fr/international/article/2013/05/31/inspire-la-bible-du-djihadistesolitaire_3421026_3210.html; 4.1.2017.

Anzünden von Autos, also Einzelaktionen in Form von Tausend kleinen Nadelstichen als geringes Mittel mit großem wirtschaftlichen Schaden, auch Anschläge derjenigen Islamisten, die (noch) nicht ihr Leben aufs Spiel setzen wollen. Zum anderen werden die jihadistischen Anschläge in Boston, London und in Frankreich als taktische Blaupause dargestellt.[208] Mit dieser Strategie sprach Al Qaida vornehmlich islamistische Einzeltäter und weitgehend autonome Kleinstgruppen an und bezog sich auf in Europa aufgewachsene und sozialisierte Personen des homegrown-Spektrums.[209]

2.2 Mögliche Anschlagsziele und Modi Operandi

Bei islamistisch-terroristischen Anschlägen und Attentaten sind erhebliche qualitative Unterschiede in Bezug auf die operativ-taktische Planung und Durchführung, das *know how* der Attentäter und deren logistischen Mittel festzustellen. So unterscheiden sich Großanschläge, multiple Szenarien von Hit-Teams, mehrere Zellen von Attentätern – die womöglich para-militärische Ausbildung und/ oder Kampferfahrung haben, Sprengstoff, automatische Waffen nutzen, etc. – hinsichtlich ihrer zu erwartenden Schädigungswirkung stark von Anschlägen oder Attentaten islamistischer Einzeltätern, die beispielsweise eine Axt oder ein Messer nutzen. Die zweite Kategorie wird auch als *low level*-Terrorismus bezeichnet.

Die Analyse der EUROPOL „Changes in modus operandi of Islamic State terrorist attacks"[210] legt sich darauf fest, dass islamistisch-terroristische Akteure wie der IS oder Al Qaida augenblicklich in der Auswahl ihrer Anschlagsziele nach der terroristischen Logik „Angst und Schrecken zu verbreiten" priorisieren: „soft targets", „weiche Ziele", also die Zivilbevölkerung, öffentlichkeitswirksam und repräsentativ als Ziel von terroristischen Anschlägen und Attentaten, sind die augenblickliche Priorität Nummer eins.

Mögliche Anschlagsziele:

- Flughäfen und Bahnhöfe, öffentliche Verkehrsmittel im Allgemeinen.
- Große Menschenmengen im Rahmen von Fußballspielen, Konzerten, Weihnachtsmärkten, Großereignissen (*events*).

---

208 BfV-Newsletter Nr. 1/2013, Thema 6.
209 Ebd.
210 EUROPOL 2016d.

- Öffentliche Einrichtungen von symbolischem Charakter (Kirchen, Synagogen, Schulen, Universitäten).
- Kritische Infrastrukturen mit hoher Bedeutung für die Zivilbevölkerung (Krankenhäuser, Stromversorgung, Wasser etc.).
- Politik, Ministerien, Behörden.

Mögliche Modi Operandi:
- Sprengstoffanschlag,
- Selbstmordattentäter,
- Simultananschläge,
- Zeitlich versetzte Anschläge (Doppel, Tripel, etc.),
- Anschlag mit einem Fahrzeug, mehreren Fahrzeugen,
- Sprengfallen,
- Geiselnahme als ein Teil des Szenarios.

Zu den Modi Operandi muss hier festgestellt werden, dass sich das qualitative Niveau islamistisch-terroristischer Anschläge seit dem 11.9.2001 stark diversifiziert hat und das islamistisch-terroristische *Know How* in den Bereichen Orts- und Häuserkampf, langfristiger Anschlagsplanung durch Ausspähung von Zielen und Tatmittelbeschaffung, Beschaffen bzw. Herstellen von Sprengstoffen und Waffen drastisch angestiegen ist. Geographische Schwerpunkte von islamistisch-terroristischen Anschlägen sind innerhalb Europas die Hauptstädte Paris, London, Berlin und andere, in Bezug auf die Europäische Union Brüssel und Straßburg, innerhalb Deutschlands zum Beispiel Berlin, Hamburg, München, das Rhein-Main-Gebiet und das Gebiet Köln/Bonn u.a.

2.3 Wirkmittel, Methoden

- Sprengstoff (Unkonventionelle Spreng- und Brandvorrichtung, USBV oder industrieller Sprengstoff), USBV in Koffern, Rucksäcken etc.
- Sprengstoffwesten/ -gürtel
- Selbstlaborate (Aluminiumpulver, Kaliumpermanganat etc.)
- USBV mit Nägeln, Schrauben, Muttern, Splittern versetzt, um einen möglichst hohen und drastischen Personenschaden zu erzielen
- Gasflaschen
- Vollautomatische und halbautomatische Schusswaffen, Gewehre, Pistolen
- Handgranaten

- Hieb- und Stichwaffen
- Äxte, Schwerter
- Messer
- Fahrzeuge, gehärtete („gepanzerte") Fahrzeuge
- Steine, schwere Gegenstände (von Brücken, aus Gebäuden werfen etc.)
- Biologische und chemische Waffen
- Gift (z.B. Rattengift in nicht abgepackte Lebensmittel wie Obst, Gemüse und Fleisch mischen)
- Giftstoffe in geschlossene Räume in Lüftungen und Klimaanlagen einbringen
- Reizgas
- Zusammengefasst: Alle vorstellbaren Mittel und Gegenstände, die kinetische, vergiftende oder anderweitig schädigende Wirkung auf Menschen haben (können).

Bis zu den islamistisch-terroristischen Anschlägen am 13.11.2015 wurden keine Sprengstoffwesten von Selbstmordattentätern auf europäischem Gebiet als terroristisches Mittel genutzt, seither jedoch in zahlreichen Fällen, so dass die *European Counter Terrorism Group* (ECTG) von Selbstmordattentaten mit Hilfe von Sprengstoffwesten als „möglichem Tatmittel der Zukunft" spricht.[211]

In Kombination mit Sprengsätzen in Fahrzeugen oder Behältnissen (z.B. Rucksäcke, Koffer wie im Fall der Brüsseler Anschläge auf den Flughafen und eine U-Bahn-Station bei der Europäischen Union) stellen Selbstmordattentate dabei ein taktisches Mittel für Simultananschläge oder zeitlich versetzte Doppelanschläge (Die Explosion des *first hit* soll möglichst viele Verwundete schaffen, so dass die alarmierten Rettungskräfte und Polizeieinheiten dann Ziele für den *second hit* sind, mit dem die zivilen Rettungskräfte und/oder Schaulustige getroffen werden sollen) dar, das für europäische Sicherheitskräfte augenblicklich zu den anspruchsvollsten und problematischsten Szenarien gehört. Weitere Modi Operandi und Szenarien können von AMOK-Lagen abgeleitet werden: Aus der Deckung heraus schießende Heckenschützen, Sprengfallen und versetzte Zeitzünder in öffentlichen Einrichtungen von symbolischem Charakter (Gottesdienst, Schulunterricht, Vorlesungen an Universitäten, politische Veranstaltung).

---

211 EUROPOL 2016d.

2.4 Die Akteure: Deutsche/europäische Jihad-Rückkehrer, *homegrown*-Salafisten und internationale Angehörige islamistisch-terroristischer Organisationen

Neben in Deutschland bzw. in Europa aufgewachsenen und/oder geborenen Islamisten (das homegrown-Spektrum), die sich (selbst) radikalisieren – über islamistisch-terroristische Angebote im Internet oder über den sog. sozialen Nahbereich, in der Familie, im Freundeskreis und in salafistischen Moscheen und Moschevereinen – sind sowohl deutsche/europäische Jihad-Rückkehrer als auch internationale Angehörige islamistisch-terroristischer Organisationen wie des IS und der Al Qaida Akteure möglicher Anschläge und Attentate.[212] Sowohl die Jihad-Rückkehrer als auch die internationalen Angehörigen islamistisch-terroristischer Organisationen (sowohl als Mitglieder von *Hit-Teams* als auch als islamistische Einzeltäter) verfügen mitunter über einen hohen Gefechtswert durch Erfahrungen im Orts- und Häuserkampf, jihadistisches *Know-How* im Bereich Sprengstoff, Umgang mit militärischen Waffen, Handstreich- und Hinterhaltstaktiken, *counter-surveillance*-Techniken, um sich der Observation zu entziehen und organisatorische Vernetzung, die eine rechtzeitige Aufklärung und Verhinderung ihrer Anschlags- bzw. Attentatspläne durch die europäischen Sicherheitsbehörden erschweren.[213]

Die Ausreisezahlen von deutschen Jihadisten zur Teilnahme am Jihad des IS auf syrischem und irakischem Territorium stiegen von 600 im Januar 2015 auf 780 im Dezember 2015, 810 im Mai 2016 und knapp 1000 im Frühjahr 2017.[214] Das Bundesamt für Verfassungsschutz analysiert hierbei, dass es sich bei den ausgereisten deutschen Jihadisten überwiegend um in Deutschland geborene männliche Muslime mit Migrationshintergrund handelt – darunter auch Minderjährige, wobei der Anteil der ausgereisten Frauen bei circa 20% liegt.[215] Dabei befindet sich ca. ein Drittel, sprich: knapp 300, der deutschen Jihadisten momentan wieder in Deutschland. Von diesem

---

212 *Goertz/Maninger* 2016.
213 *Goertz* 2016d.
214 https://www.verfassungsschutz.de/de/arbeitsfelder/af-islamismus-und-islamistischer-terrorismus/zahlen-und-fakten-islamismus/zuf-is-reisebewegungen-in-richtung-syrien-irak; 18.1.2017.
215 Ebd.

Personenkreis geht ein besonders hohes Risiko aus, da sie neben taktisch-terroristischer Ausbildung und „Kampfpraxis" über weitere Qualifikationen verfügen, die dem Anforderungsprofil islamistisch-terroristischer Organisationen – wie dem IS oder der Al Qaida – für potenzielle terroristische Operateure in westlichen Staaten entsprechen: Z.B. ein „westliches" Auftreten und Verhalten, der Besitz westlicher Reise- und Identitätsdokumente und soziale Vernetzung in Deutschland und Europa. Die deutschen Verfassungsschutzbehörden leiten aus der Vielzahl an Kennverhältnissen der jihadistischen Rückkehrer aus Syrien und dem Irak die Gefahr einer grenzüberschreitenden Vernetzung zurückgekehrter Jihadisten in unterschiedlichen Netzwerken – auch operativen, wie terroristischen *Hit-Teams* – mit weiterhin bestehenden Verbindungen in den Nahen Osten ab.

Psychologische Feldforschung belegt, dass Menschen ein höheres Maß an appetitiver Aggression entwickeln, je länger sie Gewalt und Grausamkeiten in kriegerischen Konflikten ausgesetzt sind.[216] Die statistische Wahrscheinlichkeit, dass diese Menschen korrelierend mit der Zahl der Gefechtshandlungen bzw. verübten Greueltaten diese oder ähnliche Gewalttaten wiederholen werden, ist – empirisch gesichert – hoch.

Jihadisten, die entrückt von demokratischen Fundamenten wie Menschenwürde und Menschenrechten agieren und ein apokalyptisches Weltbild mit dem jihadistischen Freund-Feind-Schema des „Ungläubigen" als Feind kombinieren, stellen eine asymmetrische Bedrohung für das Post-Zweiter-Weltkriegs-Europa dar, die historische Ausmaße hat.

3. Beispiele islamistisch-terroristischer Anschläge in Europa: Multiple Szenarien und Großanschläge

3.1 Die islamistischen Terroranschläge am 11.3.2004 in Madrid

3.1.1 Taktischer Plan und Ablauf des Terroranschlags

Der islamistische Terroranschlag in der spanischen Hauptstadt Madrid bestand aus seiner Kette von zeitlich versetzt ausgelösten Bombenexplosionen am 11.3.2004, drei Tage vor den spanischen

---

216 *Nell* 2006.

Parlamentswahlen. Dabei starben 191 Menschen und über 2050 Menschen wurden verletzt, über 80 davon schwer. Die Attentäter brachten zehn Sprengsätze in den dicht besetzten Personenwagen von Pendler-Zügen zur Explosion. Drei weitere Sprengsätze sollten als Second Hit verzögert detonieren, um die zur Hilfe eilenden Rettungskräfte zu töten und verletzen. Einer der detektierten und später von der spanischen Polizei kontrolliert gesprengten Sprengsätze soll eine derartige Sprengkraft gehabt haben, dass das gesamte Bahnhofsgebäude des Hauptbahnhofes Atocha hätte zerstört werden können, was Tausende mehr Tote und Verletzte verursacht hätte.

Die Sprengsätze in zwei der vier betroffenen Pendlerzüge explodierten allerdings nicht wie geplant im Bahnhof Atocha, weil er Verspätung hatte und daher auf dem Gleisfeld etwa 500 Meter vor den Bahnsteigen durch die Explosion zum Stehen kam.

Sieben der zehn Sprengsätze detonierten im Bahnhof Atocha bzw. in dessen unmittelbarer Nähe. Drei davon explodierten im Zug 21431, der sich im Bahnhof befand (die erste um 7:37 Uhr, zwei weitere unmittelbar nacheinander um 7:38). Um 7:39 explodierten vier Sprengsätze im verspäteten Zug 17305, rund 800 Meter vor dem Bahnhof an der Calle de Téllez. Zwei Sprengsätze detonierten im Zug 21435 gegen 7:38, als dieser die Station El Pozo del Tío Raimundo verließ, im Zug 21713 in der Station Santa Eugenia ein weiterer Sprengsatz. Von den 191 getöteten Menschen starben 181 direkt vor Ort, zehn nach dem Krankentransport in Krankenhäusern, was die Wirkmacht der Sprengstoffexplosionen auf die 181 direkt getöteten Menschen verdeutlicht.

3.1.2 Ermittlung und Fahndung: Die islamistischen Terroristen

Drei Tage nach dem islamistischen Terroranschlag in Madrid wurde ein Video gefunden, in welchem ein Sprecher der Al Qaida erklärte, dass seine Organisation den Anschlag geplant und durchgeführt habe. Das Video wurde von spanischen Sicherheitsbehörden auf seine Echtheit überprüft und bestätigt. Zwischen dem 14. und 17.3.2004 wurden über 35 verdächtige marokkanische Islamisten identifiziert und festgenommen, darunter auch Jamal Zougam, der mit der Planung und Durchführung der islamistischen Anschläg in den USA am 11.9.2001 in Verbindung gebracht wurde. Die marokkanischen Attentäter wurden der islamistisch-salafistischen Organisation Islamische Kampfgruppe Marokkos (GICM) zugerechnet. Die 1993 von Taliban und internationalen Jihadisten in Pakistan gegründete GICM galt als vom Führungszirkel der Al Qaida finanziert.

Die Ermittlungen ergaben, dass der von den Terroristen verwendete Sprengstoff einer enorm großen Menge aus einem spanischen Bergwerk stammte. Weiter wurde ermittelt, dass einer der marokkanischen Attentäter, Osman Sayed Ahmed, jahrelang legal in Deutschland gelebt hatte und den Sicherheitsbehörden als Islamist bekannt war.[217]

Am 3.4.2004, drei Wochen nach dem Anschlag, kam es im Madrider Vorort Leganés zu einem Schusswechsel mit den mutmaßlichen Urhebern des Anschlags. Bei der Erstürmung ihrer Wohnung durch spanische Polizeikräfte sprengten sich sieben der islamistischen Attentäter in die Luft, weswegen nur sechs von den sieben Attentätern identifiziert werden konnten. Bei der von den islamistischen Attentätern herbeigeführten Sprengstoffexplosion wurde ein spanischer Polizist getötet und 15 weitere – teilweise schwer – verletzt. Die vermutlichen Anführer der islamistischen Attentäter, Serhane Ben Abdelmajid und Jamal Ahmidan, konnten unter den toten Terroristen identifiziert werden.

Nach Angaben der spanischen Zeitung El Mundo, die sich auf einen internen Ermittlungsbericht der spanischen Polizei berief, war ein aus Syrien stammender spanischer Polizeibeamter Mitglied der islamistischen Attentäter und soll technische Unterstützung geleistet haben, indem er die Handys mit den Sprengsätzen verkabelte, da die übrigen Attentäter nicht über die erforderlichen technischen Kenntnisse verfügt hätten.[218]

3.1.3 Folgen und Analyse

Nach der terroristischen Logik des Zieles, innerhalb der Zivilbevölkerung Angst und Schrecken durch willkürliche Gewalt zu verbreiten, müssen öffentliche Verkehrsmittel, Verkehrsknotenpunkte, Bahnhöfe als prototypische Anschlagsziele von Terroristen bezeichnet werden. Zeitlich simultan und/oder versetzte Explosionen in Pendler-Zügen zur Rushhour garantieren der terroristischen Anschlagsplanung eine hohe Zahl an Toten und Verletzten sowie

---

217 FAZ 13.6.2004.
218 N-TV 22.8.2005.

etwaige Live-Berichterstattung. Das Wissen, dass jeder Fahrgast, jederzeit zu einem Opfer eines terroristischen Anschlags in einem öffentlichen Verkehrsmittel werden kann, hat eine erhebliche psychologische Wirkung auf die Zivilbevölkerung. Der politische Charakter eines jeden terroristischen Anschlags oder Attentats muss hier besonders betont werden. Wenige Tage vor der spanischen Parlamentswahl verübt, hatte dieser – von wenigen islamistischen Attentätern verübte – Anschlag weitreichende Konsequenzen für Spanien: Die aktuelle Regierung Spaniens wurde abgewählt und die spanische Außenpolitik wurde von der neuen Regierung dergestalt modifiziert, dass das militärische Engagement Spaniens im Irak beendet wurde. In diesem Sinne muss konstatiert werden, dass die islamistischen Attentäter durch das Töten und Verletzen hunderter Menschen einen gravierenden Politikwechsel Spanien herbeiführen konnten. Die Anschläge in Madrid sind als Blaupause eines Großanschlags auf einen europäischen Verkehrsknotenpunkt zu bezeichnen und fanden kurze Zeit später Nachahmung in London.

3.2 Die islamistischen Terroranschläge am 7.7.2005 in London

3.2.1 Taktischer Plan und Ablauf des Terroranschlags

Die Terroranschläge am 7.7.2005 in London – im Nachgang angelehnt an 9/11 in den USA weltweit als 7/7 bezeichnet – waren eine Großanschlagsserie von islamistischen Selbstmordattentätern auf die Zivilbevölkerung in London. Als das taktische Anschlagsziel hatten die islamistischen Attentäter – ähnlich wie wenige Monate zuvor die islamistischen Attentäter beim Anschlag auf den Madrider Hauptbahnhof – den öffentlichen Nahverkehr der Stadt zur morgendlichen Hauptverkehrszeit gewählt.

Zwischen 8:50 Uhr und 8:53 Uhr kam es nahezu zeitgleich zu drei Explosionen durch drei „Rucksackbomber" in drei U-Bahn-Zügen. Eine knappe Stunde später, um 9:47 Uhr, löste ein vierter „Rucksackbomber" eine Detonation in einem Doppeldeckerbus aus.

Bei den vier Detonationen wurden 56 Menschen getötet und über 700 – Hunderte von ihnen durch die kinetische Energie der Detonationen schwer, u.a. in Form von abgetrennten Gliedmaßen – verletzt. Damit ist dies der bisher schwerste Terroranschlag in der Geschichte von Großbritannien.

Der tödlichste und folgenreichste der vier Anschläge ereignete sich auf der Zuglinie Piccadilly Line zwischen King's Cross St. Pancras und Russell Square, da er mitten im Tunnel stattfand, was die Rettungsarbeiten stark erschwerte und 28 Tote zur Folge hatte. Überlebende und Familien von Getöteten und Verletzten beklagten im Nachhinein eine sehr langsame Bergung und Versorgung der Verletzten. Hunderte von Menschen waren von 8:50 Uhr bis zum Nachmittag in angrenzenden Waggons und/ oder Folgezügen eingeschlossen, was erhebliche psychische Folgen hatte.

Aufgrund der vier Bombenanschläge evakuierten die Londoner Sicherheitsbehörden zahlreiche U-Bahn-Stationen und stoppten den Verkehr des gesamten Londoner Bus- und U-Bahn-Netzes. Das Londoner Bankenviertel, die Londoner Börse und über 40 Straßen blieben stundenlang gesperrt, was u.a. erhebliche finanzielle Auswirkungen hatte. Auch der zeitgleich in Schottland stattfindende G8-Gipfel wurde unterbrochen.

3.2.2 Ermittlung und Fahndung: Die islamistischen Terroristen

Die vier islamistischen Attentäter wurden mittels Videoaufnahmen von Überwachungskameras identifiziert. Drei der vier Täter waren Briten pakistanischen Ursprungs, die aus dem Raum Leeds stammten. Bei der Durchsuchung ihrer Häuser wurde u.a. Sprengstoff gefunden.

Die Täter waren:

- Hasib Hussain, 18 Jahre alt, aus Leeds, Brite mit pakistanischem Migrationshintergrund, Attentäter auf die Buslinie.
- Shehzad Tanweer, 22 Jahre alt, aus Leeds, Brite mit pakistanischem Migrationshintergrund, Attentäter auf die U-Bahn der Circle Line, zwischen Aldgate und Liverpool Street.
- Mohammed Sidique Khan, 30 Jahre, aus Dewsbury bei Leeds, Brite mit pakistanischem Migrationshintergrund, Attentäter auf die U-Bahn der Circle Line im Bereich der Edgware Road.
- Jamal Lindsay, 19 Jahre, geboren in Jamaika, aus Aylesbury, Attentäter auf die Piccadilly Line zwischen King's Cross und Russell Square.

Mohammad Sidique Khan beschuldigte in seinem Bekennervideo die britische Gesellschaft und die britische Regierung, direkt für die Anschläge verantwortlich zu sein. So führte er aus, dass seine Gruppe einen regulären Krieg gegen die demokratische britische Gesellschaft führte und bezeichnete sich selbst als Soldat.

In den ersten offiziellen Aussagen und Informationen wenige Minuten nach den Anschlägen schlossen die britischen Behörden Terroranschläge aus und gaben Kurzschlüsse und Zusammenstösse von U-Bahnen als mögliche Ursachen an. Dies war eine bewusste Fehlinformation der Öffentlichkeit, mit dem Ziel, (noch mehr) Panik zu vermeiden und Zeit für operative Gegenmaßnahmen zu gewinnen. Scotland Yard bestätigte später, dass neben den vier Sprengsätzen der islamistischen Attentäter noch mindestens ein weiterer Sprengsatz in einem weiteren U-Bahn-Zug gefunden wurde.

Der im Rahmen von islamistischen Anschlägen und Attentaten benutzte Sprengstoff ist häufig ein Indiz für den Grad der Organisiertheit und Vernetzung der Attentäter mit islamistisch-terroristischen Organisationen. Im Fall der Londoner Anschläge gingen die Ermittlungsbehörden zunächst davon aus, dass aufgrund der beinahe gleichzeitigen Detonationen Plastiksprengstoff militärischer Herkunft, gemeinsam mit synchronisierten Zeitzündern benutzt worden wären. Diese Hypothese erwies sich allerdings als falsch. Der von den islamistischen Attentätern benutzte Sprengstoff war selbst hergestellter Sprengstoff des Namens Acetonperoxid – APEX – bzw. auch Triacetontriperoxid – TATP. APEX bzw. TATP ist, wie die meisten anderen organischen Peroxide, sehr empfindlich gegen Schlag, Reibung und Wärme und zerfällt sehr leicht, was zu besonders heftigen Detonationen führen kann. APEX bzw. TATP lässt sich im Prinzip ohne große chemische Vorkenntnisse aus Haushaltsreinigungsmitteln herstellen.[219]

Alle islamistischen Attentäter wurden dem britischen homegrown-Spektrum zugerechnet, die sich sowohl individuell über islamistische Angebote des Internets als auch über den sozialen Nahbereich des islamistisch-salafistischen Milieus in England radikalisiert hatten. Im Zuge verschiedener Untersuchungskommissionen wurde veröffentlicht, dass der vermutliche Anführer der islamistischen Terrorgruppe, Mohammed Siddique Khan, schon viele Monate vor den Anschlägen den englischen Sicherheitsbehörden – Polizei und Nachrichtendienste – bekannt war, teilweise observiert wurde. Der britische Inlandsnachrichtendienst MI5 hatte die Observation von

---

[219] *Escales* 2002; *Gartz* 2007.

Mohammed Khan allerdings Wochen vor den Anschlägen beendet. In einem Untersuchungsbericht des englischen Innenministeriums wurde die Radikalisierung der islamistischen Attentäter auch mit den Reisen Mohammed Khans nach Pakistan erklärt. Allerdings nicht im Sinne einer *fact-finding*-Mission für eine Anschlagsplanung, sondern zu einer weiteren religiös-ideologischen Radikalisierung durch den jihadistischen Salafismus. Die Analyse des psychologischen Hintergrundes der Attentäter ergab keinerlei Auffälligkeiten, ganz im Gegenteil, sie wurden als „integriert" und den „westlichen Lebensstil annehmend" beschrieben.

Nur vierzehn Tage nach den Anschlägen, am 21.7.2005, gab es einen erneuten Terroralarm ähnlicher Größenordnung in London. Erneut sollten mehrere Sprengsätze nahezu zeitgleich in Londoner U-Bahn-Zügen zur Detonation gebracht werden. Allerdings verhinderten technische Problem das Auslösen der Sprengsätze. Innerhalb von Wochen konnten in einer landes- und europaweiten Fahndungsaktion sechs islamistische Terroristen verhaftet werden. Diese behaupteten vor Gericht, „alles sei nur ein Scherz" gewesen. Die vier Beschuldigten Muktar Said Ibrahim, Yassin Omar, Hussain Osman und Ramzi Mohammed wurden am 9.7.2007 vom Gericht Woolwich Crown zu Haftstrafen von über 40 Jahren verurteilt.

3.2.3 Folgen und Analyse

Entgegen erster Spekulation im unmittelbaren Nachgang zu den islamistischen Terrororganisationen wurde von den britischen Sicherheitsbehörden keine direkte organisatorisch-hierarchische Verbindung zur Al Qaida festgestellt.

Der am 6.6.2006 veröffentlichte Untersuchungsbericht der Londoner Staatsanwaltschaft kritisierte deutlich, dass in den Tunneln der Londoner U-Bahn nach den Detonationen kein Funkverkehr mehr möglich gewesen sei, weswegen die Rettungskräfte Läufer einsetzen mussten, um sich zu verständigen. Eine Kommunikation über das Mobilfunknetz sei ebenfalls gescheitert, da das Mobilfunknetz zusammengebrochen war. Problematischerweise waren Erste-Hilfe-Koffer- und Kästen in den U-Bahnstationen zu fest verschlossen, Notausgänge blockiert, so dass Soforthilfemaßnahmen dadurch scheitern mussten. Im Chaos der Anschläge wurden Einsatzfahrzeuge an falsche U-Bahnhöfe geleitet und daher hatten die ersten Rettungskräfte die drei U-Bahn-Züge erst 30 Minuten nach Eingang des Notrufes erreicht. Zusätzlich waren in ganz London die Notrufnummern stundenlang überlastet. Verschiedene Untersuchungsberichte zum islamistischen Anschlag am 7.7.2005 beginnen oder enden mit den Worten „What happened in London on 7 July 2005 could happen at any time, in any city, in any country". Wie der Anschlag in Madrid muss auch dieser als Vorlage für Terroristen bezeichnet werden, die jederzeit wiederholt werden kann.

3.3 Der islamistische Anschlag auf die Zeitungsredaktion Charlie Hebdo in Paris am 7.1.2015

3.3.1 Taktischer Plan und Ablauf des Terroranschlags

Der islamistische Anschlag auf die Zeitungsredaktion von Charlie Hebdo am 7.1.2015 war Teil einer islamistischen Anschlagsserie, zu der auch das tödliche Attentat von Amedy Coulibaly auf eine Polizistin und einen Straßenreiniger am 8.1.2015 zählt. Einen Tag darauf überfiel Coulibaly gezielt einen jüdischen Supermarkt in Paris, nahm mehrere Geiseln und erschoss im Lauf der Geiselnahme vier von ihnen. Coulibaly forderte freien Abzug für die beiden Attentäter auf Charlie Hebdo und erklärte gegenüber einem Fernsehsender, dass er gemeinsam mit den beiden Attentätern des Anschlags auf Charlie Hebdo handele und für den Islamischen Staat kämpfe.

Am 7.1.2015 stürmten zwei islamistische Terroristen des französischen homegrown-Spektrums – die Brüder Chérif und Saïd Kouachi – maskiert die Redaktionskonferenz von Charlie Hebdo und töteten gezielt zwölf Menschen mit ihren Kalaschnikows, darunter die Herausgeber, Mitinhaber und Zeichner von Charlie Hebdo. Der Anschlag auf die Redaktion von Charlie Hebdo dauerte ca. fünf Minuten und danach stellten die polizeilichen Ermittler 31 Patronenhülsen (Kaliber 7,62 mm) im Gebäude sicher, was darauf hindeutet, dass die Attentäter nicht „wahllos mit Feuerstößen" um sich geschossen hatten, sondern gezielt die Redaktion der Zeitschrift Charlie Hebdo zu töten beabsichtigten. 20 weitere Personen wurden bei diesem Anschlag verletzt, einige von ihnen schwer. Während und nach der Tat riefen die islamistischen Attentäter: „On a vengé le prophète!" („Wir haben den Propheten gerächt").

Da die Mohammed-Karikaturen als religiös-politische „Begründung" für den Anschlag benutzt wurden, folgt hier eine kurze Darstellung des Hintergrundes des „Karikaturenstreits" und der Zeitschrift Charlie Hebdo:

Charlie Hebdo hatte sich in der Debatte um Mohammed-Karikaturen nach westlich-demokratischem Verständnis völlig legitim auf künstlerisch-satirische Art und Weise geäußert und war daher – spätestens seit dem Brandanschlag auf das Redaktionsgebäude am 2.11.2011 – erklärtes Ziel des islamistisch-terroristischen Spektrums.

Der Anschlag stand in Verbindung mit dem Abdruck einer Karikatur Mohammeds, zusätzlich wurde die Internetseite des Satiremagazins gehackt, so dass man anstatt der Titelseite einige Stunden lang Bilder saudi-arabischer Moscheen in Mekka während der Hadj sehen und in Türkisch und Englisch lesen konnte: „Unter dem Deckmantel der Pressefreiheit greift ihr mit euren gehässigen Karikaturen den großen Propheten des Islam an. Der Fluch Gottes soll euch treffen. Wir werden in der virtuellen Welt euer Fluch sein. Es gibt keinen Gott außer Allah und Mohammed ist sein Prophet".[220] Eine türkische Hackergruppe namens Akincilar („Sturmreiter des Osmanischen Reiches") sandte kurz darauf ein Bekennerschreiben für den Hackerangriff an die französische Zeitung Nouvel Observateur.[221]

Auf der Straße vor dem Redaktionsgebäude begegneten die beiden Täter einer Polizeistreife, doch beide konnten durch Schusswaffeneinsatz mit ihrem Auto fliehen. Als eine in der Nähe befindliche Fahrradstreife der Polizei eingriff, kam es zu einem Schusswechsel, in dessen Verlauf ein bereits verwundet am Boden liegender Polizist von einem der beiden islamistischen Attentäter durch einen Kopfschuss aus nächster Nähe getötet wurde. Auf ihrem Fluchtweg kollidierten die beiden Attentäter an der Place du Colonel Fabien mit einem anderen Fahrzeug und verletzten einen Fußgänger. Kurz danach brachten sie ein zweites Kfz unter ihre Kontrolle, mit dem sie ihre Flucht fortsetzten. An der Porte de Pantin verlor sich zunächst ihre Spur.

---

220 http://www.lexpress.fr/actualite/societe/fait-divers/le-siege-de-charlie-hebdo-incendie-son-site-internet-pirate_1046662.html; 2.11.2011.
221 http://o.nouvelobs.com/high-tech/hacker-ouvert/20111103.OBS3714/qui-sont-les-hackers-de-charlie-hebdo.html;3.11.2011.

Im Verlauf des Tattages wurden die Brüder Kouachi sowie ihr 18-jähriger Schwager als Tatverdächtige zur Fahndung ausgeschrieben. Im ersten Fluchtauto konnten die Ermittler neben zehn Molotowcocktails, einer jihadistischen Flagge und Funkgeräten auch den Personalausweis von Saïd Kouachi sicherstellen. An der Fahndung nach den beiden Tätern waren alle Spezialeinheiten Frankreichs (GIGN, RAID, GIPN und BRI) beteiligt, was taktische Konsequenzen für die Sicherheitslage in Frankreich in dem Sinne hatte, dass etwaige zeitgleich stattfindende weitere Anschläge und Attentate zu zusätzlich erhöhten Personenschäden geführt hätten.

Nachdem die Kouachi-Brüder am Morgen des folgenden Tages unmaskiert an einer Tankstelle bei Villers-Cotterêts unter Waffengewalt Lebensmittel erbeutet hatten, konzentrierte sich die Fahndung auf die Region um Crépy-en-Valois nordöstlich von Paris. In der Nähe von Montagny-Sainte-Félicité hielten die Brüder Kouachi am 9.1.20016 um 8 Uhr morgens erneut ein Auto an und brachten dieses unter ihre Kontrolle auf ihrem Weg zurück nach Paris. Ab ca. 9 Uhr 20 kam es zu einem Schusswechsel mit Polizisten, worauf sich die beiden Attentäter im Gebäude einer Druckerei verschanzten und dort Geiseln nahmen. Die Druckerei wurde kurz darauf von zahlreichen französischen Sicherheitskräften umstellt. Nach ca. sieben Stunden verließen Saïd und Chérif Kouachi das Gebäude, suchten den offenen Schusswechsel mit den Spezialkräften der Polizei und wurden dabei erschossen. Später wurden am Tatort der Geiselnahme zwei weitere Kalaschnikows, eine Panzerfaust, Nebelkerzen sowie eine Granate aus Militärbeständen am Körper eines der Islamisten gefunden.

Nahezu zeitgleich mit dem Schusswechsel vor der Druckerei in Dammartin-en-Goële wurde der jüdische Supermarkt in Paris, in dem Coulibaly zahlreiche Geiseln genommen hatte, durch einen Zugriff durch die Spezialeinheiten BRI und RAID gestürmt und Coulibaly im offenen Schusswechsel erschossen. Coulibaly schoss mit einer Kalaschnikow und einer Skorpion-Maschinenpistole und im Gebäude fanden die Polizeieinheiten später noch zwei Tokarew-Pistolen und ca. 15 Sprengsätze samt vier Zündvorrichtungen, die als Sprengfallen vorbereitet, aber noch nicht geschärft waren. Beim Zugriff auf Coulibaly wurden drei Polizisten verletzt, die zu dem Zeitpunkt nicht von Coulibaly erschossenen Geiseln wurden beim Zugriff nicht verletzt.

3.3.2 Ermittlung und Fahndung: Die islamistischen Terroristen

Die islamistischen Attentäter Saïd und Chérif Kouachi waren Söhne algerischer Einwanderer, in Frankreich geboren und besaßen die französische Staatsbürgerschaft. Chérif Kouachi wurde im Januar 2005 verhaftet, als er versuchte, nach Syrien auszureisen, um am Jihad im Irak gegen die US-amerikanischen Truppen teilzunehmen. Chérif wurde zu drei Jahren Gefängnis verurteilt, wobei anderthalb Jahre zur Bewährung ausgesetzt wurden. Im Mai 2010 wurde er erneut verhaftet, da er unter dem Verdacht stand, an einer Operation beteiligt zu sein, welche die Befreiung von zwei Attentätern der islamistischen Gruppe le Groupe Islamique Armé, die 1995 für eine islamistische Anschlagserie in Frankreich verantwortlich war, aus dem Gefängnis zum Ziel hatte. 2011 reisten Saïd und Chérif in den Jemen und erhielten dort eine taktische Ausbildung der Al Qaida. Der deutsche Bundesinnenminister de Maizière bestätigte, dass die mutmaßlichen Täter sowohl auf der No Fly List der USA standen als auch auf der Schengen-Liste zur verdeckten Beobachtung ausgeschrieben waren.

Sowohl gegen C. Kouachi als auch gegen Coulibaly war wegen einer versuchten Befreiung des Islamisten Smain Ali Belkacem aus einem französischen Gefängnis ermittelt und Coulibaly Ende 2013 zu einer Haftstrafe verurteilt worden, die Ermittlungen gegen Kouachi wurden dagegen eingestellt. Die bereits unmittelbar nach dem Anschlag auf Charlie Hebdo festgenommene Ehefrau von Chérif Kouachi bestätigte Ermittlern, dass ihr Mann und Coulibaly „gut bekannt" waren.

Amedy Coulibaly wurde 1982 in Juvisy-sur-Orge, einem Vorort von Paris, geboren. Seine Familie stammt aus Mali. Ab 2001 beging Coulibaly mehrere bewaffnete Raubüberfälle, wofür er 2004 zu sechs Jahren Gefängnis verurteilt wurde, jedoch nach wenigen Monaten wieder entlassen und 2006 erneut zu einer anderthalb Jahre langen Gefängnisstrafe verurteilt wurde, diesmal wegen Rauschgifthandels. Im Gefängnis lernte Coulibaly Chérif Kouachi kennen und radikalisierte sich so mit dem salafistischen Jihadismus. Wie Chérif geriet Coulibaly in Verdacht, die islamistischen Attentäter von 1995 befreien zu wollen, aber nur Coulibaly kam 2013 – zum dritten Mal in kurzer Folge – in Haft, wenige Monate später allerdings, 2014, kam er erneut frei.

Eine Woche nach dem Anschlag auf Charlie Hebdo übernahm ein Sprecher der Al-Qaida im Jemen die Verantwortung und erklärte, dass das Attentat auf Charlie Hebdo von der Al Qaida geplant, finanziert und auf Befehl von Aiman Al Zawahiri, dem Nachfolger Ossama bin Ladens, verübt worden sei. Allerdings übernahm ein Prediger des Islamischen Staates beim Freitagsgebet in einer Moschee der nordirakischen Stadt Mossul ebenfalls die Verantwortung für die Tat und behauptete, sie sei der Beginn einer größeren Terrorkampagne mit weiteren Attentaten in Europa und den USA.

3.3.3 Folgen und Analyse

Der islamistische Anschlag auf die Zeitungsredaktion Charlie Hebdo in Paris am 7.1.2015 und seine islamistisch-terroristische „Begründung" verdeutlichen den Zusammenprall diametral entgegen gesetzter Werteordnungen: Karikaturen als Ausdruck von Meinungsfreiheit als zentralem Wert demokratischer Gesellschaftsordnungen einerseits und eine islamistische Positionierung von Religion über Prinzipien wie Laizismus und Meinungsfreiheit andererseits. Die Redaktion der Satire-Zeitschrift Charlie Hebdo wurde nach jihadistischer Logik zum „legitimen" Ziel terroristischer Gewalt. In der Konsequenz bedeutet dies sowohl für staatliche wie auch für zivilgesellschaftliche Akteure, die in Diskursen bzw. Entscheidungen zwischen Werten wie Demokratie und Religion abwägen, dass sie zur Zielscheibe islamistisch-jihadistischer Akteure werden, sobald sie deren Theologie des Islam in Frage stellen. Der islamistische Anschlag am 7.1.2015 markierte den Beginn eines Jahres, wie es Frankreich im Bereich des islamistischen Terrorismus (bisher) noch nicht erlebt hat.

3.4 Die islamistischen Anschläge am 13.11.2015 in Paris

3.4.1 Taktischer Plan und Ablauf des Terroranschlags

Nach dem islamistischen Anschlag auf die Redaktion von Charlie Hebdo und wenige Wochen vor dem 13.11.2015 warnte ein französischer Untersuchungsrichter davor, dass Frankreich eines der Hauptziele eines terroristischen „Überbietungswettbewerbes" sei, indem verschiedene terroristische Organisationen mit islamistischem Hintergrund anstrebten, das Ausmaß des 11.9.2001 zu übertreffen. Aufgrund der französischen Militärpräsenz in Mali, in Syrien und im Irak soll der Anführer des „Islamischen Staats", Abu Bakr al-Baghdadi, Frankreich als Primärziel bezeichnet haben. Beim versuchten islamistischen Anschlag im Thalys-Zug 9364 am 21.8.2015 konnte ein mit einem Sturmgewehr bewaffneter Attentäter von zufällig anwesenden US-amerikanischen Soldaten überwältigt und dadurch ein mögliches Blutbad verhindert werden. Noch drei Tage vor dem 13.11.2015 erklärte der französische Innenminister Bernard Cazeneuve, dass französische Sicherheitsbehörden am 29.10.2015 einen Anschlag des „Islamischen Staates" auf Soldaten der französischen Marine in Toulon vereiteln konnten. Einen Tag vor dem Anschlag in Paris verübte der „Islamische Staat" einen Terroranschlag in Beirut, wo 49 Menschen vor einer Bäckerei von zwei Selbstmordattentätern getötet und über 230 verletzt wurden.

Nach Aussagen der zuständigen Staatsanwaltschaft ereigneten sich die islamistisch-terroristischen Attentate des 13.11.2015 in folgendem chronologischen Verlauf:

21:17 Uhr: Die erste Detonation, am Stade de France, während eines Freundschaftsspiels zwischen der französischen und der deutschen Fußballnationalmannschaft. Einer der drei Selbstmordattentäter versucht am Eingangstor D 15 Minuten nach Spielbeginn ins Stadion zu gelangen, wird von einem Sicherheitsmann kontrolliert, der eine Sprengstoffweste entdeckt, woraufhin der Attentäter flüchtet. Um 21:20 Uhr zündet er den Sprengsatz außerhalb des Stadions und tötet dabei einen Passanten.

21:25 Uhr: In der Bar Le Carillon in der Rue Alibert und im Restaurant Le Petit Cambodge werden 15 Menschen von Islamisten erschossen. Die Attentäter schießen mit Kalaschnikows auf Passanten und Gäste der Außenplätze der Bar Le Carillon und anschließend auf das gegenüberliegende kambodschanische Restaurant Le Petit Cambodge, in der Rue Alibert. Insgesamt sterben an diesem Tatort 15 Personen, zehn weitere werden verletzt. Nach der Tat fahren die Attentäter über die Rue Bichat zum 400 Meter entfernt liegenden nächsten Tatort.

21:30 Uhr: Die zweite Detonation am Stade de France. Der zweite Selbstmordattentäter versucht am Toreingang H in das Innere des Stadions zu gelangen, sprengt sich dann in die Luft. Ein dritter Selbstmordattentäter befindet sich 300 Meter abseits des Stadions und zündet seinen Sprengstoffgürtel um 21:52 Uhr, wobei keine weiteren Menschen ums Leben kommen.

21:32 Uhr: Auf den Terrassen des Café Bonne Bière und der Pizzerria La Casa Nostra sterben vier Menschen durch Schüsse der Attentäter.

Um 21:32 Uhr halten die islamistischen Attentäter ihr Fahrzeug an einer Straßenkreuzung an und erschießen dort einen Mann in seinem Fahrzeug. Danach schießen sie auf das Café Bonne Bière, in dem drei Personen sterben, woraufhin sie in den benachbarten Waschsalon Lavatronic und danach auf das gegenüberliegende italienische Restaurant La Casa Nostra in der Rue de la Fontaine au Roi 2, schießen, wobei eine Person getötet und acht weitere Personen schwer verletzt werden. Als ein islamistischer Attentäter einzelne wehrlose Überlebende auf der Terrasse erschießen will, hat seine Waffe eine Ladehemmung, woraufhin er zurück in das Fahrzeug geht, in Richtung Rue de Charonne fährt und aus dem Fahrzeug heraus eine weitere Person erschießt.

Um 21:36 Uhr setzen die Attentäter ihren Beschuss auf Fußgänger der Rue de Charonne aus ihrem Fahrzeug fort. Dann schießen sie in die Bar La Belle Équipe und töteten dabei insgesamt 19 Menschen, neun weitere werden schwer verletzt.

Um 21:40 Uhr sprengt sich der Islamist Ibrahim Abdeslam im Café Comptoir Voltaire im 11. Arrondissement – rund 900 Meter von der Bar La Belle Équipe entfernt – in die Luft, wobei die Bombe nur teilweise detoniert und fünfzehn Personen, eine davon schwer, verletzt werden.

21:40 Uhr: Infanteristisch bewaffnete Attentäter stürmen die Konzerthalle Bataclan und erschießen dort 89 Menschen.

Im Bataclan-Theater am Boulevard Voltaire 50 im 11. Arrondissement gibt die US-amerikanische Rockband Eagles of Death Metal am Abend ein Konzert vor etwa 1500 Konzertbesuchern. Gegen 21:40 Uhr steigen die Attentäter Amimour, Mostefai und Aggad vor dem Theater aus ihrem Fahrzeug, beschießen zwei junge Männer auf Fahrrädern und dringen durch die Bar und den Merchandising-Stand in das Gebäude ein. Dort schießen sie für ca. zehn Minuten gezielt in das Publikum und werfen Handgranaten. Innerhalb weniger Minuten gibt sehr viele Todesopfer und zahlreiche schwer Verletzte, insgesamt werden im Bataclan 89 Menschen ermordet.

Die Konzertbesucher versuchen, sich in Nebenräumen des Gebäudes und auf den Balkonen zu verstecken, manchen gelingt die Flucht. Zwei gegen 22:15 Uhr eingetroffene Polizisten der Brigade anti-criminalité gelingt es, Aggad zu erschießen. Daraufhin begeben sich die beiden Attentäter Amimour und Mostefaï auf die oberen Ränge, wo sie Geiseln nehmen und sich verbarrikadierten. Nach und nach eintreffende Spezialkräfte der französischen Polizei durchsuchen die Räume und befreien nach und nach die Gäste. Ein Unterhändler der Polizei versucht vergeblich, mit den Attentätern zu verhandeln. Beim Zugriff der Polizeikräfte gegen 0:20 Uhr töten sich die beiden Terroristen durch Auslösen ihrer Sprengstoffwesten. Gegen 0:50 Uhr wird der Zugriff der Polizeikräfte für beendet erklärt.

3.4.2 Ermittlung und Fahndung: Die islamistischen Terroristen

Am 14.11.2015 erklärte der französische Präsident François Hollande, dass die islamistischen Attentäter für den „Islamischen Staat" agierten und die Taten außerhalb Frankreichs geplant und organisiert worden seien. Von den sieben islamistischen Attentätern, die am 13.11.2015 starben, taten dies sechs durch Zünden baugleicher Acetonperoxyd-Sprengstoffwesten, lediglich einer davon wurde bei den zahlreichen Schusswechseln mit den polizeilichen Sicherheitskräften erschossen.

Die islamistischen Anschläge vom 13.11.2015 wurden von drei Hit-Teams verübt, die auf die drei Tatorte – das Fußballstadion, die Konzerthalle und die Innenstadt-Restaurants – verteilt waren. Die islamistischen Attentäter kamen als Flüchtlinge getarnt aus Syrien nach Europa, auch der mutmaßliche Bombenbauer kam im Oktober 2015 über die Balkanroute nach Deutschland und soll von Salah Abdeslam in einem Ulmer Hotel abgeholt worden sein. Vier der islamistischen Attentäter waren am 3.10.2015 als Flüchtlinge auf der griechischen Insel Leros gelandet und setzten ihre Reise inmitten des Flüchtlingsstroms über die Balkanroute nach West-Europa fort.

Als mutmaßlicher Führer dieser islamistischen Terrorgruppe wurde der 28 Jahre alte Abdelhamid Abaaoud identifiziert, der zu Beginn des Jahres 2014 auf dem Flughafen Köln/Bonn kontrolliert worden war und von dort in die Türkei ausflog, von wo aus er auf der „beliebten Route der Jihadisten" nach Syrien, zum IS, weiterreiste. Wegen der Rekrutierung von islamistisch-terroristischen Kämpfern für den IS war er 2015 von einem belgischen Gericht in Abwesenheit zu 20 Jahren Haft verurteilt worden.

Der 29-jährige Franzose Ismaël Omar Mostefaï wurde nach den Anschlägen im Bataclan über die DNA-Analyse identifiziert. Als Sohn algerischer Migranten war von der französischen Justiz achtmal verurteilt worden, besuchte regelmäßig eine islamistische Moschee und war seit 2010 wegen seiner Radikalisierung nachrichtendienstlich und polizeilich erfasst. Er hielt sich vor dem 13.11.2015 mehrere Monate in Syrien auf und war den französischen Sicherheitsbehörden als Mitglied salafistischer Gruppen in Frankreich aufgefallen.

Samy Amimour hatte sich bereits 2013 nach Syrien begeben, um sich einer islamistisch-terroristischen Miliz anzuschließen. Sein Vater schilderte 2014 in der französischen Zeitung Le Monde, wie er nach Syrien reiste und versuchte, seinen Sohn zur Rückkehr zu bewegen.

Die islamistisch-terroristische Organisation „Islamischer Staat" bekannte sich am 14.11.2015 in einer im Internet auf Arabisch, Französisch, Englisch und Deutsch veröffentlichten Erklärung zu den Anschlägen. In dieser Erklärung werden die Anschläge als „gesegneter Kriegszug auf das kreuzzüglerische Frankreich" bezeichnet.[222] Der Erklärung ist ein Zitat aus dem Koran (Sure 59:2) vorangestellt, das sich auf die Vertreibung des jüdischen Stamms der Banu n-Nadir im Jahr 627 durch Mohammed bezieht. Paris wird in der Erklärung als „Hauptstadt der Unzucht und des Lasters" bezeichnet, die Angreifer als „gläubige Gruppe der Armee des Kalifats" gepriesen.[223]

Weiter begründet der IS das Attentat auf das Konzert im Bataclan damit, dass sich dort „hunderte Götzendiener in einer perversen Feier versammelt" hätten. Die Anschlagsziele waren keine touristisch relevanten Symbole Frankreichs wie der Arc de Triomphe oder der Louvre, sondern bei den Parisern beliebte Ausgehviertel, um die Mitte der französischen Gesellschaft zu treffen.

3.4.3 Folgen und Analyse

Durch die islamistischen Anschläge am 13.11.2015 wurden mehr Personen getötet als bei jedem anderen Terroranschlag in Europa seit den Anschlägen in Madrid am 11.3.2004. Nach Angaben der französischen Regierung wurden 130 Menschen durch die islamistischen Attentäter getötet und mehr als 350 Menschen verletzt, 100 davon schwer.

---

222 https://www.nytimes.com/2015/11/15/world/europe/isis-claims-responsibility-for-paris-attacks-calling-them-miracles.html?_r=0; 15.12.2015.
223 http://www.spiegel.de/politik/ausland/anschlaege-von-paris-islamischer-staat-bekennt-sich-a-1062820.html; 14.12.2015.

IV Strategie und Taktik des islamistischen Terrorismus

Die islamistische Anschlagsserie in Paris am 13.11.2015 – darunter die ersten Selbstmordattentate in Frankreich – muss als *game changer* für westliche, demokratische Staaten bezeichnet werden. In Bezug auf ihr Komplexitätsniveau ähneln sie sehr den Anschlägen vom 26.11.2008 in Mumbai. Osama bin Laden hatte nach den Anschlägen in Mumbai wiederholt die Al Qaida dazu aufgerufen, Anschläge wie denjenigen in Mumbai zu wiederholen, was bis zum heutigen Tag nicht passiert ist. Der IS erreichte am 13.11.2015 allerdings genau dies, im Herzen Europas. Wie in Mumbai nutzten die islamistischen Attentäter den Faktor mediale Aufmerksamkeit in der terroristischen Logik zur Verbreitung von Angst und Schrecken. Der damalige französische Untersuchungsrichter bewertete das terroristische Niveau von IS-Rückkehrern aus Syrien, versehen mit einer bis dahin nicht gekannten technischen Ausstattung, als eklatanten Qualitätssprung islamistischer Terroristen. Weiter ausführend bewertete er den Einsatz von gut ausgebildeten, zum koordinierten Selbstmordattentat bereiten Hit-Teams als neu.

Die für die Region Île-de-France zuständige Préfecture de Police de Paris riet der Bevölkerung von Paris unmittelbar nach den Anschlägen, das Haus nicht zu verlassen und öffentliche Veranstaltungen zu unterbrechen. Für Paris und die angrenzenden Départements wurde ein bis zum 19.11.2015 gültiges Versammlungsverbot erlassen. Der französische Staatspräsident rief am 14.11.2015 erstmals seit den Unruhen in den Pariser Banlieus im Jahr 2005 wieder den Ausnahmezustand für Frankreich aus und initiierte Maßnahmen nach dem Notstandsplan Plan rouge. An den französischen Staatsgrenzen wurden wieder Grenzkontrollen eingeführt und das Heer der französischen Streitkräfte sowie die Antiterroreinheit RAID für eine öffentliche Präsenz durch Patrouillen eingesetzt. Mit diesem Ausnahmezustand begannen die französischen Streitkräfte insgesamt 7000 Soldaten zu mobilisieren, davon 4000 in der Region Île-de-France, darunter 150 Fallschirmjäger-Spezialkräfte. In der Nacht vom 13.11. auf den 14.11. wurde der gesamte Flughafen Paris-Orly geschlossen und alle Flüge wurden storniert. Der U-Bahn-Verkehr auf den Linien 3, 5, 8, 9 und 11, die durch Stadtviertel der Tatorte führen, wurde stundenlang eingestellt.

In Deutschland ordnete der Bundesminister des Innern eine höhere öffentliche Polizeipräsenz an Bahnhöfen, Flughafen und belebten Plätzen an und die Polizisten patrouillierten mit Maschinenpistolen und Schutzwesten. Die Bundespolizei verstärkte nach den Terroranschlägen die Einsatzkräfte an der deutsch-französischen Grenze und konzentrierte sich insbesondere auf die Überwachung der Zugverbindungen und des Flugverkehrs. Das für den 17.11.2015 in Hannover angesetzte Länderspiel der deutschen Fußballnationalmannschaft gegen die Niederlande wurde 90 Minuten vor Spielbeginn aufgrund eines nachrichtendienstlichen Hinweises französischer Dienste auf einen Sprengstoffanschlag abgesagt, das Stadion wurde evakuiert und großräumig abgesperrt.

Die französische Luftwaffe bekämpfte mit der Operation Chammal seit 2015 logistische Einrichtungen des IS auf syrischem Territorium. Unmittelbar nach den Anschlägen des 13.11.2015 kündigte die französische Regierung an, dass ein Flugzeugträgergeschwader – mit dem nuklear angetriebenen Flugzeugträger Charles de Gaulle – in Richtung Persischer Golf aufbrechen werde, um sich ab Mitte Dezember 2015 ebenfalls am Kampf gegen den IS zu beteiligen. Dadurch stationierte Frankreich 38 Militärflugzeuge in der Region und verstärkte die Bombardierung von IS-Stützpunkten wie Kommandozentralen und Waffenlager in Syrien.

Zusammenfassend: Die Anschlagsserie vom 13.11.2015 war ein Prototyp multipler Szenarien mit großen Ähnlichkeiten zu den Anschlägen in Mumbai. Dort hatten im November 2008 islamistische Terroristen an zehn verschiedenen Orten um sich geschossen, Handgranaten geworfen und Geiseln genommen. Die Attacke dauerte drei Tage, mehr als 170 Menschen wurden getötet, die Medien berichteten live und weltweit. Aufgrund der logistischen Simplizität – USBV und Kalaschnikows sind quasi ubiquitär in der Europäischen Union – besteht eine akute Gefahr von Nachahmungstaten.

Die Wahl eines internationalen Fußballspiels als terroristisches Anschlagsziel folgt der terroristischen Logik einer medialen Verbreitung terroristischer Gewalt, so dass Millionen von Menschen weltweit Zeuge der Selbstmordattentate geworden wären, wäre es den Selbstmordattentätern gelungen, sich Eintritt ins Stade de France zu verschaffen. (Islamistische) Terroristen versuchen, die mediale Berichterstattung möglichst lange und intensiv in den taktischen Ablauf der Anschläge einzubeziehen, um davon strategisch zu profitieren (Verbreitung von Angst und Schrecken in der Bevölkerung).

Die islamistische Anschlagsserie am 13.11.2015 hat bewiesen, dass islamistische Attentäter dazu in der Lage sind, auf anspruchsvollem Niveau von zeitgleichen, koordinierten Anschlägen terroristische

Mittel wie Selbstmordattentate, Geiselnahmen bzw. Geiselerschießungen und massenhafte Tötungen durchzuführen sowohl aus den Schusswechseln der islamistischen Terroristen am 7.1.2015 (Charlie Hebdo) und am 13.11.2015, als auch bei der versuchten Festnahme von Tatverdächtigen wenige Stunden später, muss abgeleitet werden, dass ihr Gefechtswert, ihr taktisches Niveau im Bereich von Orts- und Häuserkampf vergleichbar militärisches Niveau erreicht hat, was die Polizeien Europas vor große Herausforderungen stellt.

3.5 Die islamistischen Anschläge am 22.3.2016 in Brüssel

3.5.1 Taktischer Plan und Ablauf des Terroranschlags

Die Terroranschläge in Brüssel am 22.3.2016 wurden zeitversetzt als drei Selbstmordattentate am Flughafen Brüssel-Zaventem sowie in der Brüsseler Innenstadt, im U-Bahnhof Maalbek, verübt. Zu den Anschlägen bekannte sich die Terrororganisation „Islamischer Staat" (IS). Nach offiziellen Angaben starben dabei 35 Menschen und mehr als 300 wurden – teilweise schwer – verletzt. Gegen 8 Uhr detonierten in der Abflughalle des Flughafens Brüssel-Zaventem im Abstand von 10 bis 15 Sekunden zwei Sprengsätze in der Abflughalle in der Nähe zweier Abflugschalter. Die Glasfront der Halle ging zu Bruch, Teile der Hallendecke stürzten ein, an der Stelle einer Explosion wird später eine Kalaschnikow gefunden, sowie eine dritte Bombe, die nicht detoniert war. Am Flughafen sterben 11 Menschen und über 100 werden – teilweise schwer – verletzt. Die belgischen Sicherheitsbehörden erklärten später, dass die Sprengsätze (USBV) als Nagelbomben mit besonderer Verletzungs- und Tötungswahrscheinlichkeit gebaut waren. Knapp eine Stunde später, um 9:11 Uhr, löste ein Selbstmordattentäter in der Station *Maalbeek/Maelbeek* der Metro Brüssel in der Brüsseler Innenstadt – in unmittelbarer Nähe zur Europäischen Kommission und zum Europäischen Rat – eine weitere Explosion aus. Die Explosion ereignete sich in einem stehenden Metrozug, im mittleren eines aus drei Waggons bestehenden Zuges. In der U-Bahn starben 20 Menschen und über 150 wurden teils schwer verletzt.

Bei der anschließend eingeleiteten Fahndung fand die Polizei eine weitere Nagelbombe und Chemikalien in einer der durchsuchten Wohnungen von Islamisten in Brüssel. Dort wurde auch eine Flagge des „Islamischen Staates" (IS) gefunden. Die Terrororganisation bekannte sich bereits am Nachmittag zu den Anschlägen. Auf die Spur der mutmaßlichen Wohnung der Attentäter kamen die Sicherheitskräfte durch die Aussage eines Taxifahrers, der die drei Männer mit ihren großvolumigen Gepäckstücken zum Flughafen gefahren hatte. So sollen die Attentäter ursprünglich intendiert haben, mehr Gepäckstücke (mehr Sprengsätze und Waffen) mitzunehmen.

3.5.2 Ermittlung und Fahndung: Die islamistischen Terroristen

Verantwortlich für den Anschlag auf den Brüsseler Flughafen waren Mohamed Abrini, 31 Jahre, Ibrahim El Bakraoui, 29 Jahre und Najim Laachraoui, 24 Jahre alt. Die beiden Selbstmordattentäter des Brüsseler Flughafens waren Ibrahim El Bakraoui und Najim Laachraoui. Als Attentäter der Metrostation wurde Khalid El Bakraoui, 27 Jahre alt, Bruder von Ibrahim El Bakraoui, identifiziert.

Nach Angaben der Türkei war Ibrahim El Bakraoui 2015 aus der Türkei ausgewiesen worden und die Türkei habe belgische und niederländische Behörden am 14. Juli 2015 vergeblich gewarnt, dass es sich bei dem Mann um einen „ausländischen terroristischen Kämpfer" handele. Die europäischen Behörden hätten aber „keine Verbindungen zum Terrorismus" feststellen können. Der belgische Justizminister Koen Geens räumte daraufhin Fehler der Sicherheitsbehörden im Umgang mit Informationen über Terroristen ein. Die Polizei von Athen hatte belgische Sicherheitsbehörden bereits im Januar 2015 vor einem geplanten islamistischen Terroranschlag auf den Flughafen von Brüssel gewarnt. Nach den Anschlägen von Paris im November 2015 habe sich herausgestellt, dass es sich bei einem der Männer um Abdelhamid Abaaoud gehandelt habe, der als mutmaßlicher Verantwortlicher der Pariser Anschläge vom 13.11.2015 gilt und wenige Tage danach im Verlauf eines Schusswechsels bei einer Zugriffsaktion französischer Spezialeinheiten getötet worden war. Ibrahim El Bakraoui befand sich bereits vor dem Anschlag von Paris auf einer Terroristenliste der USA und kurz nach dem 13.11.2015 wurde auch sein jüngerer Bruder Khalid El Bakraoui dieser Liste hinzugefügt. Ibrahim El Bakraoui war mehrfach wegen gewalttätigen Raubes verurteilt und 2010 zu zehn Jahren Haft verurteilt worden, weil er nach einem versuchten Raub auf Polizisten geschossen hatte. Aus der Haft wurde er allerdings frühzeitig auf Bewährung entlassen und tauchte vor dem Anschlag unter, nachdem er gegen Bewährungsauflagen verstoßen hatte.

Khalid El Bakraoui sprengte sich den Ermittlungen zu Folge am 22.3.2016 in einem Zug in Brüssel in die Luft. Wegen mehrfachen Autodiebstahls war er 2011 zu fünf Jahren Haft verurteilt worden, hatte sich der Strafe aber entzogen. Er steht im Verdacht, die Wohnung des mutmaßlichen Paris-Attentäters Salah Abdeslam angemietet zu haben.

Am 8.4.2016 wurde Mohammed Abrini, der dritte Täter des Brüsseler Flughafens, gemeinsam mit fünf weiteren Islamisten von der belgischen Polizei in der Brüssler Gemeinde Anderlecht verhaftet. Abrini war dutzende Male wegen Diebstahls verurteilt worden.

Auch Najim Laachraoui hatte Verbindungen zum 13.11.2015 in Paris. Auf einem dort verwendeten Sprengstoffgürtel waren DNA-Spuren von ihm zu finden. Laachroui hatte fünf Jahre lang auf dem Brüsseler Flughafen gearbeitet und war daher ortskundig.

3.5.3 Folgen und Analyse

Nach den Anschlägen rief die belgische Regierung die höchste Terrorwarnstufe (Stufe 4) aus, der öffentliche Nahverkehr wurde eingestellt, die meisten Flüge gestrichen oder umgeleitet. Der Flughafen blieb bis zum 2.4.2016 geschlossen und nahm dann einen eingeschränkten und stark abgesicherten Betrieb auf. Der internationale Zugverkehr von und nach Belgien wurde eingestellt. Die belgischen Atomkraftwerke Tihange und Doel wurden nach den Anschlägen in Brüssel evakuiert und von den belgischen Streitkräften überwacht. 2014 war bekannt geworden, dass der in Syrien getötete Ilyass Boughalab, Mitglied der salafistischen Organisation Sharia4Belgium und IS-Jihadist, von 2009 bis 2012 für eine Subunternehmerfirma im sensibelsten Bereich des Atomkraftwerks Doel gearbeitet hatte. 2014 gab es dort eine Sabotageaktion, die bis dahin nicht aufgeklärt wurde. Polizeiliche Ermittler erklärten, dass die Brüder Bakraoui die Wohnung des Leiters des Atomkraftwerkes mit einer Videokamera ausgespäht hätten. Daraus ergibt sich die Vermutung, dass sie von ihm radioaktives Material für eine „schmutzige Bombe" erpressen wollten.

3.6 Das islamistische Attentat am 26.6.2016 in Saint-Étienne-du-Rouvray

3.6.1 Taktischer Plan und Ablauf des Terroranschlags

Am 26.6.2016 verübten zwei französische homegrown Islamisten ein Attentat auf den Gottesdienst in der Kirche St. Étienne. Die beiden islamistischen Attentäter drangen kurz vor 10 Uhr durch einen Hintereingang in die Kirche ein, wo der 85-jährige Priester Jacques Hamel mit fünf weiteren Katholiken, darunter drei Vinzentinerinnen, die heilige Messe feierte. Eine 84-jährige Ordensschwester konnte beim Erscheinen der Täter unbemerkt über die Sakristei auf die Straße flüchten und ein Auto anhalten, dessen Fahrer die Polizei verständigte, die daraufhin die polizeilichen Spezialkräfte Brigade de recherche et d'intervention (BRI) zum Tatort sandte. Die islamistischen Attentäter nahmen alle anwesenden Personen als Geisel, schnitten dem Priester vor dem Altar die Kehle durch und verletzten einen 85-jährigen Mann durch Messerschnitte am Hals schwer. In einem Interview berichtet eine der Überlenden, Ordensschwester Danielle, „dass sich der Attentäter Kermiche neben Ordensschwester Helen setzte und sie fragte, ob sie Angst vorm Sterben hätte. Sie antwortete: ‚Nein'. ‚Warum haben Sie keine Angst?' ‚Weil ich an Gott glaube und weiß, dass ich glücklich sein werde'. Dann habe er geflüstert: „Auch ich glaube an Gott und habe keine Angst vor dem Tod. Dann verkündete er: „Jesus ist ein Mensch, nicht Gott!"[224] Ordensschwester Danielle berichtete später, wie die beiden islamistischen Attentäter „den bedrohten Priester auf den Knien, die Klinge am Hals, und sich selbst filmten. Sie haben eine Art Predigt auf Arabisch vor dem Altar gehalten."[225] Als die islamistischen Attentäter mit drei Geiseln die Kirche verließen, wurden sie in einem Feuergefecht mit Polizisten der Spezialkräfte BRI erschossen.

---

224 http://www.famillechretienne.fr/foi-chretienne/temoignages/confidences-exclusives-des-rescapes-de-saint-etienne-du-rouvray-204389; 19.11.2016.
225 http://www.faz.net/aktuell/politik/kampf-gegen-den-terror/anschlag-auf-kirche-wie-der-moerder-des-priesters-die-justiz-getaeuscht-hat-14359957.html; 27.7.2016.

3.6.2 Ermittlung und Fahndung: Die islamistischen Terroristen

Beide islamistischen Attentäter waren den französischen Sicherheitsbehörden bekannt, ihre Akten waren mit „S" („Staatssicherheit") gekennzeichnet. Einer der Täter, der 19 Jahre alte Adel Kermiche, war das jüngste von fünf Kindern einer franko-algerischen Familie, ein verhaltensauffälliger und gewaltbereiter Schüler seit der Grundschule. Mit 16 Jahren brach er die Schule ab, im Alter von 17 Jahren wurden die französischen Sicherheitsbehörden zum ersten Mal auf ihn aufmerksam.[226] Kermiche versuchte zweimal nach Syrien auszureisen. Beim ersten Versuch wurden am 23. März 2015 deutsche Bundespolizisten in München auf ihn aufmerksam und verhafteten ihn an Bord eines Reisebusses in Richtung Bulgarien.[227] Den zweiten Versuch unternahm er im Mai 2015, als er in der Türkei in Untersuchungshaft kam. Sein Vater bezeichnete ihn vor den Ermittlern als religiösen Fanatiker. Seine ältere Schwester beschrieb seine Radikalisierung als Gehirnwäsche und dass diese ca. zwei Monate gedauert habe.[228] Nach zehn Monaten, während derer er mit einem saudi-arabischen Islamisten und einem Jihad-Rückkehrer aus Syrien in einer Zelle gesessen hatte, gab die Haftrichterin einem Haftentlassungsgesuch Kermiches statt, obwohl seine Eltern und der zuständige Staatsanwalt sich dagegen ausgesprochen hatten. Seine Eltern sagten der Haftrichterin, sie sähen ihren Sohn lieber in Sicherheit in einem Gefängnis als auf freiem Fuß; da er unkontrollierbar sei.[229] Als Sicherheitsmaßnahme erhielt er bei seiner vorläufigen Entlassung auf Bewährung im März 2016 eine elektronische Fessel und durfte sein Elternhaus nur zwischen 9 und 12 Uhr verlassen.

Der zweite Täter, Malik Petitjean, war 19 Jahre alt, stammte aus den ostfranzösischen Vogesen und lebte zuletzt in Aix-les-Bais am Rande der französischen Alpen. Der Franzose mit algerischen Wurzeln

---

226 http://www.francetvinfo.fr/faits-divers/terrorisme/saint-etienne-du-rouvray/paume-saoule-par-la-france-et-determine-a-rejoindre-la-syrie-qui-est-adel-kermiche-l-un-des-tueurs-de-saint-etienne-du-rouvray_1565211.html; 14.1.2017.
227 Ebd.
228 http://www.faz.net/aktuell/politik/kampf-gegen-den-terror/anschlag-auf-kirche-wie-der-moerder-des-priesters-die-justiz-getaeuscht-hat-14359957.html; 27.7.2016.
229 Ebd.

war nicht vorbestraft, wurde aber Ende Juni 2016 in eine Gefährder-Kartei aufgenommen.

Der „Islamische Staat" erklärte, dass die beiden islamistischen Attentäter „Soldaten des Islamischen Staates" gewesen seien. Der französische Präsident erklärte, dass die Täter im Namen des IS gehandelt hätten. Das Ziel des islamistischen Anschlags war nach Ansicht des französischen Premierministers ein „Krieg der Religionen". „Wenn sie einen Priester angreifen, die katholische Kirche, dann sieht man gut, was das Ziel ist".[230]

3.6.3 Folgen und Analyse

Der oben vom französischen Premierminister benutzte Begriff „Krieg der Religionen" verdeutlicht das Ziel der islamistischen Attentäter bei ihrem Anschlag auf einen christlichen Gottesdienst am 26.6.2016. Ordensschwestern in hohem Alter und ein Ehepaar Mitte 80 als Ziele islamistisch-terroristischer Gewalt verdeutlichen die terroristische Logik bei der Wahl ihrer Anschlagsziele. Dieser Anschlag auf einen christlichen Gottesdienst, auf eine Kirche, kann als jihadistische Symbolik mit einer eindeutigen Botschaft bewertet werden und auch hier besteht die Gefahr von terroristischen Nachahmern (*Copycat*).

4. Beispiele islamistisch-terroristischer Anschläge in Europa: Anschläge und Attentate von islamistischen Einzeltätern

4.1 Das islamistische Attentat am 26.2.2016 im Hauptbahnhof Hannover

4.1.1 Taktischer Plan und Ablauf des Terroranschlags

Am 26.2.2016 provoziert die Deutsch-Marokkanerin Safia S., eine 15-jährige Schülerin, durch ein in der später folgenden Gerichtsverhandlung als auffällig beschriebenes Verhalten eine Ausweiskontrolle und sticht dabei mit einem Messer – in ihrem Rucksack führt

---

230 https://kurier.at/politik/ausland/frankreich-geiselnahme-in-kirche-beendet/211.938.127; 26.7.2016.

sie ein weiteres Messer mit sich – einem jungen Bundespolizisten unvermittelt in den Hals. Die beiden Bundespolizisten laufen in schuss- und stichsicheren Schutzwesten Streife. Der Bundespolizist bricht zusammen, die Verletzung ist lebensgefährlich, sein Streifenpartner überwältigt die Schülerin. Safia S. führt ein Gemüsemesser mit einer sechs Zentimeter langen Klinge und ein Steakmesser mit einer fünfzehn Zentimeter langen Klinge mit sich.

4.1.2 Ermittlung und Fahndung: Der islamistische Terrorist

Die Mutter von Safia S. erzieht sie streng religiös und Safia S. besucht häufig den deutschsprachigen Islamkreis, eine Gemeinde in Hannover, die der niedersächsische Verfassungsschutz als extremistisch einstuft. Schon als Kind ist Safia in der salafistischen Szene bekannt, im Alter von sieben Jahren trifft sie den Salafisten-Prediger Pierre Vogel. Es gibt mehrere Youtube-Videos, zwischen 2008 und 2010 aufgenommen, die beide in einer Moschee zeigen, wie Safia mit Kopftuch Koran-Verse rezitiert. Begeistert sagt Piere Vogel: „Das ist der Nachwuchs in Deutschland", weiter kommentiert er ihr Verhalten mit den Worten: „Ich hab voll die Gänsehaut bekommen."[231] Ein Youtube-Video lautet: „Pierre Vogel – Neuigkeiten von Safia aus Hannover". Der Salafist Pierre Vogel fragt darin die neun Jahre alte Safia: „Ziehst du jetzt schon die Hidschab an? Cool. Ich würde sagen, du machst heute den Vortrag, ich fahre wieder nach Hause." Dann schwärmt Vogel davon, dass es ja schon zwei Jahre alte Mädchen gebe, die sich vor dem Spiegel etwas über den Kopf werfen und dann stolz durch die Wohnung liefen. Er finde das toll, das Problem sei oft, sagt er, dass sich viele Mädchen bis zu ihrem 14. Lebensjahr westlich kleiden würden und stolz darauf wären, wenn sie mit offenen Haaren „tanzen wie Madonna". „Aber hier haben wir das Gegenbeispiel", sagt Vogel und zeigt auf Safia. „Und das ist die neue muslimische Generation".[232]

In einem ersten Verhör nach dem Anschlag erklärt Safia S. – nach Beratung durch ihren Rechtsanwalt – dass die „Tat spontan" gewesen sei.

---

231 http://www.n-tv.de/politik/Stach-Safia-im-Auftrag-des-IS-zu-article195893 52.html; 25.1.2017.
232 http://www.faz.net/aktuell/gesellschaft/kriminalitaet/angriff-auf-polizist-wie-wurde-aus-safia-s-eine-islamistin-14489730-p2.html?printPagedArticle =true#pageIndex_2; 20.10.2016

Die Auswertung der Protokolle ihrer Chats und E-Mails durch die Bundesanwaltschaft allerdings kommt zu einem anderen Ergebnis. In einem Chat am 14.11.2015, einen Tag nach den Terrorakten in Paris, schreibt Safia: „Gestern war mein Lieblingstag, Allah segne unsere Löwen, die gestern in Paris im Einsatz waren."[233] Die Bundesanwaltschaft wertet ihren Chatbeitrag als Sympathiebekundung für den IS und damit für den islamistischen Terrorismus. Nur zwei Monate später, Ende Januar 2016, reist Safia S., eine 15-jährige in Hannover aufgewachsene Schülerin, alleine in die Türkei. In Chats deutet sie an, dass sie nach Syrien zum IS ausreisen möchte. Doch ihre Mutter reist ihr nach und holt sie zurück nach Hannover. In Chats mit einem Freund in Norddeutschland, Mohammed Hasan K., berichtet Safia S. von ihrer „Planänderung". Sie komme zurück ins „Ungläubigen-Gebiet", weil man ihr gesagt habe, das hätte „größeren Nutzen".[234] Die Bundesanwaltschaft geht davon aus, dass Safia während des Aufenthalts in der Türkei von Mittelsmännern des IS mit einer „Märtyreroperation" in Deutschland beauftragt wurde. Zurück in Deutschland bleibt Safia S. mit einigen Mitgliedern des IS über Chats im Kontakt, kurz vor ihrem Anschlag auf den Bundespolizisten am 26.2.2016 chattet sie mit „Leyla", einem Mitglied des IS, bekommt von ihr erklärt, wie sie einen Polizeibeamten unter einem Vorwand in eine Ecke des Bahnhofs locken und zustechen, seine Pistole entwenden und schießen soll.[235] „Ich werde die Ungläubigen überraschen, wenn du verstehst, was ich meine", schrieb sie in einem Chat. Auch von einem Angriff auf Polizisten ist die Rede, sie wolle „an seinem Hals spielen", heißt es. Am 25. Februar 2016, einen Tag vor der Tat, soll Safia ihrem IS-Kontakt ein Bekennervideo geschickt haben. Die Bundesanwaltschaft geht davon aus, dass Safia S. den Polizisten „als Repräsentanten der von ihr verhassten Bundesrepublik" töten wollte.[236]

Die Bundesanwaltschaft spricht von versuchtem Mord sowie Unterstützung einer ausländischen terroristischen Vereinigung. In der Gerichtsverhandlung fordert die Bundesanwaltschaft wegen versuchten Mordes, gefährlicher Körperverletzung sowie Unterstützung der

---

233 http://www.ndr.de/nachrichten/niedersachsen/hannover_weser-leinegebiet/Die-Geschichte-der-Safia-S,safias102.html; 18.10.2016.
234 Ebd.
235 Ebd.
236 http://www.n-tv.de/politik/Stach-Safia-im-Auftrag-des-IS-zu-article19589352.html; 25.1.2017.

terroristischen Vereinigung IS sechs Jahre Haft für die Attentäterin. Der Strafverteidiger von Safia S., Mutlu Günal fordert eine „milde Strafe", nennt aber kein konkretes Strafmaß.

Das Oberlandesgericht Celle verurteilt Safia S. wegen versuchten Mordes und der Unterstützung einer ausländischen terroristischen Vereinigung zu sechs Jahren Haft, da sie die terroristische Vereinigung IS habe unterstützen wollen. Die Verbindung der Angeklagten zum IS war nach Einschätzung des Gerichts unter anderem durch Chats auf ihrem Mobiltelefon belegt.

Der Strafverteidiger von Safia S., Mutlu Günal, bezeichnet das Urteil als zu hart und legt Revision ein. Seiner Ansicht nach „liegt das eigentliche Versagen bei der Polizei in Hannover. Wenn alle aufgepasst hätten, hätte die Tat verhindert werden können." Günal sah weder eine Tötungsabsicht noch die Unterstützung der Terrormiliz IS für erwiesen an und erklärt, dass sich Safia S. lediglich der gefährlichen Körperverletzung schuldig gemacht habe. Nach der Urteilsverkündung erklärte Günal, er werde in Revision gehen.[237]

Einen mitangeklagten Freund von Safia S., den Deutsch-Syrer Hassan K., verurteilt das Gericht wegen Nichtanzeigens einer Straftat zu einer Jugendhaft von zwei Jahren und sechs Monaten, da der heute 20-Jährige wusste, dass Safia S. ein Attentat plante und den IS unterstützen wollte.

4.1.3 Folgen und Analyse

Das Attentat der zum Tatzeitpunkt fünfzehn Jahre alten Attentäterin wurde von den Sicherheitsbehörden als erstes von der terroristischen Organisation IS in Deutschland in Auftrag gegebene Attentat bewertet. Der Radikalisierungsprozess der Attentäterin begann – wie oben aufgeführt – in ihrer frühen Kindheit. Sowohl der Chat-Verkehr mit ihrer Kontaktperson des IS – „Leyla" – als auch die beiden mitgeführten Küchenmesser sind eindeutige Indizien für eine Planung dieses Attentats und sprechen gegen eine etwaige „spontane Tat", wie vom Strafverteidiger der Attentäterin im ersten Prozess behauptet. Safia S. ist aktuell der Prototyp weiblicher, junger Attentäter, die der deutschen Generation von homegrown-Salafisten angehören: Im freiheitlichen, westlichen Deutschland aufgewachsen,

---

237 http://www.spiegel.de/panorama/justiz/celle-safia-s-wegen-messerangriffs-in-hannover-zu-sechs-jahren-haft-verurteilt-a-1131784.html; 26.1.2017.

ließ sie sich von einer extremistischen Ideologie radikalisieren, die sämtliche demokratischen Grundsätze ablehnt und durch eine extremistische, religiös-politische Zielvorstellung ersetzt. Einerseits wird Safia S. als islamistische Einzeltäterin charakterisiert, andererseits wurde im Laufe des Prozesses durch ausgewertete Chat-Protokolle nachgewiesen, dass in einem engen Kontakt zu einem (womöglich weiblichen) Mitglied der terroristischen Organisation IS stand. Der Anschlag von Safia S. auf einen Bundespolizisten könnte somit als hybride Form eines islamistischen Einzeltäters beschrieben werden.

4.2 Der islamistische Anschlag am 16.4.2016 in Essen

4.2.1 Taktischer Plan und Ablauf des Terroranschlags

Am 16.4.2016 verübten zwei minderjährige homegrown Salafisten als Haupttäter einen Sprengstoffanschlag auf das Gebetshaus der Sikh-Gemeinde Gurdwara Nanaskar in Essen. Drei Menschen wurden durch die Detonation verletzt, der Sikh-Prieser trug schwerste Verletzungen davon. Zum Tatzeitpunkt fand eine Hochzeit in dem Gebetshaus statt, und nur noch ein paar Angehörige der Hochzeitsgesellschaft waren noch im Gebäude des Gebetshauses, zahlreiche andere bereits in einem nahe gelegenen Festsaal. Daher gab es verhältnismäßig wenige Verletzte. Die Ermittlungskommission der Essener Polizei bezeichnete den Anschlag als „Terrorakt" und versuchtes Tötungsdelikt. Erst ab dem 20.4.2016 konzentrierten sich die Ermittlungen auf zwei jugendliche Mitglieder aus der salafistischen Szene Nordrhein-Westfalens. Der Hauptverdächtige Yussuf T. aus Gelsenkirchen stellte sich am 20.4.2016 abends der Polizei und nannte den Namen seines Mittäters, Mohammed B., der am 21.4.2016 von einem Spezialeinsatzkommando in seinem Essener Elternhaus festgenommen wurde. Knappe zwei Monate nach dem Anschlag wurde ein weiterer jugendlicher Salafist im Zusammenhang mit dem Anschlag auf das Gebetshaus verhaftet, der an der Planung des Attentats beteiligt gewesen und in einer Chatgruppe den Anschlag verherrlicht haben soll. Der 17 Jahre alte türkischstämmige Deutsche soll seit April 2014 Teilnehmer im NRW-Präventionsprogramm „Wegweiser" gegen gewaltbereiten Salafismus gewesen sein.[238] Die

---

238 http://www.spiegel.de/panorama/justiz/anschlag-auf-sikh-tempel-in-essen-17-jaehriger-verhaftet-a-1096545.html; 8.6.2016.

drei jugendlichen Salafisten, die alle in Deutschland geboren wurden, kommen aus Gelsenkirchen, Essen und Schermbeck und sollen sich über soziale Netzwerke kennen gelernt und radikalisiert haben.

4.2.2 Ermittlung und Fahndung: Die islamistischen Terroristen

Bei der Auswertung verschiedener Daten soll die Polizei Hinweise gefunden haben, wonach Yusuf T. mit dem „Islamischen Staat" sympathisierte. In ihren polizeilichen Vernehmungen bestritten Yusuf T. und Mohamed B. jegliches religiöses Motiv, der Tempel sei ein „zufälliges Ziel" gewesen, gaben sie an. Ihren Sprengsatz hätten sie aus „Spaß am Böllerbau" hergestellt.[239] Allerdings fanden Ermittler bald heraus, dass die drei Jugendlichen Teil eines Netzes junger Jihadisten waren. In einer Whatsapp-Gruppe namens „Anhänger des Islamischen Kalifats" radikalisierten sich die drei Jugendlichen gemeinsam mit anderen „Glaubensbrüdern" und ihre Überlegungen, „Ungläubige" mit einem Sprengsatz zu töten, wurden immer konkreter. Laut Anklage sollen die drei Salafisten die Sikh-Gemeinde als Anschlagsziel ausgewählt haben, weil sie mit der Behandlung von Muslimen durch Sikhs in Nordindien „nicht einverstanden" waren und ihnen Sikhs als „Ungläubige" galten. Yusuf T. soll im Rahmen der Koranverteilungsaktion „Lies! Die Wahre Religion (DWR)" an Dawa-Aktionen beteiligt gewesen sein.

Speziell der Fall Yusuf T. verdeutlicht die Problematik wie schnell es salafistischen „Predigern" immer wieder gelingt, Jugendliche zu radikalisieren. In ihrem Anfang Oktober – sechs Monate nach dem Anschlag – veröffentlichten Buch „Mein Sohn, der Salafist" beschreibt seine Mutter, wie ihr Sohn ihr und ihrer Familie entglitt. So habe er sich mit 14 für den Salafisten Pierre Vogel zu interessieren begonnen und nahm bald an der Koran-Verteil-Aktion „Lies! Die Wahre Religion" teil, so dass die bis zu ihrem Verbot 2016 fünf Jahre lang aktive salafistische Organisation als eine Art „Durchlauferhitzer" für Yusuf bezeichnet werden kann. Nach augenblicklichem Stand soll aber auch Hassan C., ein Duisburger Reisebüro-Besitzer und selbsternannter Imam, eine wichtige Funktion für die Radikalisierung der drei Täter gehabt haben. Hassan C. wurde Ende 2016 gemeinsam mit anderen mutmaßlichen Mitgliedern eines islamis-

---

239 http://www.faz.net/aktuell/politik/kampf-gegen-den-terror/prozess-beginn-um-terror-anschlag-auf-sikh-tempel-in-essen-14562221.html; 7.12.2016.

tischen Werber- und Radikalisierer-Netzes um den Prediger Abu Walaa festgenommen.[240]

Die Radikalisierungsverläufe der drei islamistischen Täter weisen viele Parallelen auf. Alle drei wurden mit Migrationshintergrund in Deutschland geboren, alle drei wurden früh in ihrer Schulzeit verhaltensauffällig. Bei Yusuf T. wurde ADHS diagnostiziert, seine Lehrer und Sozialarbeiter beschrieben ihn schon in der Unter- und Mittelstufe seiner Schulzeit als hochaggressiv. Als er einer jüdischen Mitschülerin androhte, ihr das Genick zu brechen, wurde Yusuf, der sich schon damals offen zu islamistisch-terroristischen Organisationen bekannte, der Schule verwiesen. Vergeblich baten Yusufs Eltern mehrere Moscheegemeinden um Hilfe.[241] Die letzte Hoffnung der Eltern von Yusuf war schließlich das vom nordrhein-westfälischen Innenministerium neu eingerichtete Salafismus-Präventionsprogramm „Wegweiser". Daran nahm der Junge fortan teil – und radikalisierte sich dennoch immer weiter. Im Mai 2015 heiratete er in einer Salafisten-Moschee die damals ebenfalls erst 15 Jahre alte Serap. Vier Tage vor dem Bombenanschlag nahm Yusuf noch einmal an einer „Wegweiser"-Sitzung teil.

Sehr ähnlich verlief der Weg von Tolga I. zum islamistischen Terrorismus: Seine Mutter warnte die nordrhein-westfälischen Sicherheitsbehörden ausdrücklich vor ihrem Sohn, da ihr Aufzeichnungen in die Hände gefallen waren, in denen ihr Sohn ankündigte „Ungläubige" töten zu wollen. Aufgrund dieser Aufzeichnungen war er seit Januar vom Polizeipräsidium Duisburg als „Prüffall Islamismus" geführt worden.[242]

4.2.3 Folgen und Analyse

Die Gerichtsverhandlung zum islamistischen Anschlag am 16.4.2016 auf das Gebetshaus der Sikh-Gemeinde Gurdwara Nanaskar in Essen ist noch nicht abgeschlossen, doch bereits jetzt können zahlreiche Ähnlichkeiten der Radikalisierungsprozesse der salafistischen Attentäter zum Fall Safia S. festgestellt werden. Die Attentäter scheinen repräsentative Radikalisierungsprozesse des salafistischen

---

240 Ebd.
241 http://www.faz.net/aktuell/politik/kampf-gegen-den-terror/prozess-beginn-um-terror-anschlag-auf-sikh-tempel-in-essen-14562221.html; 7.12.2016.
242 Ebd.

Milieus durchlaufen zu haben. Sowohl die mittlerweile verbotene Koran-Verteil-Aktion „Lies! Die Wahre Religion" als auch Hassan C., ein Duisburger Reisebüro-Besitzer und selbsternannter Imam, sollen eine wichtige Funktion für die Radikalisierung der drei Täter gehabt haben. Wie im Fall von Safia S. waren die drei Täter noch sehr jung, so dass eine Tendenz zu einem niedrigeren Durchschnittsalter bei homegrown-Salafisten nicht nur diesen beiden Fällen abgelesen werden kann.

4.3 Der islamistische Anschlag am 14.7.2016 in Nizza

4.3.1 Taktischer Plan und Ablauf des Terroranschlags

Beim islamistischen Anschlag in Nizza am 14.7.2016 nutzte der Attentäter Mohamed Bouhlel auf der Promenade des Anglais einen LKW und Schusswaffen, um 86 Personen zu töten und mehr als 400 – zum Teil schwer – zu verletzen. Am Abend des 14.7.2016 befanden sich aufgrund der Feierlichkeiten zum französischen Nationalfeiertag ca. 30.000 Menschen auf der Strandpromenade von Nizza, um von dort aus ein Feuerwerk zu beobachten.

Gegen 22:45 Uhr fuhr der islamistische Terrorist mit einem weißen LKW vom Typ Renault Midlum 300 auf die eigentlich für den Verkehr gesperrte Strandpromenade. Zwischen den Straßennummern 11 und 147 überfuhr er auf einer Strecke von ca. zwei Kilometern mehrere hundert Menschen. Dazu schoss er mehrfach auf Zivilpersonen und Polizisten. Getroffen fuhr er noch etwa 300 Meter weiter, dann blieb der LKW unweit des Palais de la Méditerranée stehen, der Attentäter war tot. Bei ihm wurden u.a. eine Pistole des Kalibers 7,65 mm, Munition, mehrere Gewehr-Attrappen und eine nicht funktionsfähige Granate gefunden, ebenso ein eingeschaltetes Mobiltelefon sowie sein Führerschein und seine Kreditkarte. Der Attentäter hatte den LKW einige Tage zuvor in der Region Nizza angemietet.

4.3.2 Ermittlung und Fahndung: Der islamistische Terrorist

Täter war der 31-jährige Tunesier Mohamed Salmene Lahouaiej Bouhlel, der 2005 nach Frankreich migriert war, in Nizza lebte und eine bis 2019 gültige Aufenthaltserlaubnis besaß. Nach Angaben der ermittelnden Behörden war er als Krimineller polizeibekannt und wenige Monate vor dem Attentat wegen einer gewalttätigen Auseinandersetzung zu einer 6-monatigen Bewährungsstrafe verurteilt worden. Nach Angaben des Generalstaatsanwalts hatte Bouhlel der Terrororganisation IS seine Unterstützung bekundet und im Internet Propagandamaterial recherchiert.

4.3.3 Folgen und Analyse

Am 16.7.2016, zwei Tage nach dem Anschlag, bekannte sich der IS zur Tat. Allerdings enthielt das Bekennerschreiben kein Täterwissen oder Hinweise, dass der IS tatsächlich vorab informiert war.

Der islamistische Attentäter hat nach Angaben des Generalstaatsanwalts schon Monate zuvor begonnen, den Anschlag zu planen. Auf seinem Mobiltelefon wurden Bilder von zwei Feuerwerken und einem Konzert auf der Strandpromenade von Nizza im Sommer 2015 gefunden, wobei der Fokus der Bilder auf den Menschenmengen lag. Dazu hatte er auf seinem Mobiltelefon einen Zeitungsartikel gespeichert, der von einem Mann berichtete, der mit einem Fahrzeug auf eine Restaurantterrasse raste.

Der französische Präsident kündigte in seiner Ansprache zur Nation an, die Angriffe auf die Terrororganisation Islamischer Staat auszuweiten. Weil ganz Frankreich vom islamistischen Terrorismus bedroht sei, werde die Regierung Reserven bei den Sicherheitskräften und Soldaten mobilisieren. Vor allem das Personal der Sicherheitsbehörden an den französischen Grenzen solle aufgestockt werden. Zusätzlich entschied die französische Regierung, den Ausnahmezustand, der als Reaktion auf die Terroranschläge am 13.11.2015 in Paris für ganz Frankreich verhängt worden war und seither ohne Unterbrechung gegolten hatte, um drei Monate zu verlängern. Kurz nach dem Anschlag in Nizza stimmte neben der französischen Nationalversammlung auch der Senat der Verlängerung des Ausnahmezustandes um sechs Monate bis Januar 2017 zu.

Am 16.7.2016 rief der französische Innenminister alle hilfsbereiten „patriotischen Bürger" zum Reservedienst bei den Sicherheitskräften auf. Dazu kündigte er an, die Personalstärke der Reserveeinheiten stark zu erhöhen und die maximale Dienstzeit von 30 auf bis zu 150 Tage im Jahr zu verlängern.

4.4 Der islamistische Anschlag am 18.7.2016 in einer Regionalbahn bei Würzburg

4.4.1 Taktischer Plan und Ablauf des Terroranschlags

Bei einem islamistischen Anschlag in einer Regionalbahn bei Würzburg am 18.7.2016 verletzte ein in Deutschland als minderjährig und unbegleitet registrierter Flüchtling fünf Menschen mit einem Beil und einem Messer, vier davon schwer.

Der islamistische Attentäter verließ das Haus seiner deutschen Pflegefamilie am 18.7.2016 gegen 20 Uhr, bestieg gegen 21 Uhr am Bahnhof in Ochsenfurt die auf der Bahnstrecke Treuchtlingen–Würzburg verkehrende Regionalbahn 58130 in Fahrtrichtung Würzburg und ging – nach Zeugenaussagen – zunächst auf die Toilette. Etwa 15 Minuten später griff er Mitreisende mit einem Beil und einem Messer an. Nach Aussagen der Staatsanwaltschaft Bamberg war auf einem aufgezeichneten Handy-Notruf sein Ausruf „Allahu akbar" deutlich zu verstehen. Nachdem der Zug vor Würzburg durch eine Notbremsung zum Stehen kam, floh der Täter aus dem Zug. Anschließend schlug er einer unbeteiligten Passantin, die mit ihrem Hund spazieren ging, zwei Mal mit dem Beil ins Gesicht. Das Spezialeinsatzkommando Südbayern aus München, das sich wegen eines anderen Einsatzes in der Nähe aufhielt, spürte den Attentäter in etwa 500 Meter Entfernung vom Zug auf. Als der Attentäter Polizeibeamte mit seinen Waffen angriff, trafen ihn zwei tödliche Schüsse. Renate Künast, Bundestagsabgeordnete und ehemalige Ministerin der Partei die Grünen kritisierte kurz danach die Polizei über Twitter und stellte die Notwehrreaktion der Polizisten in Frage.[243] Der zuständige Oberstaatsanwalt kam in den Ermittlungen allerdings zur Auffassung, dass die beiden Polizisten in Notwehr gehandelt haben, da der Attentäter mit erhobener Axt sehr schnell innerhalb weniger Armlängen aggressiv auf die Polizisten zugegangen war, so dass die Schussabgabe die einzige Möglichkeit zur Abwehr des Angriffes war.

---

243 http://www.faz.net/aktuell/politik/inland/renate-kuenast-tweet-ueber-wuerzburg-taeter-empoert-das-netz-14347242.html; 19.7.2017.

4.4.2 Ermittlung und Fahndung: Der islamistische Terrorist

Der islamistische Attentäter kam Ende Juni 2015 als Flüchtling ohne Dokumente über Ungarn und Österreich nach Deutschland, wobei seine Fingerabdrücke in Ungarn im Eurodac-System erfasst wurden. Die Bundespolizei nahm die Personalien des Mannes am 29.6.2015 auf und in Passau erfolgte eine Anzeige wegen des Verdachts der unerlaubten Einreise ohne Pass. Ein halbes Jahr später, am 16.12.2015 Dezember 2015 stellte er unter dem pashtunischen Namen Riaz Khan Ahmadzai einen Asylantrag als unbegleiteter minderjähriger Flüchtling aus Afghanistan. Die gesetzlich vorgesehene persönliche Anhörung inklusive Anfertigung von Fotos und von Fingerabdrücken für den Asylantrag wurde vom Bundesamt für Migration und Flüchtlinge (BAMF) nicht vorgenommen, im März 2016 wurde ihm die Aufenthaltsgestattung erteilt und er wurde von einer Pflegefamilie in der Nähe von Würzburg aufgenommen, wo er ein Praktikum in einer Bäckerei mit der Aussicht auf eine Lehrstelle begann. Die Ermittler bezweifeln allerdings den Namen, das Alter und die Herkunft des Täters, so dass Pakistan als Herkunftsland als realistischer erscheint. Unter anderem wurde im Schlafzimmer des Attentäters ein pakistanisches Dokument gefunden. Zudem gibt es ein Bekennervideo, das mehrere Indizien enthält, dass der Attentäter pakistanischer Herkunft ist. Des Weiteren fand die Polizei in seinem Schlafzimmer ein Banner der islamistisch-terroristischen Organisation IS und einen Abschiedsbrief an seinen Vater in pashtunischer Sprache. Daran schrieb der Attentäter u.a.

Und jetzt bete für mich, dass ich mich an diesen Ungläubigen rächen kann, und bete für mich, dass ich in den Himmel komme.[244]

In seinem veröffentlichten Bekennervideo spricht der Attentäter Pashtu, sowohl in Afghanistan als auch in Pakistan gesprochen, wobei Pashtu sowohl für Afghanistan spezifisches Vokabular als auch für Pakistan spezifisches Vokabular hat. Im von den Sicherheitsbehörden als authentisch identifizierten Bekennervideo benutzt der Attentäter allerdings eindeutig die „pakistanische" Ausprägung von Pashtu für Begriffe wie „Selbstmord", „Regierungen", „Militär", „Körper" und „Muslime".[245]

---

244 http://www.spiegel.de/politik/deutschland/attentaeter-von-wuerzburg-ein-jahr-fluechtling-ein-tag-islamist-a-1103777.html; 19.7.2016.
245 Ebd.

In diesem Bekennervideo wird der Attentäter allerdings nicht Riaz Khan Ahmadzai, sondern Mohammed Riyad genannt. Mit einem Messer in der Hand droht er im Video: „Ich bin ein Soldat des Islamischen Staates und beginne eine heilige Operation in Deutschland. [...] Die Zeiten sind vorbei, in denen ihr in unsere Länder gekommen seid, unsere Frauen und Kinder getötet habt und euch keine Fragen gestellt wurden. So Gott will, werdet ihr in jeder Straße, in jedem Dorf, in jeder Stadt und auf jedem Flughafen angegriffen. Ihr könnt sehen, dass ich in eurem Land gelebt habe und in eurem Haus. So Gott will, habe ich diesen Plan in eurem eigenen Haus gemacht. Und so Gott will, werde ich euch in eurem eigenen Haus abschlachten."[246] Die Echtheit dieses Bekenner-Videos wurde vom bayerischen Innenministerium bestätigt.[247]

4.4.3 Folgen und Analyse

Dieser Fall verdeutlicht die Problematik der unbekannten bzw. falschen Identität vieler Tausender Flüchtlinge der Jahre 2015 und 2016, so dass eine bewusst verschleierte Herkunft aus Pakistan etwa mit einer angeblich afghanischen Staatsbürgerschaft kombiniert wird, um damit die Anerkennung als Flüchtling quasi garantiert zu haben, was vom Bundesministerium des Innern auch im Falle sogenannter „falscher Syrer" berichtet wurde. Das vom bayerischen Innenministerium als echt bewertete Bekennervideo des islamistischen Attentäters, dessen Inhalt an Drastik kaum zu überbieten ist, offenbart ein Maß an Hass auf die „Ungläubigen", das große Auswirkungen auf die Motivation zur und den Grad der Gewalt hat. Ohne das zufälligerweise in der Nähe des Tatortes gewesene SEK der bayerischen Landespolizei wäre es womöglich zu weiteren Verletzten und/oder Toten gekommen.

---

246 http://www.spiegel.de/video/bekenner-video-von-wuerzburg-wird-analysiert-video-1691300.html; 21.7.2016.
247 http://www.zeit.de/gesellschaft/zeitgeschehen/2016-08/wuerzburg-anschlag-attentat-asylantrag-unentdeckt-computerpanne; 14.1.2017.

4.5 Der islamistische Anschlag am 24.7.2016 in Ansbach

4.5.1 Taktischer Plan und Ablauf des Terroranschlags

Am 24.7.2016 zündete der 27 Jahre alte syrische Flüchtling Mohammed Daleel vor einem Weinlokal in der Altstadt von Ansbach einen Sprengsatz, verletzte damit 15 Personen und kam selbst ums Leben. Daleel hatte zuvor zwei Jahre als Flüchtling in Deutschland gelebt und in den Wochen vor dem Anschlag Verbindung zur islamistisch-terroristischen Organisation „Islamischen Staat".

Zum Abschluss des jährlich in Ansbach stattfindenden Musikfestivals versuchte der Attentäter auf den Festivalplatz an der Residenz Ansbach zu gelangen. In Reaktion auf den Amoklauf in München, zwei Tage zuvor, waren die Einlasskontrollen verstärkt worden. An dem von ihm gewählten Zugang nahe dem Weinlokal „Eugens Weinstube" wurde er abgewiesen, weil er keine Eintrittskarte vorwies. An einer zweiten Kontrolle durchsuchten Ordnungskräfte die Taschen aller Besucher, so dass er diesen Eingang ebenfalls nicht wählen konnte. Nach dem aktuellen Stand der Ermittlungen stand der Attentäter während des gesamten Tathergangs in einem Chatkontakt mit „einer Person aus dem Nahen Osten".

Bekannt sind folgende Abschnitte des unverschlüsselt geführten Chats (sinngemäß und wörtlich): Daleel: „Sicherheitsleute stehen vor dem Eingang. Ich komme ‚nicht so einfach' rein." Kontaktperson: „Such' dir ein ‚Schlupfloch'." Daleel: „Ich finde keins." Kontaktperson: „Dann brich einfach durch." Kontaktperson weiter: „Mach Foto von Sprengstoff".[248] Daraufhin betrat der Attentäter kurz die Weinstube, in deren Außenbereich, in dem sich zum Tatzeitpunkt etwa 20 Gäste aufhielten, explodierte – womöglich unbeabsichtigt – um 22:12 Uhr sein selbstgebauter Sprengsatz. Nach derzeitigem Ermittlungsstand war der eigentliche Tatplan, den Rucksack in einer Menschenansammlung des Festivals abzustellen und aus der Ferne zu zünden. Sein islamistisch-terroristischer Chatkontakt soll ihn aufgefordert haben, die Detonation und die Wirkung auf die Zivilbevölkerung zu filmen und an den IS zu schicken.

---

248 Nürnberger Nachrichten, 29.7.2016, S. 2 „Mach Foto von Sprengstoff".

4.5.2 Ermittlung und Fahndung: Der islamistische Terrorist

Der Attentäter Mohammed Daleel war im Juli 2013 illegal über die Türkei nach Bulgarien eingereist, wo er Asyl beantragt hatte und subsidiären Schutz erhielt. Mitte 2014 verließ er Bulgarien und beantragte Asyl in Österreich, dann jedoch reiste er nach Deutschland weiter. Der hier von ihm gestellte Asylantrag wurde wegen der beiden bereits in Bulgarien und Österreich gestellten Anträge abgelehnt wurde. Im Jahr 2015 sollte er zurück nach Bulgarien abgeschoben werden. Harald Weinberg, Bundestagsabgeordneter der Partei „Die Linke", versuchte im Januar 2015 ein Bleiberecht für Daleel zu erwirken. Am 13.7.2016 erhielt Daleel eine erneute Aufforderung, Deutschland innerhalb von 30 Tagen – in Richtung Bulgarien – zu verlassen. Nach dem Anschlag wurden in der Wohnung des Täters Materialien gefunden, die sich zum Bau von Bomben (USBV) eigneten.

Die islamistisch-terroristische Organisation IS erklärte am 27.7.2017, dass Daleel „einer ihrer Soldaten" gewesen sei. Die Bundesanwaltschaft ermittelte ab dem 25.7.2017 u.a. wegen des Verdachts der Mitgliedschaft in einer ausländischen terroristischen Vereinigung. Nach Angaben deutscher Ermittlungsbehörden hatte Daleel einige Wochen vor dem Anschlag Kontakt zu einem Mitglied des IS, das eine saudi-arabische Telefonnummer für seinen Chat mit Daleel nutzte, sich aber nicht in Saudi-Arabien, sondern auf dem vom IS kontrollierten Territorium aufhielt. Diese Angaben wurden von der saudi-arabischen Botschaft in Deutschland bestätigt.[249]

4.5.3 Folgen und Analyse

Der islamistisch-terroristische Anschlag des syrischen Flüchtlings Mohammed Daleel am 24.7.2016 verdeutlicht die Problematik islamistischer Einzeltäter. Die Frage nach der hierarchischen Verbindung des Attentäters zur islamistisch-terroristischen Organisation ist nach aktuellem Stand der Ermittlungen noch nicht aufgeklärt, dass der Attentäter während des gesamten Tathergangs jedoch in einem Chatkontakt zu einem Mitglied des IS stand, ist mittlerweile sicher.[250] Nach aktuellen Angaben des bayrischen Innenministers

---

249 http://www.faz.net/aktuell/politik/ausland/wuerzburg-und-ansbach-attentaeter-hatten-seit-einigen-wochen-kontakt-zum-is-14377783.html; 8.8.2016.
250 http://www.faz.net/aktuell/politik/inland/ansbach-attentaeter-von-unbekannter-person-beeinflusst-14359771.html; 27.7.2016.

wurde der islamistische Attentäter vor und während des Anschlags in einem Chat direkt und unmittelbar beeinflusst.[251]

4.6 Der islamistische Anschlag am 19.12.2016 in Berlin

4.6.1 Taktischer Plan und Ablauf des Terroranschlags

Beim islamistischen Anschlag auf den Weihnachtsmarkt an der Gedächtniskirche tötete der islamistische Terrorist Anis Amri am 19.12.2016 zuerst den Fahrer eines LKW und fuhr mit dem LKW gegen 20 Uhr in eine Menschenmenge des Weihnachtsmarkts an der Kaiser-Wilhelm-Gedächtniskirche auf dem Breitscheidplatz in Berlin-Charlottenburg. Die Kollision mit dem vom islamistischen Terroristen Anis Amri gesteuerten LKW tötete elf Menschen, das zwölfte Todesopfer war der Fahrer des LKW, den Amri zuvor erschossen hatte. Über 55 Menschen wurden verletzt, einige davon lebensgefährlich.

Der islamistische Terrorist konnte vom Tatort flüchten und wurde zwei Tage nach der Tat vom Generalbundesanwalt zur Fahndung ausgeschrieben. Am 23.12.2016 wurde der flüchtige Amri bei einer Personenkontrolle im italienischen Sesto San Giovanni identifiziert und im Rahmen eines Feuerkampfes erschossen. Die islamistisch-terroristische Gruppe IS erklärte am 20.12.2016, dass Amri als „Soldat des Islamischen Staates" gehandelt habe.

Nachdem Amri den polnischen LKW-Fahrer erschossen hatte, weisen die GPS-Daten des Sattelzuges Rangierfahrten um 15:45 Uhr des 19.12.2016 aus, die sich im Zuge der Ermittlungen als Rangier- und Probefahrten einer nicht mit dem Fahrzeug vertrauten Person erwiesen. Nachdem Amri den LKW unter Kontrolle hatte, fuhr er zunächst um den Weihnachtsmarkt herum, chattete mit ihm bekannten Islamisten und schickte unter anderem ein Selfie aus dem Führerhaus des LKW mit der Nachricht „Mein Bruder, alles in Ordnung, so Gott will. Ich bin jetzt im Auto, bete für mich mein Bruder, bete für mich."[252] Gegen 20 Uhr fuhr der Attentäter den LKW aus Richtung der Hardenbergstraße in die Einfahrt des Weihnachtsmarktes an der Gedächtniskirche am Breitscheidplatz, fuhr ca. 70

---
251 Ebd.
252 https://www.welt.de/politik/deutschland/article160674548/Ich-bin-jetzt-im-Auto-bete-fuer-mich.html; 29.12.2016.

bis 80 Meter durch die Besuchermenge, zerstörte mehrere Verkaufsstände und kam schließlich auf der Budapester Straße zum Stehen, verursacht durch das automatische Bremssystem, was nach dem Ergebnis der bisherigen Ermittlungen zahlreichen Menschen das Leben gerettet hat. Der Attentäter stieg aus dem LKW aus und floh in Richtung Tiergarten.

4.6.2 Ermittlung und Fahndung: Der islamistische Terrorist

Kurz nach der Tat wurde bekannt, dass der marokkanische Nachrichtendienst (Direction générale de la surveillance du territoire, DGST) sowohl den Bundesnachrichtendienst (BND) als auch das Bundeskriminalamt (BKA) am 19.9.2016 und am 11.10.2016 vor Anis Amri gewarnt hatte. In der Mitteilung hieß es, dass Amri Kontakte zur islamistisch-terroristischen Organisation IS hatte und bereit sei, einen Terroranschlag durchzuführen.[253] Der Innenminister Nordrhein-Westfalens, Ralf Jäger, erklärte nach dem Anschlag, dass bei der Observierung Amris der Eindruck entstanden sei, dass dieser sich vom islamistischen Terrorismus und Salafismus „wegbewege, um sich mit drogenmilieu-typischer allgemeiner Kriminalität zu beschäftigen".[254] Im Tatfahrzeug fanden die Ermittler die vom Kreis Kleve, Nordrhein-Westfalen, ausgestellte Duldungsbescheinigung des Tunesiers Anis Amri. Anis Amri nutzte allerdings mindestens 14 Identitäten, darunter u.a.

- Mohamed Hassa (geb. am 22.10.1992 in Cafrichik, Ägypten): Im Flüchtlingsheim in Emmerich wurde Amri unter diesem Namen geführt.
- Mohammad Hassan (geb. am 22.10.1992 in Kafer, Ägypten): Die Erstaufnahmeeinrichtung in Dortmund führte ihn unter diesem Namen als Asylsuchenden.
- Ahmed Almasri (geb. am 1.1.1995 in Cafrichik): Im Übergangsheim in Emmerich war Amri bis 5.12.2016 unter diesem Namen gemeldet.
- Ahmed Almasri (geb. am 1.1.1995 in Alexandria, Ägypten): Die Flüchtlingsunterkunft Oberhausen führte ihn unter diesem Namen.

---

253 https://www.welt.de/politik/ausland/article160552977/Marokko-warnte-BND-vor-Monaten-konkret-vor-Anis-Amri.html; 29.12.2016.
254 https://www.welt.de/politik/deutschland/article160713420/Behoerden-hatten-Eindruck-Amri-entwickle-sich-weg-vom-Salafismus.html; 30.12.2016.

- Ahmed Almasri (geb. am 1.1.1995 in Skendiria, Ägypten): In einem Identitätsdokument der Dortmunder Ausländerbehörde wurde er unter diesem Namen geführt.
- Ahmad Zaghoul (geb. am 22.12.1995): Dies war sein Name bei der Zentralen Leistungsstelle für Asylbewerber in Berlin.
- Ahmad Zarzour (geb. am 22.12.1995 in Ghaza, Tunesien).[255]

Amri benutzte die unterschiedlichen Identitäten auch zum Sozialbetrug, so dass die Staatsanwaltschaft Duisburg im April 2016 ein Ermittlungsverfahren gegen Amri eröffnete, weil er im November 2015 in Emmerich und Oberhausen gleichzeitig mehrfache Sozialleistungen bezog. Das Ermittlungsverfahren der Staatsanwaltschaft wurde allerdings im November 2016 eingestellt, „weil der Aufenthaltsort Amris den Behörden nicht bekannt ist".[256] Nach dem Anschlag am 19.12.2016 konnte Amri unentdeckt mit öffentlichen Verkehrsmitteln von Berlin über die Niederlande und Frankreich nach Italien reisen. Ca. einen Monat nach dem Anschlag räumte Bundesjustizminister Heiko Maas Fehler im Umgang der Behörden mit Amri ein und kündigte die Veröffentlichung des Berichts „Behördenhandeln um die Person des Attentäters vom Breitscheidplatz Anis Amri" (BMJV 2017) an, der Grundlage dieses Unterkapitels ist.[257]

Seine Radikalisierung

Amri wurde 1992 als jüngstes von neun Kindern von Mustafa Amri und Nour Amri in Tataouine, im Regierungsbezirk Kairouan, Tunesien, geboren. Nach eigenen Angaben war die Familie nicht besonders religiös und auch in Anis Amris Leben spielte der Islam keine große Rolle. „Für ihn war es egal, ob seine Schwestern Kopftuch tragen oder nicht, ob wir beten oder nicht", sagte Amris Schwester Najwa über ihren Bruder. Über Religion habe sie mit ihm nie gesprochen. „Anis war nie religiös. Er hat getrunken, er hat gefeiert, er hat Popmusik gehört. Er war ein ganz normaler Junge."[258] Amri brach die Schule mit 15 Jahren ab und beging mehrere Straftaten wie Diebstähle und Drogendelikte. 2011 setzte er sich unter Mithilfe

---

255 BMJV 2017.
256 http://www.spiegel.de/politik/deutschland/anschlag-in-berlin-ralf-jaeger-aeussert-sich-zu-anis-amri-a-1128697.html; 15.1.2017.
257 https://www.tagesschau.de/inland/maas-fehler-101.html; 19.1.2017.
258 https://www.nzz.ch/international/der-verlorene-sohn-aus-oueslatia-ld.136420#login; 22.12.2016.

von Schleusern, mit finanzieller Unterstützung seiner Familie nach Italien ab, wo er Asyl beantragte. Gleichzeitig wurde von einem Gericht in Kairouan, Tunesien in Abwesenheit zu fünf Jahren Haft wegen Raubes verurteilt. Nach Angaben des italienischen Justizministeriums kam Amri während des „Arabischen Frühlings" im Jahr 2011 per Boot nach Lampedusa, registriert als illegale Einreise am 5.4.2011.

Indem Amri sich um zwei Jahre jünger machte und 1994 als sein Geburtsjahr angab, erhielt er den Status als minderjähriger, unbegleiteter Flüchtling.[259] In Belpasso/Sizilien besuchte er eine öffentliche Schule und fiel dort durch gewalttätiges Verhalten auf. Amri und vier weitere tunesische Flüchtlinge protestierten gegen Umstände ihrer Unterbringung (Qualität des Essens, zu geringe bzw. nicht erfolgende Zuteilung von Zigaretten, Alkohol und Telefonkarten) und die lange Anerkennungsprozedur im Asylverfahren. Daraufhin legten die fünf tunesischen Flüchtlinge im Oktober 2011 in Räumen des Heims Feuer und verprügelten einen Erzieher. Es entstand ein Sachschaden von etwa 30.000 Euro. Der damals 19-jährige Amri wurde wegen Körperverletzung und Brandstiftung zu vier Jahren Haft verurteilt und in Catania inhaftiert. Weil er andere Häftlinge bedrohte, schikanierte, sich mit ihnen prügelte, Wärter angriff und seine Zelle verwüstete, mussten die italienischen Behörden ihn fünf Mal in andere Gefängnisse verlegen, zuletzt ins Ucciardone-Gefängnis, die letzte Station vor seiner Entlassung am 18.5.2015.[260] Das italienische Justizministerium stellte nach der Entlassung Amris aus der Haft dem Komitee für strategische Antiterrorismus-Analyse (Comitato di Analisi Strategica Antiterrorismo, CASA) einen Bericht zu, in dem Einzelheiten seiner Haft aufgeführt werden. Danach zeigte Amri während seiner Haft Zeichen für eine Radikalisierung und eine Annäherung an die Ideale des islamistischen Terrorismus. Einem christlichen Mithäftling soll er gedroht haben: „Ich schlage dir den Kopf ab."[261] Um abgeschoben werden zu können, wurde er in die Abschiebungshaftanstalt in Caltanissetta/Sizilien verlegt. Weil Tunesien nicht innerhalb von 30 Tagen auf eine Dokumentenanfrage

---

259 BMJV 2017.
260 http://www.linformazione.eu/2016/12/strage-berlino2-listituto-sava-comunica/; 29.12.2016, BMJV 2017.
261 https://www.welt.de/politik/deutschland/live160453735/Ich-schlage-dir-den-Kopf-ab-drohte-er-dem-Mithaeftling.html; 22.12.2017.

reagierte, wurde er am 17.06.2015 aus der Abschiebungshaftanstalt entlassen. Daraufhin reiste er aus dem Süden Italiens in Richtung Deutschland, am 06.07.2015 wurde durch die Kriminaldirektion Freiburg die Erstfeststellung durchgeführt, mit den Personalien Anis Amir, als Geburtsdatum gab er den 23.12.1993 an.

In Karlsruhe wurde ihm am 22.7.2015 eine Bescheinigung über die Meldung als Asylsuchender auf den Namen „Anis Amir" ausgestellt. Sechs Tage später, am 28.7.2015, erhielt er von der Zentralen Aufnahmeeinrichtung Berlin eine weitere BüMA, die auf den Namen „Mohammad Hassan" ausgestellt wurde. Von Berlin erhielt er die Aufforderung, sich bei der zuständigen Erstaufnahmeeinrichtung Dortmund zu melden. Am 30.7.2015 erschien Amri dann auch bei der Zentralen Ausländerbehörde (ZAB) in Dortmund, wo ihm eine weitere (bis dahin dritte) BüMA auf den Namen „Mohammed Hassa" ausgestellt wurde.

Schon am 27.10.2015 unterrichtete die Ausländerbehörde Kleve die Polizei über die Aussage eines Zimmernachbarn des in Emmerich untergebrachten „Mohamed Hassa" (Anis Amri), dass dieser auf seinem Mobiltelefon „Fotos von schwarz gekleideten Personen, die mit Kalaschnikows bewaffnet waren und mit Handgranaten posierten", gesehen habe.[262] Die Polizei Krefeld leitete daraufhin einen „Prüffall Islamismus" ein, die Verbindung von der Aliaspersonalie „Mohammed Hassa" zu Anis Amri konnte sie aber nicht herstellen.[263] Daraufhin konnte Amri ungehindert von den zuständigen Behörden kreuz und quer durch Deutschland reisen und beantragte unter mindestens 14 verschiedenen Alias-Namen Asyl und Sozialleistungen, u.a. in Berlin, Dortmund, Münster und Oberhausen, stets unbemerkt von den Ausländerbehörden.[264] Kurze Zeit nach seiner Ankunft in Deutschland nahm Amri Kontakt zum salafistisch-jihadistischen Netzwerk um den irakischstämmigen Salafisten Abu Walaa auf, der vom 2012 gegründeten „Deutschsprachigen Islamkreis" (DIK) in Hildesheim aus operierte, aber auch über Online-

---

262 http://www.ruhrnachrichten.de/nachrichten/politik/aktuelles_berichte/Chronologie-Amris-Spuren-in-NRW-Was-die-Behoerden-wussten;art29862,319 2433; 24.1.2017.
263 BMJV 2017.
264 https://www.landtag.nrw.de/portal/WWW/GB_II/II.1/Pressemitteilungen-Informationen-Aufmacher/Pressemitteilungen-Informationen/Pressemitteilungen/2017/01/Aufmacher.jsp; 16.1.2017.

Plattformen wie Facebook, Youtube und telegram predigte, wurde 2015 in Nordrhein-Westfalen als Gefährder eingestuft und galt den Sicherheitsbehörden als zentrale Figur im Rekrutierungsnetzwerk des IS in Deutschland.[265] Abu Walaa wurde Jahre lang vom niedersächsischen Verfassungsschutz beobachtet, und ab November 2015 ermittelte das Landeskriminalamt Nordrhein-Westfalen gegen Abu Walaa und mutmaßliche Helfer wegen Anwerbung junger Muslime für den islamistischen Terrorismus.[266]

Während seiner gesamten Aufenthaltsdauer in Deutschland stand Anis Amri in engem Kontakt zu Abu Walaa und seinem salafistischen Netzwerk. Das Polizeipräsidium Dortmund stufte Amri ab dem 17.2.2016 als „Gefährder NRW", sprich als potentiellen islamistisch-terroristischen Attentäter, ein.[267] Am 28.4.2016 stellte Amri in Dortmund einen Asylantrag unter dem Namen „Ahmed Almasri", tunesischer Staatsbürger. Im Rahmen der erkennungsdienstlichen Behandlung wurden bei der AFIS-Abfrage (Automatisiertes Fingerabdruckidentifizierungssystem, AFIS) im Bundeskriminalamt die bis dahin acht Alias-Personalien von Amri bekannt. Am 30.5.2016 wurde Amris Asylantrag (unter dem Alias-Namen „Ahmed Almasri") abgelehnt. Erst am 16.6.2016 wurde die für Amri zuständige Ausländerbehörde in Kleve durch das BAMF über Amris Status informiert. Seit dem 16.8.2016 bestand also seither Ausreisepflicht für Anis Amri. Die Klever Ausländerbehörde gab ihm noch eine bis zum 16.9.2016 gültige Duldung.

Das Landeskriminalamt NRW verständigte sich mit dem Landeskriminalamt des Landes Berlin am 19.8.2016 darauf, dass, trotz des überwiegenden Aufenthaltes Amris in Berlin, das Verfahren zur Aufenthaltsbeendigung weiterhin durch NRW vorangetrieben werden sollte. Eine Abschiebung würde aber nur möglich sein, wenn Amris Identität eindeutig geklärt und Tunesien die Rücknahme akzeptiere und die dafür erforderlichen Passersatzpapiere ausstellen würde.[268]

---

265 https://www.generalbundesanwalt.de/de/showpress.php?themenid=18& newsid=638; 16.1.2017.
266 Ebd.
267 http://www.zeit.de/news/2017-01/05/terrorismus-die-spur-fuehrt-nach-nrw-amris-zeit-vor-dem-berlin-anschlag-05155804; 6.1.2017.
268 https://www.landtag.nrw.de/portal/WWW/dokumentenarchiv/Dokument/ MMA16-1564.pdf; 6.1.2017.

Weil die deutschen Behörden nicht in der Lage gewesen waren, die Identität von Anis Amri eindeutig zu bestimmen, war es für das tunesische Generalkonsulat leicht, am 20.10.2016 den Antrag mit der Mitteilung „Das ist kein tunesischer Staatsbürger" abzulehnen.[269] Nachdem das tunesische Generalkonsulat sich weigerte, Amri als tunesischen Staatsbürger anzuerkennen, bestätigte dann aber Interpol Tunis dem LKA Nordrhein-Westfalen am 24.10.2016, dass es sich bei Anis Amri um einen tunesischen Staatsbürger handelte. Das Passersatzverfahren der nordrhein-westfälischen Behörden wurde am 27.10.2016 eingeleitet. Am 21.12.2016 – zwei Tage nach dem Anschlag von Amri in Berlin – erreichte die Zentrale Ausländerbehörde in Köln die Bestätigung des tunesischen Generalkonsulats, dass Anis Amri als tunesischer Staatsangehöriger auch durch die tunesische Zentralstelle für die Identifikationsverfahren identifiziert wurde.[270] Im Juli 2016 wurde Amri nach einer Messerstecherei in einer Berliner Bar in Neukölln gegen Amri wegen einer gefährlichen Körperverletzung ermittelt. Die Ermittlungen blieben allerdings folgenlos, da er zu diesem Zeitpunkt untergetaucht war.[271]

Am 30.7.2016 wurde Amri von der deutschen Bundespolizei im Busbahnhof Friedrichshafen, nahe der Schweizer Grenze, aufgegriffen. Amri wies sich mit einem italienischen Pass aus und gab an, auf dem Weg zu einer Hochzeit in Zürich zu sein. Bei Überprüfung des Passes stellte sich heraus, dass dieser gefälscht war. Daraufhin wurde sein Gepäck durchsucht, ein weiterer gefälschter italienischer Pass sowie Drogen gefunden. Beide Pässe waren ausgestellt auf „Anis Amri", geboren am 22. Dezember 1995 in Rom. Daraufhin wurde Amri die Ausreise gemäß § 46 Abs. 2 Aufenthaltsgesetz untersagt. Er wurde in Haft genommen und mehrere Ermittlungsverfahren gegen ihn eingeleitet:

- Urkundenfälschung (§ 267 Absatz 1 StGB),
- Verschaffen von falschen amtlichen Ausweisen (§ 276 Absatz 1 StGB),
- unerlaubter Besitz von Betäubungsmitteln (§ 29 Absatz 1 Satz 1 Nummer 3 BtMG),

---

269 Ebd.
270 Ebd.
271 http://www.bz-berlin.de/berlin/charlottenburg-wilmersdorf/darum-wurde-die-observierung-von-amri-in-berlin-beendet; 9.1.2017.

- Verdacht des unerlaubten Aufenthaltes ohne Pass bzw. Passersatz (§ 95 Absatz 1 Nummer 1 Aufenthaltsgesetz),
- Verdacht des unerlaubten Aufenthalts ohne Aufenthaltstitel (§ 95 Absatz 1 Nummer 2 Aufenthaltsgesetz).

Nach Rücksprache der Landespolizei mit der Ausländerbehörde Friedrichshafen wurde Amri zur „Sicherung der Abschiebung" nach Tunesien in der Justizvollzugsanstalt Ravensburg in Haft genommen und seine vorläufige Inhaftierung bis zum 1.8.2016 begrenzt, bis dahin sollte die für Amri zuständige Ausländerbehörde in Kleve entscheiden, wie mit Amri weiter zu verfahren sei.

Das Innenministerium Nordrhein-Westfalen legte den Fall der Sicherheitskonferenz vor, die unter Federführung des Innenministeriums des Landes NRW gemeinsam mit Vertretern der Sicherheitsbehörden des Landes und des BAMF in Fällen staatsschutzrechtlicher Relevanz die zuständigen Ausländerbehörden im Hinblick auf aufenthaltsbeendende Maßnahmen beraten und unterstützen. Die Sicherheitskonferenz beschloss, dass Amris Abschiebung nicht innerhalb der nächsten drei Monate abgeschlossen sein würde, da die tunesischen Behörden die für eine Ausweisung notwendigen Passersatzpapiere nicht in diesem Zeitraum liefern würden. Daher könne man Amri nicht in Abschiebehaft nehmen.[272] Noch am gleichen Tag schickte die Ausländerbehörde Kleve eine E-Mail mit der Argumentation des Innenministeriums des Landes Nordrhein-Westfalen an die JVA Ravensburg, Amri solle sofort aus der Haft entlassen werden. Die Entscheidung des Innenministeriums des Landes Nordrhein-Westfalen ist an dieser Stelle in Frage zu stellen: Nach aktueller Gesetzeslage hätte Amri länger in Haft gehalten werden können, weil der Bundesgerichtshof schon im Jahr 2010 entschieden hatte, dass Verzögerungen durch fehlende Passersatzpapiere zulasten des Ausreisepflichtigen gehen.

Ein Informant des nordrhein-westfälischen Landeskriminalamtes berichtete schon im Frühjahr 2015, dass Amri regelmäßig im Netzwerk der Moschee des „Deutschsprachigen Islamkreises Hildesheim" (DIK) des Salafisten-Predigers Abu Walaa verkehrte und Amri mehrfach von möglichen Attentaten gesprochen habe. 2015 war er Teil einer Gruppe von Islamisten, die sich für den Jihad in Syrien trainieren ließ. Allerdings entschied sich Amri in Deutschland

---

272 http://dip21.bundestag.de/dip21/btp/18/18217.pdf; 16.2.2017.

zu bleiben, weil sein islamistisches Umfeld Anschläge in Deutschland einer Ausreise vorgezogen habe.[273]

Weil Amri im Gespräch mit einer Vertrauensperson des Landeskriminalamtes Nordrhein-Westfalen erklärte, dass er Anschläge begehen wolle, initiierte das Landeskriminalamt NRW ein Verfahren gegen Amri wegen des Verdachts der Vorbereitung einer schweren staatsgefährdenden Gewalttat, er wurde als islamistischer Gefährder eingestuft und ab dem 14.3.2016 verdeckt observiert. Weil sich Amri mehrheitlich in Berlin aufhielt, wurde die Observierung von den Berliner Behörden übernommen. Allerdings wurde Amris Observierung im September eingestellt, weil laut Generalstaatsanwaltschaft Berlin „die umfangreichen Überwachungsmaßnahmen […] trotz Verlängerung keine Hinweise [erbracht hatten], um den ursprünglichen Vorwurf zu verifizieren oder diesen oder einen anderen staatsschutzrelevanten Tatvorwurf zu erhärten, so dass keine Grundlage für eine weitere Verlängerung der Anordnungen zur Überwachungsmaßnahmen mehr bestand".[274] Im November 2016 – wenige Wochen vor dem Anschlag in Berlin – war Amri Thema einer Sitzung des Gemeinsamen Terrorismusabwehrzentrums (GTAZ) der polizeilichen und nachrichtendienstlichen Behörden von Bund und Ländern. Der marokkanische Geheimdienst Direction générale de la surveillance du territoire du Maroc (DGST) warnte den Bundesnachrichtendienst und das Bundeskriminalamt am 19.9.2016 und erneut am 11.10.2016 konkret vor einer islamistisch-terroristischen Gefahr durch Amri, da er Kontakt zum IS habe und bereit sei, einen Terroranschlag in Deutschland durchzuführen.[275]

4.6.3 Folgen und Analyse

Der islamistische Anschlag am 19.12.2016 hat große Ähnlichkeiten mit dem Anschlag am 14.7.2016 in Nizza. In beiden Fällen steuerte ein islamistischer Attentäter einen LKW in die Menschenmenge einer großen Veranstaltung. In dem IS-Propaganda-Magazin Rumiyah

---

273 http://www.sueddeutsche.de/politik/anschlag-auf-berliner-weihnachtsmarkt-amri-trainierte-in-niedersachsen-fuer-is-in-syrien-1.3306706; 16.2.2017.
274 http://www.bz-berlin.de/berlin/charlottenburg-wilmersdorf/darum-wurde-die-observierung-von-amri-in-berlin-beendet; 16.2.2017.
275 https://www.yabiladi.com/articles/details/49539/allemagne-l-ambassade-ma rocconfirme-signalement.html; 25.12.2016; http://www.mdr.de/nachrichten/politik/inland/marokko-warnte-vor-amri-terror-plaenen-100.html; 16.1.2017.

war im November 2016 eine detaillierte Anleitung für einen Anschlag mit einem LKW veröffentlicht worden.[276]

Der „Fall Amri" zeigt in seiner Analyse auf, wie ein Individuum in einem überaus langen Zeitraum vom 6.7.2015 bis zum 23.12.2016 zahlreiche deutsche Behörden, darunter auch verschiedene Sicherheitsbehörden des Bundes und des Landes täuschen konnte. Seit spätestens dem Frühjahr 2016 war den deutschen Sicherheitsbehörden bekannt, dass Amri ein Salafist mit jihadistischen Zielen war. Wenige Wochen vor dem Anschlag waren sowohl der Bundesnachrichtendienst (BND) als auch das Bundeskriminalamt (BKA) am 19.9.2016 und erneut am 11.10.2016 vom marokkanischen Nachrichtendienst Direction générale de la surveillance du territoire vor Anis Amri gewarnt worden.

Bereits im November 2015 hatte die Polizei Krefeld einen „Prüffall Islamismus" eingeleitet, die Verbindung von der Aliaspersonalie „Mohammed Hassa" zu Anis Amri aber nicht herstellen können.[277] Danach konnte Amri ungehindert von den zuständigen deutschen Behörden reisen und beantragte unter mindestens 14 verschiedenen Alias-Namen Asyl und Sozialleistungen, immer unbemerkt von den Ausländerbehörden.[278] Unmittelbar nach seiner Ankunft in Deutschland nahm Amri Kontakt zum salafistischen-jihadistischen Netzwerk um den irakischstämmigen Salafisten Abu Walaa und zum „Deutschsprachigen Islamkreis" (DIK) in Hildesheim auf. Das Polizeipräsidium Dortmund stufte Amri ab dem 17.2.2016 als „Gefährder NRW", sprich als potentiellen islamistisch-terroristischen Attentäter, ein.[279]

Als Amri in der Justizvollzugsanstalt Ravensburg zur „Sicherung der Abschiebung" in Haft genommen worden war, beschloss das Innenministerium des Landes NRW, gemeinsam mit Vertretern der Sicherheitsbehörden des Landes und des BAMF, dass man Amri nicht in Abschiebehaft nehmen könne und informierte die JVA

---

276 http://www.faz.net/aktuell/politik/inland/zum-anschlag-in-berlin-fahrzeuge-sind-wie-messer-14583822.html; 20.12.2016.
277 BMJV 2017.
278 https://www.landtag.nrw.de/portal/WWW/GB_II/II.1/Pressemitteilungen-Informationen-Aufmacher/Pressemitteilungen-Informationen/Pressemitteilungen/2017/01/Aufmacher.jsp; 16.1.2017.
279 http://www.zeit.de/news/2017-01/05/terrorismus-die-spur-fuehrt-nach-nrw-amris-zeit-vor-dem-berlin-anschlag-05155804; 6.1.2017.

Ravensburg, dass Amri sofort aus der Haft entlassen werden wolle.[280] Diese Entscheidung des Innenministeriums des Landes Nordrhein-Westfalen muss allerdings in Frage gestellt werden, weil nach aktueller Gesetzeslage Amri länger in Haft gehalten werden können, da Verzögerungen durch fehlende Passersatzpapiere zulasten des Ausreisepflichtigen gehen. Nachdem Amri im Gespräch mit einer Vertrauensperson des Landeskriminalamtes Nordrhein-Westfalen erklärte, dass er Anschläge in Deutschland begehen wolle, initiierte das Landeskriminalamt NRW ein Verfahren gegen Amri wegen des Verdachts der Vorbereitung einer schweren staatsgefährdenden Gewalttat und so wurde er als islamistischer Gefährder eingestuft und ab dem 14.3.2016 verdeckt observiert. Wenige Wochen vor dem Anschlag am 19.12.2016 wurde Amris Observierung im September 2016 eingestellt, weil sich laut Generalstaatsanwaltschaft Berlin „keine Hinweise für einen staatsschutzrelevanten Tatvorwurf erhärtet hatten, so dass keine Grundlage für eine weitere Verlängerung der Anordnungen zur Überwachungsmaßnahmen mehr bestand".[281] Im November 2016 war Amri Thema einer Sitzung des Gemeinsamen Terrorismusabwehrzentrums (GTAZ) der polizeilichen und nachrichtendienstlichen Behörden von Bund und Ländern, nachdem das GTAZ zwei Mal konkret vom marokkanischen Nachrichtendienst Direction générale de la surveillance du territoire vor einer islamistisch-terroristischen Gefahr durch Amri gewarnt worden war, da er Kontakt zum IS habe und bereit sei, einen Terroranschlag in Deutschland durchzuführen.[282] Der Innenminister Nordrhein-Westfalens, Ralf Jäger, erklärte nach dem Anschlag, dass bei der zeitweisen Observierung Amris der Eindruck entstanden sei, dass dieser sich vom islamistischen Terrorismus und Salafismus „wegbewege, um sich mit drogenmilieu-typischer allgemeiner Kriminalität zu beschäftigen".[283]

---

280 http://dip21.bundestag.de/dip21/btp/18/18217.pdf; 16.2.2017.
281 http://www.bz-berlin.de/berlin/charlottenburg-wilmersdorf/darum-wurde-die-observierung-von-amri-in-berlin-beendet; 16.2.2017.
282 https://www.yabiladi.com/articles/details/49539/allemagne-l-ambassade-maroc-confirme-signalement.html; 25.12.2016; http://www.mdr.de/nachrichten/politik/inland/marokko-warnte-vor-amri-terror-plaenen-100.html; 16.1.2017.
283 https://www.welt.de/politik/deutschland/article160713420/Behoerden-hatten-Eindruck-Amri-entwickle-sich-weg-vom-Salafismus.html; 30.12.2016.

Daneben muss angeführt werden, dass der Herkunftsstaat von Anis Amri, Tunesien, zwei Mal die rechtmäßige Rücknahme von Amri durch Abschiebung verweigerte und/oder verzögert hat: Zunächst als Amri eine Gefängnisstrafe in Italien verbüßte und danach als auch das Land Nordrhein-Westfalen ihn in sein Herkunftland abschieben wollte.

V. Staatliche und gesellschaftliche Maßnahmen gegen den islamistischen Terrorismus

1. Prävention

Vor allem im Phänomenbereich Islamismus, Salafismus und islamistischem Terrorismus reichen rein repressive Mittel nicht aus, so dass Strategien und Maßnahmen der Sicherheitsbehörden unbedingt durch präventive Strategien und Maßnahmen ergänzt werden müssen. Sowohl die Analyse der Quantität als auch der Qualität des islamistisch-salafistischen Phänomenbereiches in Deutschland führt zum Ergebnis, dass Detektion und Aufklärung von Islamismus, Salafismus und islamistischem Terrorismus durch Präventionsarbeit verschiedener staatlicher und zivilgesellschaftlicher Akteure ergänzt werden muss.

Die Prävention und/oder die Detektion von islamistischem Terrorismus und damit der Schutz westlicher, demokratischer Bevölkerungen erfordert ein enges Zusammenwirken von Polizei, Nachrichtendiensten, Justiz, Zoll, Ausländer-, Einbürgerungs-, Sozial- und anderen Behörden, Schulen sowie weiteren Institutionen wie Einrichtungen der Wirtschaft, Verbänden und Vereinen. Nach Ansicht der Sicherheitsbehörden müssen diese staatlichen Akteure allerdings durch eine interessierte und informierte Zivilgesellschaft unterstützt werden. So bezeichnet das Bundesamt für Verfassungsschutz die „Mithilfe der Bevölkerung" als einen „essentiellen Baustein einer aufmerksamen und wehrhaften Demokratie"[284]

Eine ganzheitliche Prävention von islamistischer Radikalisierung muss als Grundvoraussetzung die Komplexität und Heterogenität des Phänomenbereiches Islamismus, Salafismus und islamistischer Terrorismus erkennen und untersuchen. Dabei müssen ganzheitliche präventive Programme und Maßnahmen die Rolle der islamistischen religiös-politischen Ideologie und der islamistischen Milieus bzw. *peer groups* – der realen und der virtuellen Welt – als entscheidende Faktoren für eine islamistische, salafistische bzw. jihadistische Radikalisierung kategorisieren und analysieren.[285]

---
284 BfV 2016, Eine Handreichung für Flüchtlingshelferinnen und -helfer, S. 32.
285 *Goertz/Goertz-Neumann* 2017.

1.1 Wissenschaftliche Hintergründe und Methoden von Prävention

Nach Angaben der Bundesregierung „werben islamistische und terroristische Gruppen intensiv und zum Teil hochprofessionell um Anhängerinnen und Anhänger. Erfolg haben sie vor allem bei jungen, ungefestigten Persönlichkeiten."[286] So müssten „demokratiefeindlichen Phänomenen mit allen Mitteln des Rechtsstaates begegnet werden, dazu gehören Vereinsverbote, eine genaue Beobachtung der Extremistenszene durch die Sicherheitsbehörden sowie die Strafverfolgung von straffällig gewordenen Personen"[287]. Weiter führt die Bundesregierung aus, dass zum „Kampf gegen politisch und religiös motivierte und extremistische Gewalt zum einen sicherheitspolitische Aufgaben [...] aber auch präventive Angebote, die demokratisches Handeln stärken, sowie Maßnahmen, die Radikalisierungsprozesse hemmen"[288], gehören. Daher müssten „sicherheitsorientierte, präventive und demokratiefördernde Maßnahmen Hand in Hand gehen, damit der Kampf gegen Extremismus erfolgreich"[289] sein könne. In der Konsequenz müssen die Präventionsprogramme im Bereich Islamismus und Salafismus auf kommunaler Ebene, auf Landesebene und auf Bundesebene in einem vernetzten Ansatz der deutschen Behörden „gemeinsam mit der deutschen muslimischen Zivilgesellschaft die zivilgesellschaftlichen Strukturen stärken"[290].

1.1.1 Definition und Inhalte von Prävention im Bereich Islamismus, Salafismus und islamistischer Terrorismus

> Die **Prävention** von Islamismus, Salafismus und islamistischem Terrorismus sowie ihrer religiös-politischen Ideologie stellt eine gesamtgesellschaftliche Herausforderung dar, da Maßnahmen und Interventionsmittel entwickelt und angewendet werden müssen, die Radikalisierungsprozessen vorbeugen und entgegenwirken.

---

286 Bundesregierung 2016.
287 Ebd., S. 13.
288 Ebd., S. 7.
289 Ebd.
290 Ebd., S. 23.

Prävention und ihre Maßnahmen müssen auf folgenden Handlungsfeldern aktiv sein:
- Politische Bildung, interkulturelles Lernen und Demokratiearbeit
- Beratung, Monitoring und Intervention
- Medien und Internet
- Zivilgesellschaftliches Engagement
- Forschung
- Internationale Zusammenarbeit

Prävention in diesem Phänomenbereich muss Alternativen zu salafistisch-ideologischen Erklärungs- und Indoktrinierungsmustern bieten und Auswege aus Zwang ausübenden sozialen Milieus, *peer groups*, dem sozialen Nahbereich aufzeigen.[291]

Mittel und Akteure von Präventionsarbeit setzen im Vorfeld bzw. in Frühphasen von Radikalisierungsprozessen an und zielen auf eine Förderung von sozialen, kognitiven und handlungsorientierten Kompetenzen ab. In einem Grundlagenpapier der Arbeitsgruppe „Prävention mit Jugendlichen" der Deutschen Islam-Konferenz heißt es zu den Zielen von präventiven Projekten:

Jugendliche unabhängig von ihrer Religion und Weltanschauung sollen befähigt werden, sich kritisch bzw. reflektierend mit der eigenen Identität auseinanderzusetzen, eigene Selbstverständlichkeiten zu hinterfragen und selbstbewusst für ein friedliches und respektvolles Miteinander einzutreten. Die geförderten Maßnahmen sollen Jugendliche in ihrer Rolle als gesellschaftspolitische Akteure wahrnehmen sowie ihre Potentiale nutzen und Kompetenzen stärken, sich mit den Phänomenen Muslimfeindlichkeit, Islamismus im Sinne eines religiös begründeten Extremismus unter Muslimen und Antisemitismus auseinanderzusetzen.[292]

Präventive Methoden und Mittel sollen unter anderem auf inhaltliche Auseinandersetzungen mit demokratie- und freiheitsfeindlichen Einstellungen ausgerichtet sein. Das inhaltliche Ziel besteht darin, einen reflektierteren Umgang mit Fragen von Religion, Identität und Integration auszubilden. Neben einer inhaltlichen Auseinandersetzung mit Radikalisierung und Indoktrinierung für extremistische religiös-politische Ideologien müssen auch soziale und kommunika-

---

291 *Goertz/Goertz-Neumann* 2017.
292 DIK 2013, S. 3.

tive Kompetenzen und Techniken gefördert werden, wie beispielsweise im Umgang mit religiösen, kulturellen und sozialen Unterschieden sowie individuelle Hilfe in persönlichen und familiären Konfliktlagen angeboten werden.

Die Handlungsfelder und Akteure von Prävention im Phänomenbereich Islamismus, Salafismus und islamistischer Terrorismus sind dabei äußerst heterogen und umfassen die in den Kapiteln III 3, III 4 und III 5 thematisierten Akteure und Faktoren: Den sozialen Nahraum wie die Familie, die Freunde, die *peer group* und neben dem religiösen Umfeld muslimischer Gemeinden auch die Schule, Träger von politischer und von religiöser Bildung sowie Jugend- und Sozialarbeit, als auch die kommunale Verwaltung, die Polizei und die Verfassungsschutzbehörden.

1.2 Staatliche Programme und ihre Methoden

Jugendliche spielen im Bereich des politischen Salafismus und des Jihadismus in Deutschland eine immer wichtiger werdende Rolle. Einerseits erfolgt der Einstieg in die islamistische, salafistische Szene in der Regel in der Jugend, wobei das durchschnittliche Zugangsalter – nach Angaben des Bundeskriminalamtes und des Bundesamtes für Verfassungsschutz – zwischen 16 und 19 Jahren liegt.[293] Andererseits zeichnet sich in den letzten Jahren eine generelle Abnahme des Altersdurchschnitts der salafistisch-jihadistischen Akteure ab. Obwohl im jihadistischen Personenspektrum alle Altersgruppen vertreten sind, treten zunehmend jüngere Akteure immer häufiger in Erscheinung und übernehmen wichtige Funktionen.[294] Die Altersgruppe Mitte Zwanzig stellt den größten Anteil des jihadistischen Personenspektrums dar und nur knapp ein Fünftel der Personen ist über 40 Jahre alt. Auffallend ist, dass Personen des sogenannten Homegrown-Spektrums, d.h. radikalisierte Migranten der 2. und 3. Generation, überdurchschnittlich jung und aktionsorientiert, sprich: militant sind. Der Homegrown-Anteil ist in den letzten Jahren erheblich gestiegen.[295]

---

293 https://www.verfassungsschutz.de/download/faltblatt-2015-02-jugend-und-jihad.pdf; 20.12.2016.
294 *Goertz/Goertz-Neumann* 2017.
295 Ebd.

1.2.1 Die jugendliche Zielgruppe und Methoden islamistisch-salafistischer Radikalisierung

Das politisch-salafistische und jihadistisch-salafistische Spektrum schaffte und schafft es in zahlreichen Fällen, vor allem junge Menschen für ihre religiös-politische Ideologie zu begeistern. Dies gelingt ihnen auch dadurch, dass sich Salafisten und Jihadisten äußerst jugendgerecht präsentieren, indem sich die Aktionsformen jugendlicher Salafisten bzw. Jihadisten durch eine Mischung von „typisch salafistischen" und „typisch jugendlichen" Aktivitäten auszeichnen.[296]

Zum einen agieren jugendliche Salafisten und Jihadisten gegenüber erwachsenen Salafisten und Jihadisten konform, indem sie z.B. salafistische und jihadistische Publikationen mit extremistischen Inhalten konsumieren, einschlägige Moscheen oder Islamseminare besuchen und bei der Rekrutierung neuer Mitglieder oder der Vorbereitung von Anschlägen mitwirken.[297] Zum anderen treten jugendliche Salafisten und Jihadisten durch jugendspezifische Aktivitäten hervor, wie beispielsweise eine intensive Nutzung des Internets, der Hang zum Aktionismus – z.B. eine im Altersvergleich überproportional häufige Ausreise in ein sog. „Jihad-Gebiet" –, aber auch eine Teilnahme an typischen Freizeitaktivitäten außerhalb des religiösen Kontextes (z.B. Sport). Salafistische und jihadistische Angebote des Internets nehmen für jugendliche Salafisten und Jihadisten eine zentrale Rolle ein und verhelfen oftmals zum Einstieg in die salafistische bzw. jihadistische Szene der realen Welt.[298]

Im Bereich islamistisch-salafistischer Radikalisierungsangebote des Internets entsprechen besonders die salafistischen und jihadistischen Videos und Anashid dem Konsumverhalten von Jugendlichen und verpacken die jihadistische Ideologie zielgruppengerecht in einer Hülle von animierter Action und motivierender Musik. Der erste Schritt Jugendlicher in die virtuelle Welt salafistischer und jihadistischer Angebote ist in der Regel ein passiver, wobei sich häufig ein aktiver Gebrauch daran anschließt, indem sie Videos hochladen, Publikationen digital einstellen und damit aktiv Propaganda betreiben, was wiederum zur Rekrutierung und Radikalisierung anderer Jugendlicher dient.

---

296 Ebd.
297 Ebd.
298 https://www.verfassungsschutz.de/download/faltblatt-2015-02-jugend-und-jihad.pdf, 20.12.2016.

Deswegen muss sozialpädagogische Arbeit mit islamistisch, salafistisch orientierten Jugendlichen eine weitere ideologische Verfestigung stoppen und eine Distanzierung von der religiös-politischen Ideologie und ihren Milieus zu befördern. Daneben müssen Bundes- und Landesbehörden im Bereich von Distanzierungs- und Ausstiegshilfen Projekte und Maßnahmen fördern, mit denen pädagogische Ansätze im Bereich Islamismus und daraus abgeleiteter Militanz angewendet werden, so zum Beispiel die Erprobung von Maßnahmen zur Radikalisierungsprävention im Internet, die Erprobung von *peer group* basierter Distanzierung, die Weiterentwicklung von Angeboten der Arbeit mit Eltern betroffener Personen und von Training und Programmen mit religiös-politisch motivierten jugendlichen Gewalttäterinnen und -tätern.[299]

1.2.2 Sekundäre Prävention

Personen, die bereits äußerlich identifizierbare Risikofaktoren einer Radikalisierung aufweisen, müssen durch Mittel sekundärer Prävention von ihrem Weg der Radikalisierung abgebracht werden. Hierbei ist zwischen direkter und indirekter sekundärer Prävention zu unterscheiden. Während sich direkte Präventionsmaßnahmen auf die von Radikalisierungsprozessen Betroffenen ausrichten, zielen indirekte Präventionsmaßnahmen auf Multiplikatoren wie beispielsweise Lehrer, Psychologen, Sozialarbeiter, Verwandte und Freunde ab, die dann Mittel direkter Prävention anwenden.[300]

Der Verein ufuq.de beispielsweise bietet Multiplikatorenfortbildungen und Workshops an Schulen an. Inhaltliche Unterstützung und Beratung können Personen des sozialen Nahbereiches von Radikalisierten über die Beratungsstelle Radikalisierung des Bundesamts für Migration und Flüchtlinge (BAMF) erhalten, die Hilfesuchende an entsprechende Experten weitervermittelt.[301]

Die (telefonische) „Beratungsstelle Radikalisierung" des BAMF ist eine sog. erste Anlaufstelle für Angehörige, Freunde und Bekannte von sich radikalisierenden Personen.[302] Seit der Einrichtung der Hotline Anfang 2012 haben die Mitarbeiter der Beratungsstelle

---

299 Bundesregierung 2016, S. 23; *Goertz/Goertz-Neumann* 2017.
300 http://www.kas.de/wf/de/71.15470/; 19.10.2016.
301 *Goertz/Goertz-Neumann* 2017.
302 http://www.bamf.de/DE/DasBAMF/Beratung/beratung-node.html; 7.1.2017.

Radikalisierung mehr als 2500 Telefonate geführt, wobei die Zahl der Anfragen ab 2013 stark zugenommen hat. Allein im Jahr 2015 hat die Beratungsstelle Radikalisierung über 900 Anrufe entgegengenommen. Nach Angaben des BAMF wurden über 20% der Fälle aus Sicherheitsgründen an die zuständigen Sicherheitsbehörden weitergeleitet.[303] Nach den islamistisch-jihadistischen Anschlägen in Ansbach und Würzburg hat sich die Zahl der Meldungen bei der Beratungsstelle Radikalisierung nochmals drastisch erhöht, so gehen aktuell derzeit pro Monat ca. 150 Anrufe ein.[304]

In der Beratungsstelle Radikalisierung des BAMF arbeiten aktuell sechs Personen, die an der Hotline die Fälle aufnehmen und an die Beratungsangebote der acht NGOs weitervermitteln. Bundesweit sind allerdings nur 50 Personen – Sozialpädagogen, Politikwissenschaftler, Islamwissenschaftler und Psychologen – beratend vor Ort tätig.

Diese acht NGOs sind:
- Ausstiegsberatung Legato; www.legato-hamburg.de
- beRATen e.V.; www.beraten-niedersachsen.de
- Beratungsstelle Hayat; www.hayat-deutschland.de
- Beratungsnetzwerk für Toleranz und Miteinander; www.ifak-bochum.de/beratungsnetzwerk-fuer-toleranz-und-miteinander
- Beratungsstelle PROvention; http://provention.tgsh.de
- Beratungsnetzwerk kitab; http://vaja-bremen.de/teams/kitab
- Beratungsstelle Salam; www.inbi-mainz.de
- Violence Prevention Network; www.violence-prevention-network.de

Daneben führt das Bundesministerium für Familie, Senioren, Frauen und Jugend noch folgende sieben „Modellprojekte für Radikalisierungsprävention" im Bereich Islamismus, Salafismus und Jihadismus an:
- INSIDE OUT – Fach- und Beratungsstelle Extremismus, Stuttgarter Jugendhaus gGmbH
- Diagnostisch – Therapeutisches Netzwerk Extremismus (DNE), Gesellschaft Demokratische Kultur gGmbH

---

303 Ebd.
304 Ebd.

- Akteure der Jugendbildung stärken – Jugendliche vor Radikalisierung schützen, Kreuzberger Initiative gegen Antisemitismus – KIgA e. V.
- Präventionsnetzwerk gegen religiös begründeten Extremismus, Türkische Gemeinde in Deutschland (TGD)
- BAHIRA Beratungsstelle Violence Prevention Network e. V.
- Pro Islam – Gegen Radikalisierung und Extremismus. – AL-E'TIDAL SCHURA – Islamische Religionsgemeinschaft Bremen e. V.
- Aktion kontra Radikalisierung muslimischer Jugendlicher, Deutsch-Islamischer Vereinsverband Rhein-Main e. V. (DIV)[305]

1.3 Mittel und Akteure von Prävention im islamistischen Phänomenbereich: Probleme

Das Bundesministerium für Familie, Senioren, Frauen und Jugend stellt in seinem Abschlussbericht des Bundesprogramms „Initiative Demokratie stärken" fest, dass „ein Teil der muslimischen Communities hinsichtlich Präventionsaktivitäten gegen islamistischen Extremismus eine grundlegende Skepsis formuliert"[306]. So führt das Ministerium weiter aus, dass sich daraus „für viele Projekte die Herausforderung ergab, sich Zugang zu muslimischen Gemeinden und Akteuren zu erschließen".[307]

Die „Strategie der Bundesregierung zur Extremismusprävention und Demokratieförderung" räumt ein, dass „die Zusammenarbeit und der Austausch mit den Bundesländern, insbesondere hinsichtlich Handlungsnotwendigkeiten und Beispielen guter Praxis der Islamismusprävention gestärkt werden [...] und der Austausch von Trägern und Bundesländern im Netzwerk der Beratungsstelle Radikalisierung beim Bundesamt für Migration und Flüchtlinge (BAMF) intensiviert und ausgebaut" werden müsse.[308]

Die Strategie der Bundesregierung zur Extremismusprävention und Demokratieförderung räumt ein, dass kein bundesweites Netz an Beratungsstellen im Bereich islamistischer Extremismus eta-

---

305 BMFSFJ 2014, S. 13.
306 Ebd.; *Goertz/Goertz-Neumann* 2017.
307 Ebd., S. 14; *Goertz/Goertz-Neumann* 2017.
308 Bundesregierung 2016, S. 21.

bliert ist.³⁰⁹ Auch im Bereich der islamistischen, salafistischen Propaganda im Internet stellt die Bundesregierung aktuell dringenden Handlungsbedarf fest und beteiligt sich an einer Bund-Länder-Arbeitsgruppe „Ganzheitlicher Ansatz zur Prävention gegen den gewaltbereiten Salafismus – Gegenstrategien zu salafistischer Internetpropaganda"³¹⁰.

Abschließend konstatierte das Bundesministerium für Familie, Senioren, Frauen und Jugend schon im Jahr 2014 in seinem Abschlussbericht des Bundesprogramms „Initiative Demokratie stärken", dass „bezüglich des Phänomens islamistischer Extremismus und seiner Ursachenzusammenhänge nur unzureichende sozialwissenschaftlich-empirische Erkenntnisse vorliegen und ein Wissens- und Empiriedefizit zu Radikalisierungsprozessen bei muslimisch geprägten Jugendlichen zu verzeichnen ist".³¹¹

2. Bedrohungsfaktoren durch Islamismus, Salafismus und islamistischen Terrorismus: Gegenmaßnahmen und Probleme der Sicherheitsbehörden

2.1 Identität und Identitätsdokumente als Waffe

Die Analyse des Zeitraums zwischen dem Attentat auf Charlie Hebdo am 7.1.2015 und dem Attentat am 13.11.2015 in Paris offenbarte, dass die europäischen Sicherheitsbehörden aufgrund der hohen Zahl der zu verfolgenden Spuren und zu überwachenden Jihad-Rückkehrer (Gefährder) organisatorisch, technologisch und personell überfordert waren.³¹² Als Konsequenz der islamistischen Anschlagsserie am 13.11.2015 in Paris wurden in Frankreich Gesetze in bisher nicht gekanntem Maß im Bereich der Überwachung, Sammlung und Auswertung von personenbezogenen Daten (Telefon, Internet, Ausweisdaten) verabschiedet, um mögliche terroristische Attentäter leichter zu detektieren.³¹³ Die französischen

---

309 Ebd., S. 24.
310 Innenministerkonferenz 2016.
311 BMFSFJ 2014, S. 13.
312 *Voelz* 2015.
313 *Rubin* 5.12.2016.

Streitkräfte hatten im gleichen Zeitraum in Mali identische Schwierigkeiten damit, zwischen feindlichen Kombattanten, Terroristen, Rebellen und Schmugglern zu unterscheiden und den „unsichtbaren Feind" zu bekämpfen.[314] Individuen, nichtstaatliche Akteure, operierend in Netzwerkstrukturen, lose verstreuten Zellen und als Einzeltäter, nutzen ihre Anonymität als taktischen Vorteil gegenüber staatlichen Akteuren. Die aktuelle Flüchtlingskrise in Europa zeigt die Bedeutung von persönlichen Daten in offiziellen Dokumenten, so reisen bis zu 77 % der internationalen Flüchtlinge ohne Pass oder gültige Ausweispapiere nach Deutschland ein.[315] Nach Angaben einer Studie des *US Center for Global Development* verfügen ca. 40 % der Kinder der sog. zweiten und dritten Welt über keinerlei offiziellen Identitätsnachweis, weder Geburtsurkunde, noch Ausweisdokument.[316] Als weiteres Beispiel für die vitale Bedeutung eines Nachweises von persönlicher Identität, ist die von Großbritannien – bereits vor dem *Brexit* – eingeführte biometrische Aufenthaltserlaubnis (*Biometric Residence Permit*)[317].

Die US-Sicherheits- und Verteidigungsadministration der Regierung Obama legte in ihren maßgeblichen doktrinären Dokumenten ihrer Sicherheits- und Verteidigungspolitik, dem *Quadrennial Defense Review Report von 2014*[318] und dem *National Security Strategy Report von 2015*[319] eine eindeutige strategische Schwerpunktsetzung auf Individuen, Zellen, Gruppen und Netzwerke. Die Gegneranalyse und Identifizierung des Gegners wird als augenblicklich und zukünftig schwierigste und wichtigste Aufgabe im asymmetrischen Kampf gegen Terrorismus bezeichnet.[320]

Die Analyse *Global Trends* des *US Intelligence Council* beschreibt das künftige bevorstehende Bedrohungsszenario als bestimmt von

---

314 http://www.defensenews.com/story/defense/2015/05/30/french-soldiers-in-mali-stalked-by-invisible-enemy/28212861/; 11.12.2016.
315 http://www.faz.net/aktuell/politik/fluechtlingskrise/fluechtlingskrise-77-prozent-der-migranten-im-januar-ohne-ausweispapiere-14087731.html; 11.12.2016.
316 *Gelb/Clark* 2013, S. 7.
317 https://www.gov.uk/government/publications/biometric-residence-permits-overseas-applicant-and-sponsor-information; 13.12.2016.
318 http://www.defense.gov/Portals/1/features/defenseReviews/QDR/QDR_as_of_29JAN10_1600.pdf; 18.12.2016.
319 US White House 2015.
320 USDA 2010.

Terrorismus, Subversion und Kriminalität.[321] Besonders betonen diese strategischen Papiere der USA, dass Individuen, Zellen und Kleinstgruppen zukünftig leichteren und schnelleren Zugang zu letalen Störfallszenarien haben werden, eine Fähigkeit, welche bisher stets staatlichen Akteuren vorbehalten war.[322] Hieraus werden auch eklatante Defizite westlicher Demokratien im Bereich des technologischen Sammelns von Daten und Datenmanagement (Identitäten) abgeleitet.[323]

Der asymmetrische Konflikt in Syrien, die internationale Reichweite des Islamischen Staates (IS) und die „Arabellion" im Nahen Osten und Nordafrika unterstreichen die Bedeutung des Individuums und zeigen auf, wie stark beispielsweise die Bedeutung von sozialen Netzwerken und neuen Medien wie Facebook, YouTube, Twitter und Snapchat für die operative Kommunikation und Propaganda nichtstaatlicher Akteure ist. 2015 gab es mehr als 46.000 „Islamischer Staat" (IS)-Twitteraccounts, das FBI schätzt 200.000 tägliche Zugriffe auf *terrorist messaging* weltweit.[324] In Bezug auf die über 30.000 internationalen Jihadisten, die in Syrien und im Irak für den IS kämpfen, spricht die Analyse *Report on Foreign Terrorist Fighters* der UN davon, dass der „langsame Austausch von Informationen und Daten der Identitäten der internationalen Jihadisten eines wesentliches Hindernis für eine erfolgreiche internationale Bekämpfung von Terrorismus" sei.[325]

Um bei der Abwehr der aktuellen und zukünftigen Bedrohungen durch Individuen, Zellen und Kleinstorganisationen erfolgreich zu sein, müssen sich demokratische, westliche Sicherheitsbehörden schnellstmöglich in folgenden Bereichen technologisch (weiter) entwickeln:
- Identitätsfeststellung
- Operative Zuordnung
- Identifizieren von Zusammenhängen von Individuen zu Zellen und/oder Netzwerken (Netzwerkforschung).

---

321 US Intelligence Council 2012, S. 59-60.
322 Ebd., S. 50.
323 Ebd., S. 50-60.
324 *Voelz* 2015, S. 90.
325 United Nations 2015, S. 14-23.

Außerdem bedarf es der Echtzeitvernetzung und -analyse (strategisch, operativ und taktisch) von biometrischen, biographischen, forensischen Datenbanken und Erfassungssystemen zur Auswertung von Orten, Aktivitäten und anderen Akteuren. Militärischer und nachrichtendienstlicher Erfolg ist in den asymmetrischen Konflikten des. 21. Jahrhunderts nicht mehr messbar durch Zerstörung gegnerischer Infrastruktur oder Eroberung von Territorium, sondern abhängig von schneller Verarbeitung und zielgerichteter Steuerung von Information und der Identifizierung von sicherheitspolitischen Bedrohungen, weltweit. Dies erfordert die enge Vernetzung aller staatlichen Instrumente (nachrichtendienstlicher, militärischer und polizeilicher) zur Identifizierung von Individuen, Zellen und Organisationen. Aufgrund der Tatsache, dass Technologie die Mechanismen von Krieg, Terrorismus und Straftätern (Name, biometrische Daten und DNA anstatt gesichtsloser Uniformträger) verändert, bedarf es eines grundlegenden Paradigmenwechsels und damit einhergehenden Mentalitätswandels. Wenn sich die gesetzlichen Rahmenbedingungen und Strukturen der europäischen Sicherheitsstrukturen nicht schnell der neuen Lage anpassen, wird der Staat als Herrscher über das Sicherheitsmonopol seinen kompetitiven Vorteil gegenüber Individuen, Zellen und Organisationen verlieren und damit die Schutzpflicht gegenüber seiner Bevölkerung verletzen.[326]

Zusammenfassend: Die „Individualisierung" oder auch „Personalisierung" ist vor dem Hintergrund der aktuellen Flüchtlingskrise und der Bedrohung durch den islamistischen Terrorismus zu einer Datenverarbeitungs- bzw. Informationsmanagementaufgabe geworden. Diese „Individualisierung" erfordert die massenhafte Erhebung, Kategorisierung und Abgleichung biographischer, biometrischer und forensischer Datenmengen, mit dem Ziel der Trennung von Gefährdern und Unbeteiligten.[327] Datenanalyse, Identitätsfeststellung, operative Zuordnung und Netzwerkeinstufung, gerade mit Blick auf die Unauffälligkeit, mit der sich die Täter von großen Anschlägen in Madrid, London, Paris, Brüssel und Berlin bewegten, werden die Herausforderungen der Zukunft darstellen.

---

326 *Goertz/Maninger* 2017.
327 Ebd. 2017.

2.2 Verbote von islamistisch-salafistischen Vereinen und Organisationen

Vor dem Hintergrund des in Deutschland weiter rapide wachsenden salafistischen Personenpotenzial und der gleichzeitig hohen Zahl von Ausreisen in die Jihadgebiete nach Syrien und den Irak zur Unterstützung terroristischer Organisationen ist die Detektion von islamistisch-salafistischen Organisationen und ihr Verbot von besonderer Bedeutung.[328]

Salafistische Organisationen und Vereine und salafistische Moscheevereine stellen deutschlandweit Rekrutierungs- und Sammelbecken für jihadistische Salafisten (darunter auch Flüchtlinge und Migranten) sowie für sog. Jihad-Reisende dar, Personen, die aus salafistisch-jihadistischer Motivation nach Syrien bzw. in den Irak ausreisen wollen, um dort für den sog. Islamischen Staat (IS) zu kämpfen oder ihn anderweitig zu unterstützen.

Besonders für junge Menschen in der Identitätsfindungsphase, auf der Suche nach Antworten auf spirituelle und weltanschauliche Fragen, sind simplifizierende, salafistische Ideen und eindeutige Antworten von charismatischen Leitfiguren salafistischer Vereine besonders gefährlich für einen Radikalisierungsprozess.

Ende Februar 2017 wurde der Moscheeverein Fussilet 33, in dem Anis Amri in den Tagen vor seinem Anschlag am 19.12.2017 verkehrte, von der Berliner Senatsverwaltung für Inneres verboten. Fussilet 33 soll der islamistisch-terroristischen Organisation IS nahe gestanden haben und ein Anlaufpunkt für jihadistische Salafisten gewesen sein. Der Berliner Verfassungsschutz stufte die Fussilet-Moschee im Berliner Stadtteil Moabit als Treffpunkt für Islamisten, Salafisten und Jihadisten ein. Beim Islamunterricht der Moschee sollen Muslime – zumeist Türken und Kaukasier – für den bewaffneten Kampf des IS in Syrien und im Irak radikalisiert worden sein. Auch soll dort Geld für Terroranschläge in Syrien gesammelt worden sein. Ein Imam saß zeitweise in Untersuchungshaft. Gegen fünf Mitglieder des Moscheevereins wurden Strafverfahren eröffnet. Der

---

328 http://www.bmi.bund.de/SharedDocs/Kurzmeldungen/DE/2016/11/vereins verbot-dwr.html; 24.12.2016.

Moscheeverein wurde seit 2015 beobachtet und ein Verbot seither von der Berliner Senatsverwaltung diskutiert.[329]

2.3 Kooperation und Informationsweitergabe zwischen deutschen und europäischen Behörden

Vor dem besonderen Hintergrund der aktuellen Flüchtlingskrise warnt das Bundesamt für Verfassungsschutz einerseits vor der Einreise von Sympathisanten, Unterstützern und Mitgliedern extremistischer oder terroristischer Organisationen und andererseits vor (Selbst-) Radikalisierungsprozessen unter Flüchtlingen und Migranten.[330] Weiterhin ist angesichts der aktuell vorliegenden Erkenntnisse davon auszugehen, dass Sympathisanten und Anhänger des IS und der Al Qaida – auch ohne direkte organisatorisch-taktische Anbindung oder Auftrag – künftig versuchen werden, innerhalb von Flüchtlings- und Migrationsbewegungen unter Ausnutzung von Lücken in der Flüchtlings- und Migrantenerfassung beziehungsweise durch den Einsatz von Falschidentitäten Schleusungen nach Westeuropa zu realisieren, um unter anderem Anschlagspläne in die Tat umzusetzen. Daher besteht die begründete Sorge, dass die europäischen Sicherheitsbehörden mit dem Umfang und Ausmaß der Bedrohung überfordert sein könnten.

Ein weiteres Problem liegt in der technischen Überwachung der Kommunikation von Islamisten, Salafisten und Jihadisten. „Das grundlegende Problem ist: Wir wissen nicht, wer miteinander chattet", sagt der Präsident des Bundesamtes für Verfassungsschutz.[331] Weiter führt er aus, dass es sehr hohe rechtliche Hürden dafür gebe, Kommunikation in Echtzeit mitzulesen oder mitzuhören. Eine weitere Schwierigkeit liege darin, dass viele Provider ihren Sitz im Ausland haben, so dass es „Tage bis Monate dauern könne", bis Daten übermittelt werden, falls dies überhaupt geschieht. Abschließend ist das Problem des verbotenen, sehr restriktiv gehandhabten, mangelnden oder verzögerten Austausches von personenbezogenen

---

329 https://www.welt.de/politik/deutschland/article162439675/460-Polizisten-bei-Razzien-gegen-Islamisten-in-Berlin.html; 1.3.2017.
330 BfV 2016, Bedeutung der Migrationsbewegungen nach Deutschland.
331 https://www.verfassungsschutz.de/de/aktuelles/zur-sache/zs-2016-002-maassen-dpa-2016-08; (18.12.2016).

Daten und Informationen zum Personenbereich islamistischer Terrorismus durch die europäischen Sicherheitsbehörden zu nennen. Hierzu kritisierte der Präsident des Bundesamtes für Verfassungsschutz das aktuelle Urteil des Bundesverfassungsgerichts zum BKA-Gesetz ungewöhnlich scharf als „ausgesprochen schädlich" für die Terrorabwehr, so werde das „Urteil der terroristischen Gefahr für Deutschland nicht hinreichend gerecht", da der internationale Austausch von Daten und Informationen zwischen Nachrichtendiensten durch den Richterspruch erschwert werde.[332]

2.4 Aktuell beschlossene Maßnahmen gegen den islamistischen Terrorismus

Der wehrhafte Rechtsstaat ist die beste Antwort auf die Taten und den Hass der Terroristen. Und trotzdem werden wir in einer freiheitlichen Demokratie keinen totalen Schutz vor terroristischen Taten für Bürgerinnen und Bürger versprechen können. Was wir aber tun müssen in unserer Verantwortung, ist alles in die Wege zu leiten, damit sich ein Fall Amri in Deutschland nicht wiederholt. Das ist die Grundlinie unserer Beratung gewesen und dazu sind wir, nachdem in den letzten Wochen viel geredet worden ist, heute auch innerhalb der Bundesregierung zu Entscheidungen gekommen. Heiko Maas, Bundesminister der Justiz und für Verbraucherschutz[333]

Vom Bundesminister der Justiz und für Verbraucherschutz, Heiko Maas, sowie vom Bundesminister des Innern, Dr. Thomas de Maizière beschlossene Maßnahmen gegen islamistischen Terrorismus[334]:

Erweiterte Residenzpflicht bei Identitätstäuschung

Künftig soll auch eine Identitätstäuschung zu einer räumlichen Beschränkung führen können. Dazu Bundesminister Maas: „Mit der Einführung der Residenzpflicht für diejenigen, die bei ihrer Identitätsfeststellung falsche Angaben machen, geben wir ein klares Signal, dass wir in keinster Weise bereit sind, das zu akzeptieren."

---

332 https://www.welt.de/print/die_welt/politik/article154980350/Karlsruher-Urteil-schaedlich-fuer-die-Terrorabwehr.html; (18.12.2016).
333 http://www.bmjv.de/SharedDocs/Artikel/DE/2017/01132017_Massnahmen_Sicherheit.html?nn=6704238; 2.2.2017.
334 Ebd. Stand 13.1.2017.

V Maßnahmen gegen den islamistischen Terrorismus

Erweiterung der Abschiebehaft für Gefährder

Abschiebehaft soll bei Gefährdern künftig auch dann verhängt werden können, wenn die erforderlichen Ersatzpapiere voraussichtlich nicht innerhalb von 3 Monaten beschafft werden können, weil die Herkunftsstaaten bei der Rückführung nicht im erforderlichen Maß kooperieren.

Wichtig ist, dass wir die Gefährderhaft neu regeln. Wir erleichtern sie. Wir sorgen insbesondere dafür, dass die Abschiebehaft, die bis zu 18 Monaten verhängt werden kann, nicht deshalb ausgeschlossen wird, weil die Abschiebung nicht innerhalb der nächsten 3 Monate durchgeführt werden kann, weil der Herkunftsstaat die Papiere für den Abzuschiebenden nicht beibringt, so Bundesminister Heiko Maas.

Es geht ferner darum, Abschiebehaft bei denjenigen Ausländern verhängen zu können, von denen eine erhebliche Gefahr für die Sicherheit der Bundesrepublik Deutschland oder eine Terrorgefahr ausgeht.

Erleichterung der Überwachung aus Gründen der Inneren Sicherheit

Der Anwendungsbereich der Überwachung aus Gründen der inneren Sicherheit soll bei Gefährdern erweitert werden.

Ausweitung der elektronischen Aufenthaltsüberwachung (Fußfessel) für verurteilte extremistische Straftäter

Zur Ausweitung der elektronischen Aufenthaltsüberwachung (Fußfessel) für verurteilte extremistische Straftäter liegt bereits ein Gesetzentwurf des BMJV vor, der vom Innenministerium unterstützt wird.

Wichtig ist auch, dass wir Straftäter, die wegen schwerer extremistischer Straftaten verurteilt worden sind, auch nach Verbüßung ihrer Freiheitsstrafe besser überwachen können, wenn sie weiterhin als gefährlich einzustufen sind. Dazu haben wir einen Gesetzesentwurf vorgelegt, der die elektronische Aufenthaltsüberwachung für diese Fälle ausweiten soll, betont Bundesminister Heiko Maas.

Einführung der elektronischen Aufenthaltsüberwachung (Fußfessel) fürGefährder

Im BKA-Gesetz soll künftig die Möglichkeit des Einsatzes einer elektronischen Aufenthaltsüberwachung („Fußfessel") für Gefährder auch vor einer möglichen Verurteilung aufgenommen werden. Die Länder sollen angeregt werden, ähnliche Regelungen zu treffen. Dazu Bundesminister Heiko Maas:

Die Fußfessel ist kein Allheilmittel, aber sie wird unseren Sicherheitsbehörden die Arbeit erleichtern.

Verlängerung des Ausreisegewahrsams

Die Höchstdauer des Ausreisegewahrsams soll auf 10 Tage erhöht werden.

Verstärkung der Präventionsmaßnahmen gegen Extremismus und Radikalisierung

Präventionsmaßnahmen gegen Extremismus und Radikalisierung sollen ausgebaut werden. Bundesminister Heiko Maas:

Prävention ist ein großes und wichtiges Thema. Allein repressive Mittel reichen nicht. Wir wollen eine gesellschaftliche Offensive gegen den radikalen Islamismus und dafür auch die dazu notwendige Prävenionsarbeit deutlich stärken.

Verhandlungen mit Herkunftsländern forcieren

Die Verhandlungen mit den Herkunftsländern über die Rückführung ihrer Staatsbürger sollen intensiviert werden. Konsequenzen für unzureichend kooperierende Herkunftsländer aus allen Politikfeldern sind denkbar. Dazu Bundesminister Heiko Maas:

Wir wollen auch die Herkunftsstaaten, die mit uns kooperieren, weiter ermuntern alle Möglichkeiten zu nutzen, auch ihre Staatsbürger zurückzunehmen. Aber wir wollen dort auch nicht allein als Bittsteller auftreten. Wir sind der Auffassung, dass diejenigen, die nicht mit uns kooperieren, die ihre Staatsbürger nicht zurücknehmen wollen auch mit dem notwendigen Druck zu diesen Maßnahmen gedrängt werden können. Dabei sollten wir von der Entwicklungshilfe, über die Wirtschaftsförderung bis zur Visa-Erteilung nichts ausschließen.

Fluggastdatenspeicherung

Das Bundesinnenministerium wird in Umsetzung einer entsprechenden EU-Richtlinie in Kürze den Gesetzesentwurf zur Fluggastdatenspeicherung einbringen, um Gefährdungen von denjenigen, die über den Luftverkehr nach Europa und Deutschland einreisen, möglichst klein zu halten.

V Maßnahmen gegen den islamistischen Terrorismus

Verbesserung des Informationsaustauschs auf EU-Ebene

Die Minister sind sich einig, dass auch die Zusammenarbeit der Staaten und der Behörden in Europa gestärkt werden soll. Bundesminister Maas betont:

Wir müssen uns wechselseitig besser darüber informieren, wer wo gewesen ist, um uns auch die Arbeit zu erleichtern und diejenigen, die als Straftäter in anderen Ländern aufgefallen sind, entsprechend zu beobachten, zu überwachen und daran zu hindern in Deutschland weitere Straftaten zu begehen.[335]

---

335 http://www.bmjv.de/SharedDocs/Artikel/DE/2017/01132017_Massnahmen_Sicherheit.html?nn=6704238; Stand 13.1.2017.

VI. Zusammenfassung und Fazit

Nein, „den" stereotypen islamistischen Terroristen gibt es nicht. Terrorismus ist kein Zustand, sondern ein Prozess. Was aber formt „den" islamistischen Terroristen? Um erneut eine evtl. bestehende Angst vor Pauschalisierungen zu zerstreuen: „Der" islamistische Terrorist des europäischen homegrown-Spektrums durchläuft einen jeweils individuellen Radikalisierungsprozess, in dem zahlreiche Einflussfaktoren auf „ihn" wirken. Die Auswertung der aktuellen psychologischen und sozialwissenschaftlichen Forschung zur islamistischen Radikalisierung hat ebenso wie die empirischen Daten der Studie des Bundeskriminalamtes und des Bundesamtes für Verfassungsschutz[336] die beiden lange Zeit weit verbreiteten Thesen: „islamistische Terroristen sind psychisch krank" und „sozio-öknomische Faktoren wie niedrigere Bildung, Arbeitslosigkeit und Armut formen Islamisten und islamistische Terroristen" eindeutig als inkorrekt analysiert.

Die islamistisch-salafistische Ideologie und ihre Akteure sowie Orte (der soziale Nahbereich, das Milieu, die Peer Group), an denen sie verbreitet wird, standen im Mittelpunkt der Analyse dieses Buches. Radikalisierende Akteure sind islamistisch-salafistische „Prediger", charismatische Persönlichkeiten, u.a. Jihad-Rückkehrer, die Familie, der Freundeskreis und andere. Orte der Radikalisierung sind u.a. islamistisch-salafistische Moscheen und Moscheevereine, sog. „Islamseminare", sog. „Spendensammelaktionen", der soziale Nahbereich und zahlreiche islamistisch-salafistische Angebote des Internets.

Neben den oben ausgeführten Parametern muss als weiteres prägendes Merkmal der europäischen und deutschen Salafisten ihre religiös-ideologische, organisatorische und strategisch-taktische Nähe zu internationalen jihadistischen Organisationen wie dem Islamischen Staat und der Al Qaida festgestellt werden. Der salafistische Phänomenbereich existiert weltweit und ist – aufgrund der modernsten Kommunikationstechniken des 21. Jahrhunderts und der Migrationsbewegungen der letzten Jahrzehnte und Jahre über ethnische, kulturelle und religiöse Diaspora-Milieus in westlichen, demokratischen Staaten – weltweit auf das engste vernetzt.

---

336 BKA/BfV 2016.

Wie oben erörtert, analysieren sowohl die aktuelle englischsprachige internationale Forschung als auch deutsche Sicherheitsbehörden, dass sich bis zu 75 % der sich Radikalisierenden aufgrund von Freundschafts- und Familiennetzwerken und deren religiöser Ausrichtung einer islamistischen bzw. salafistischen Gruppe anschließen. Damit muss das salafistische Milieu innerhalb Deutschlands und Europas zukünftig im Zentrum der Analyse stehen, sowohl innerhalb der Sicherheitsbehörden als auch in der wissenschaftlichen Forschung. Das Milieu wiederum wird von den oben analysierten drei entscheidenden Faktoren islamistischer Radikalisierung geprägt: Der religiös-politischen Ideologie des Islamismus bzw. Salafismus, dem Einfluss der Familie, Freunde, charismatischen „Predigern", islamistisch-salafistischen Moscheen und Moscheevereinen, Islamseminaren sowie ihren virtuellen islamistisch-salafistischen Angeboten des Internets.

1. Analysefragen und Antworten

Folgende *Analysefragen* hat dieses Buch unter anderem in den Mittelpunkt seiner Untersuchung gestellt:
1. *Warum* und *wie* entfernen sich Menschen von demokratischen Prinzipien wie der Freiheitlichen demokratischen Grundordnung (FdGO) und wenden Gewalt an, um religiös-politische Ziele zu erreichen? (Radikalisierung)
2. *Wer* wird *warum* Islamist, Salafist und/oder islamistischer Terrorist?

Folgende *Antworten* hat dieses Buch unter anderem darauf gegeben:
Religiös-politische Ideologie (Islamismus, Salafismus, Jihadismus)
- Islamismus ist eine religiös-politische Ideologie mit dem konkreten Anspruch darauf, das politische System und das gesellschaftliche und kulturelle Leben auf der Grundlage einer extremistischen Interpretation des Islam zu ändern und nur ihre eigene Koraninterpretation anzuerkennen.
- Für den Islamismus ist Religion, hier: der Islam, nicht nur eine persönliche, private „Angelegenheit", sondern soll das gesamte gesellschaftliche Leben und die politische Ordnung regeln,

- Die westliche, demokratische Volkssouveränität soll durch die „Souveränität Gottes" ersetzt werden.
- Die gesellschaftliche Ordnung Deutschlands soll durch die islamische Rechtsordnung der Sharia organisiert sein.
- Durch seinen exklusiven Absolutheitsanspruch widerspricht der Islamismus in erheblichen Teilen der verfassungsmäßigen Ordnung der Bundesrepublik Deutschland.
- Die salafistischen Islaminterpretationen richten sich an der religiösen Praxis und Lebensführung des Propheten Mohammed und seiner Gefährten aus.
- Viele politische Salafisten lehnen Gewalt als Mittel zur Erreichung ihrer politischen Ziele nicht grundsätzlich ab.
- Jihadistische Salafisten befürworten eine offene, unmittelbare und sofortige Gewaltanwendung gegen jeden, der vom „wahren Islam" abgefallen ist.
- Besonders prägendes Merkmal der jihadistischen Salafisten in Europa ist ihre ideologische, organisatorische und strategisch-taktische Nähe zu internationalen jihadistischen Bewegungen wie dem Islamischen Staat und der Al Qaida.
- Etablierung der Sharia („Gottes Herrschaft auf Erden").
- Zeitgenössische Kalifatinterpretation (wie z.B. die derzeitige des IS).
- Klare Unterscheidung zwischen den „wahren Muslimen", den „unwahren Muslimen" und den „Kuffar" („den Ungläubigen", also allen anderen Religionen und/oder Atheisten).
- Klare Einteilung in „Gut und Böse", „richtig oder falsch".
- Ein ausgeprägtes „Freund-Feind-Denken" hat historisch betrachtet zu Kriegen, Weltkriegen, Genoziden, Bürgerkriegen, gewaltsamen Konflikten und Übergriffen geführt.
- Religionen und Ideologien können kognitiv-gedankliche und reale Gewalt fördern:
  - rituelle und symbolische Gewalt,
  - Gewalt aufgrund des Dualismus „Wir" gegen „die Anderen" (aufgrund von Stereotypisierung),
  - religiös legitimierte soziale/strukturelle Gewalt (z.B. Geschlechterdiskriminierung),
  - organisierte Vergeltungsgewalt (religiös motivierter Terrorismus),

VI Zusammenfassung und Fazit

- „Heiliger Krieg".
- Religion kontrolliert und kanalisiert Gewalt in ihrem Ursprung (Ritus, Opfer), dadurch hat sie eine Art von Gewaltkontrolle wie sonst nur das Gewaltmonopol des modernen Staates.
- In Krisen, kriegerischen Auseinandersetzungen und psychologischen Grenzsituationen kann aus den Quellen der eigenen Religion ein ursprünglicher, archaischer, gewalttätiger Impuls reaktiviert werden.
- Der Jihadist wird im Kampf gegen „die Ungläubigen", „die Anderen", „das Böse" zum „wahren Muslim", zum „Werkzeug Gottes".
- Jihad als „heiliger Krieg" ist religiös-politisch motivierter und legitimierter Terrorismus.
- Jihadismus ist eine totalitäre religiös-politische Ideologie, die Gewalt, Mord und Terrorismus als legitimes Mittel erachtet, um den Willen Gottes auf Erden umzusetzen.

Der soziale Nahbereich, das Milieu, die Peer Group
- Vor allem in der leichter zu radikalisierenden Bezugsgruppe junger Menschen zwischen 10 und Mitte 20 kann Islamismus und Salafismus eine verheerende Wirkung haben.
- Auf schwierige Fragen der Sinnsuche und des Umgangs mit konkreten Problemen des Alltags erhalten die jungen Interessierten einfache Antworten, die religiös begründet werden.
- Der religiöse Exklusivitätsanspruch der Islamisten und Salafisten bezieht aber nicht nur auf die Religion, sondern auf „alles".
- Gerade im 21. Jahrhundert, dem Jahrhundert der Globalisierung, der Grenzenlosigkeit, der „ethisch-moralischen Beliebigkeit", des „Man-kann-ja-alles-machen" hat die Gut-Böse/Freund-Feind-Ideologie des Islamismus und Salafismus taktisch leichtes Spiel.
- *Ingroup love* versus *outgroup hate*, „Wir" gegen „die Anderen".
- Die eigene Gruppenzugehörigkeit ermöglicht eine Abgrenzung zu anderen Gruppen, wodurch es zu einer Abwertung der anderen Gruppe kommt (*outgroup hate*).
- Mitglieder der *outgroup* werden nicht mehr als Individuen wahrgenommen (De-Individualisierung).
- Die Abwertung der Mitglieder der *outgroup* wird unter anderem verstärkt durch:

- kulturelle und ethnische Unterschiede: Die *outgroup* wird als Feind oder Sündenbock wahrgenommen. Traditionelle Gruppenunterschiede ermöglichen oft eine Diffamierung der Mitglieder der anderen Gruppe als kulturell niedere Lebensform, was sich unter anderem allein durch den Sprachgebrauch (*Kuffar*, Hunde, Schweine) zeigt.
- Die Entmenschlichung der anderen spielt eine vitale Rolle bei der Anwendung von Gewalt.
- Die Überzeugung, moralisch überlegen zu sein und den Glauben an den Kampf für die gerechte Sache: Der Kampf ist legitime Selbstverteidigung, das Töten wird zum Akt der Gerechtigkeit (Verteidigung des Kalifats).

- Charismatische Prediger spielen eine entscheidende Rolle bei der Radikalisierung.
- Menschen definieren sich über die Zugehörigkeit von Gruppen.
- Milieus und Gruppen stiften durch die Faktoren Freundschaft, ethnische Herkunft, Soziolekt und Religion „Lebenssinn".
- Islamisten und Salafisten rekrutieren in einem Umfeld ähnlicher Biografien.
- Islamistisch-salafistische Infrastruktur besteht in der Regel aus islamistisch-jihadistisch geprägten Moscheevereinen, Imamen und Aktivisten.
- Kämpft die Gruppe für eine als wichtig, essentiell, existenziell wahrgenommene Sache, gewinnt jeder Einzelne an Bedeutung.
- Der Kampf für eine gemeinsame Sache bzw. gegen andere verstärkt den Gruppenzusammenhalt.
- „Islamseminare" fördern den Prozess der Indoktrinierung und Radikalisierung.
- Ein strenges Befolgen der als „einzig richtig" dargestellten religiösen Auffassungen, Gebote und Riten wird (teilweise) aggressiv eingefordert.
- Offensives, öffentliches Missionieren (*Dawa*) gehört zu den Aufgaben islamistisch-salafistischer Gruppen.
- Salafistische „Prediger" (selbst ernannte „Sheiks"), Imame und charismatische Führungspersönlichkeiten nutzen die Überlegenheit ihrer Autorität.
- „Benefizveranstaltungen", Spendensammelaktionen für inhaftierte Islamisten, Salafisten und Jihadisten; der Glaube wird durch die „helfende Tat gelebt".

- An den oben aufgeführten Orten wird eine zunehmende Fixierung auf das Jenseits propagiert; das eigene, irdische Leben wird von sekundärer Bedeutung.
- „Dawa" (wörtlich: Einladung, hier: Missionierung bzw. bei bereits Missionierten eine Radikalisierung) dient dem Ziel der Beendigung der kulturellen Verwestlichung.

Islamistische Angebote des Internet
- Virtuelle *Dawa* („Missionierung") ist ein vitaler Faktor für eine islamistisch-salafistische Radikalisierung und dient strategisch und taktisch der Rekrutierung und Motivation von Mitgliedern, Anhängern und Sympathisanten.
- Virtuelle *Dawa* findet sowohl in sozialen Netzwerken wie Facebook, Youtube, Twitter und Instagram statt, als auch auf den Websites der jeweiligen islamistischen und jihadistischen Organisationen.
- Wichtige islamistische und jihadistische Ideologen und Führungspersonen nutzen Audio-, Video- und Textbotschaften und Videos im Stil von Reportagen in den sozialen Netzwerken und Instant-Messaging-Diensten.
- Nach Angaben des BKA und des BfV beträgt der Anteil von islamistischen online-Rekrutierungsmedien für den individuellen Radikalisierungs- und Entscheidungsprozess für eine (aktive) Teilnahme am Jihad über 50%.
- Islamistische Angebote des Internets sprechen die emotionale Ebene an und bedienen sich technisch bei pop- bzw. subkulturellen Formaten wie Rap-Videos, Computerspielen und Filmen sowie deren Soziolekt, die unterhaltungsästhetischen Anforderungen entsprechen und ihre (junge) Zielgruppe in ihrer Lebenswirklichkeit abholen.
- Das Spektrum der islamistischen und jihadistischen Propaganda ist äußerst heterogen, multimedial und mehrsprachig; die Grenzen zwischen salafististisch-politischer und salafistisch-jihadistischer Propaganda sind fließend.
- Das Gros der jihadistischen Propagandavideos wirkt wie „Pop-Jihad".
- Die archaische Brutalität, u.a. in menschenverachtenden Hinrichtungsvideos, – in welchen enthauptet und verbrannt wird, ver-

packt in moderne Video-Clip-Ästhetik – spricht die (junge) Zielgruppe an.
- Das Web 2.0 dient islamistischen und jihadistischen Organisationen, Netzwerken, Gruppen und auch Einzeltätern als „virtuelle Universität".
- *Nashid* (singular) bzw. *Anashid* (plural) – wörtlich Hymnen – salafistische und jihadistische Kampfgesänge stellen eine verzerrte, propagandistisch gefärbte „Jihad-Realität" dar.
- *Anashid* stilisieren den „kleinen Jihad" und seine „ehrenvolle Konsequenz", den des Märtyertods.
- Jihadistische Internetmagazine wie Inspire, Dabiq und Rumiyah bieten taktische Anleitungen für islamistische Einzeltäter:
  – taktische Anschlagsanweisungen (Just Terror Tactics), z.B. der Anschlag von Einzeltätern mit Trucks/LKW/Lastzügen;
  – der LKW soll möglichst schwer und hoch sein, schnell beschleunigen können, um Bordsteinkanten und Absperrungen zu überwinden;
  – als ideale Ziele wurden Fußgängerzonen und öffentliche Feiern benannt;
  – Lastwagen werden als „sicherste und einfachste Waffen, die man sich gegen Kuffar besorgen kann" bezeichnet, die zu den „tödlichsten Methoden des Anschlags" zählen;
  – als mögliche Anschlagsziele werden große Veranstaltungen im Freien, Fußgängerzonen, Festivals, Paraden und Märkte angegeben.

Wie gehen islamistische Terroristen gegen *welche* Anschlagsziele vor (terroristische Taktik und Mittel)?

Können (wiederkehrende) Muster/Vorgehensweisen (Taktik) identifiziert werden, aus denen dann Gegenmaßnahmen entwickelt werden können?

Mögliche Anschlagsziele:
- Flughäfen und Bahnhöfe, öffentliche Verkehrsmittel im Allgemeinen,
- große Menschenmengen im Rahmen von Fußballspielen, Konzerten, Weihnachtsmärkten, Großereignissen (*events*),
- öffentliche Einrichtungen von symbolischem Charakter (Kirchen, Synagogen, Schulen, Universitäten),

- kritische Infrastrukturen mit hoher Bedeutung für die Zivilbevölkerung (Krankenhäuser, Stromversorgung, Wasser etc.),
- Politik, Ministerien, Behörden.

Mögliche Modi Operandi:
- Sprengstoffanschlag,
- Selbstmordattentat,
- Simultananschläge,
- zeitlich versetzte Anschläge (Doppel, Tripel, etc.),
- Anschlag mit einem Fahrzeug, mehreren Fahrzeugen,
- Sprengfallen,
- Geiselnahme als ein Teil des Szenarios.

Wirkmittel, Tatmittel:
- Sprengstoff (Unkonventionelle Spreng- und Brandvorrichtung, USBV oder industrieller Sprengstoff), USBV in Koffern, Rucksäcken etc.,
- Sprengstoffwesten/ -gürtel,
- Selbstlaborate (Aluminiumpulver, Kaliumpermanganat etc.),
- USBV mit Nägeln, Schrauben, Muttern, Splittern versetzt, um einen möglichst hohen und drastischen Personenschaden zu erzielen,
- Gasflaschen,
- Vollautomatische und halbautomatische Schusswaffen, Gewehre, Pistolen,
- Handgranaten,
- Hieb- und Stichwaffen,
- Äxte, Schwerter,
- Messer,
- Fahrzeuge, gehärtete („gepanzerte") Fahrzeuge,
- Steine, schwere Gegenstände (von Brücken, aus Gebäuden werfen etc.),
- Biologische und chemische Waffen,
- Gift (z.B. Rattengift in nicht abgepackte Lebensmittel wie Obst, Gemüse und Fleisch mischen),
- Giftstoffe in geschlossene Räume durch Lüftungen und Klimaanlagen einbringen,
- Reizgas.

Zusammengefasst: Alle vorstellbaren Mittel und Gegenstände, die kinetische, vergiftende oder anderweitig schädigende Wirkung auf Menschen haben (können).

2. Ausblick, Analyse- und Forschungsbedarf

2.1 Großanschläge/multiple Szenarien und *low level*-Terrorismus als terroristische Bedrohung auf zwei Ebenen

2.1.1 *Low profile*-Anschläge und Gefährderzahlen

Die in den Kapiteln und Fallanalysen III und IV analysierte Bedrohung durch den low level-Terrorismus stellt europäische Sicherheitsbehörden zunächst einmal vor rein quantitative Herausforderungen und Probleme. So geht das französische Innenministerium aktuell von 15.000 islamistischen Gefährdern aus.[337] Bereits im November 2015 – ein halbes Jahr vor den islamistischen Anschlägen in Würzburg und Ansbach und 13 Monate vor dem Anschlag in Berlin – räumte der Präsident des Bundeskrimimalamtes, Holger Münch, ein, dass die deutschen Sicherheitsbehörden „angesichts der Zahl der Gefährder priorisieren" müssen.[338] Zur Zeit dieser Aussage des BKA-Präsidenten ging das BKA noch von 400 islamistischen Gefährdern in Deutschland aus, welche die Kapazitäten der deutschen Sicherheitsbehörden im Bereich Observation bereits überlasteten.[339] Im April 2016, fünf Monate nach der Aussage des BKA-Präsidenten Münch, sprach der Präsident des Bundesamtes für Verfassungsschutz, Dr. Hans-Georg Maaßen, öffentlich von 1100 Personen mit „islamistisch-terroristischem Potenzial".[340] Auf der operativen Ebene der islamistisch-terroristischen Bedrohung zeigt der Fall des islamistischen Attentäterin Safia S. auf, welches Bedrohungspotential bereits von einer 15-jährigen Schülerin ausgehen kann, die ein Küchenmesser für einen Angriff auf Polizisten nutzt.

Das Bedrohungspotenzial für Europa durch Salafismus und Jihadismus hat ein historisches Niveau erreicht. Europäische Jihad-Rückkehrer, die durch religiös-ideologische Erklärungsmuster von ihrer persönlichen, demokratischen Verantwortung entbunden sind, über

---

337 http://www.faz.net/aktuell/politik/kampf-gegen-den-terror/festnahme-eines-15-jaehrigen-terrorverdaechtigen-in-paris-14433769.html; 6.2.2017.
338 https://www.welt.de/politik/deutschland/article149133020/Dic-Ueberwachung-von-Gefaehrdern-hat-grosse-Luecken.html#cs-Deutschland-Niederlande-abgesagt.jpg; 6.1.2017.
339 Ebd.
340 http://www.n-tv.de/politik/Verfassungsschutz-Haben-IS-unterschaetzt-article 17429121.html; 7.2.2017.

Monate archaisches Foltern, Verstümmeln und Töten beobachtet und/oder selbst angewandt haben, sind zurück in Europa bzw. werden in den nächsten Monaten zurückkehren. Die statistische Wahrscheinlichkeit, dass diese Menschen korrelierend mit der Zahl der Gefechtshandlungen bzw. verübten Greueltaten diese oder ähnliche Gewalttaten wiederholen werden, ist hoch. Jihadisten, die entrückt von demokratischen Fundamenten, wie Menschenwürde und Menschenrechten, agieren und ein nihilistisches Weltbild mit dem jihadistischen Freund-Feind-Schema des „Ungläubigen" als Feind kombinieren, stellen eine asymmetrische Bedrohung für das Post-Zweiter-Weltkriegs-Europa dar, die historische Ausmaße hat.

2.1.2 Die Copycat-Problematik

Der Nachahmungseffekt (*copycat*, Englisch für „Nachahmer" oder „Trittbrettfahrer") der in den Kapiteln IV analysierten Anschläge und Attenate könnte ähnlich hoch sein wie derjenige der Anschläge in London und Brüssel, die Madrid quasi kopierten, wie Berlin, als Nizza quasi kopiert wurde und andere Anschläge und Attentate der jüngeren Vergangenheit. Anschläge mit Lastkraftwagen, wie in Nizza, Berlin und am 8.1.2017 in Jerusalem[341], bei dem vier israelische Soldaten während eines Ausflugs getötet und 17 weitere (schwer) verletzt wurden, könnten unter anderem eine Blaupause für „die Anschläge" der Zukunft darstellen.

Die Einfachheit der Taktik und des benutzten Wirkmittels, mit der die 15-jährige Schülerin Safia S. es schaffte, am 26.2.2016 im Hauptbahnhof Hannover, nach zahlreichen islamistisch-terroristischen Anschlägen und Attentaten in jüngster Vergangenheit (mit Messern und Äxten vor allem in hoher Anzahl von islamistischen Attentätern in Israel verübt), einen Bundespolizisten lebensgefährlich zu verletzten, könnte problematischerweise einen erheblichen Nachahmungseffekt in der jugendlichen salafistischen Szene in Deutschland, Europa und anderen demokratischen Staaten auslösen.

Großanschläge wie in Madrid, in London, in Paris am 13.11.2015 und in Brüssel 2016 erfordern gegenüber *low profile*-Anschlägen wie in Nizza, Berlin und in Hannover wesentlich mehr Planungsvorlauf, organisatorische und logistische Kapazitäten, ebenso wie eine klandestine Kommunikation innerhalb der Zellen bzw. Gruppen,

---

341 https://www.tagesschau.de/ausland/jerusalem-251.html; 17.2.2017.

damit diese nicht vor der Verübung der Tat detektiert werden. Doch die Analyse der islamistischen Anschläge in Madrid, London, Paris und Brüssel zeigt, dass bereits drei bis zu einem Dutzend motivierte, radikalisierte Personen mit grundlegenden Kenntnissen zur Herstellung und zum Einsatz von Sprengstoff ausreichen, um eine sehr hohe Schädigungswirkung in der Bevölkerung zu erzielen, was auch Großanschläge und multiple Szenarien nachahmenswert für islamistische Terroristen erscheinen lässt.

2.2 Radikalisierungsforschung: Die richtigen Analysefragen und die Suche nach den verantwortlichen Akteuren von Radikalisierung

Eine sowohl ganzheitliche als auch akteursbezogene, individuelle Analyse ohne Scheuklappen des *Warum* und *Wie* Islamisten, Salafisten und islamistische Terroristen entstehen und existieren, ist heute für Deutschland und Europa so wichtig wie noch nie zuvor. Kommt diese Zeitenwende nicht, wird das oben beschriebene Analysevakuum nicht (schnell genug und qualitativ hochwertig) gesamtgesellschaftlich behoben, werden die Konsequenzen düster und weitreichend sein: Zahlreiche Tote und zahlreiche Verletzte, die psychische, politische und soziale Veränderungen eklatanten Ausmaßes für uns alle mit sich bringen werden.

Die im Unterkapitel III. 4.3. dargestellte Erforschung der Rolle von charismatischen „Predigern", Imamen in Moscheen und/oder Moscheevereinen oder selbst ernannten Predigern muss innerhalb Deutschlands dringend nachgeholt werden. Die Ergebnisse der im Unterkapitel III. 4.3. dargestellten, in Großbritannien, bzw. konkret in London, durchgeführten Studie lassen angesichts der sehr hohen Ausreisezahlen von deutschen Jihad-Reisenden auf das „Terroritorium" des IS in Syrien und im Irak für Deutschland „nichts Gutes hoffen". Die Analyse der Rolle sowohl von religiös-spirituellen Autoritätspersonen im Phänomenbereich Islamismus als auch von Moscheen und Moscheevereinen in Deutschland muss eine logische Konsequenz darstellen.

Die aktuelle und zukünftige Bedrohung westlicher, demokratischer Staaten wie Deutschland durch islamistische Terroristen hat ein historisches Ausmaß erreicht und stellt freiheitliche, demokratische

Gesellschaften und ihre demokratisch gewählten Volksvertreter vor Aufgaben des Abwägens von Sicherheit versus Eingriffe in Grundrechte, wie beispielsweise das Recht auf die informationelle Selbstbestimmung. Die deutschen Sicherheitsbehörden waren im Fall Anis Amri (siehe die ausführliche Fallanalyse oben) rechtlich, personell und organisatorisch nicht in der Lage, den bisher tödlichsten und blutigsten islamistisch-terroristischen Anschlag auf deutschem Boden zu verhindern. All die oben analysierten Fälle verdeutlichen die Dringlichkeit, aber auch die Problematik, islamistische Täter vor der Durchführung des Anschlages bzw. Attentates zu identifizieren und dadurch die Tat zu verhindern. *Ein* höchst problematisches Dilemma besteht augenblicklich in dem (zu) geringen Wissen über psychologische und soziale Parameter der Radikalisierungsprozesse islamistischer Attentäter. Der allgemein als „Terrorismus-Experte" anerkannte Marc Sageman, Psychologe und ehemaliger Mitarbeiter der CIA sagt dazu: *„Intelligence analysts know everything but understand nothing, while academics understand everything but know nothing"*[342]. Sinngemäß übersetzt sagt er damit, dass die Analysten der Nachrichtendienste die nachrichtendienstlich und offen beschafften Informationen und Daten zu Islamisten und potentiellen Attentätern vorliegen haben, ihnen allerdings Kompetenzen wissenschaftlicher Forschung fehlen. Die deutsche und europäische sicherheitspolitische Forschung dagegen hat die wissenschaftliche Kompetenz, aber keine bzw. kaum (nachrichtendienstlich beschaffte) Informationen und Daten zu Islamisten und potentiellen Attentätern. Hier muss daher ein Analysevakuum festgestellt werden, das ein erhebliches Sicherheitsrisiko darstellt und in der Vergangenheit bereits drastische Konsequenzen hatte. Der Zugang zu empirischen Daten von Terroristen, Salafisten und Islamisten ist für die wissenschaftliche Forschung in Deutschland und Europa äußerst beschränkt und so konzentrierte sie sich nach „9/11" nur auf sehr wenige ausgewählte Aspekte von Radikalisierungsfaktoren, wie beispielsweise sozioökonomische Faktoren. Auf Grund der augenblicklich und sicherlich auch in den nächsten Jahrzehnten vitalen Bedrohung freiheitlicher, demokratischer Staaten wie Deutschland durch den islamistischen Terrorismus muss die Analyse und Erforschung von Islamisten und islamistischen Attentätern einerseits organisatorisch und institutionell dringend modifiziert werden und andererseits muss die wissen-

---

342 *Sageman* 2014.

schaftliche Forschung andere Schwerpunkte im Bereich der Radikalisierungsforschung setzen. Auch zehn Jahre nach 9/11 kritisierte das US-amerikanische FBI, dass trotz der historischen Ereignisse des 11.9.2001 psychologische und sozialwissenschaftliche Forschung in Bezug auf die Radikalisierungsprozesse von islamistischen Tätern innerhalb der westlichen Sicherheitsbehörden demokratischer Staaten immer noch sehr limitiert ist.[343]

2.3 Änderungsbedarf

In Anbetracht der neuen Bedrohung durch den islamistischen Terrorismus müssen die Sicherheitsbehörden der Mitgliedsstaaten der Europäischen Union in folgenden Bereichen schnellstmöglich handeln:
- Abkehr von postheroischen Verwaltungsmentalitäten;
- Ressortübergreifende Bündelung von Ressourcen und Strukturen;
- Einschneidende Modernisierung der Führungsstrukturen, hin zu einem Zustand kurzer Entscheidungs- und Beschaffungswege, der Ausbildung und Ausrüstung;
- Änderung der Sicherheitsstrukturen, die immer noch dem Sicherheitsparadigma der Unterscheidung von innerer und äußerer Sicherheit des 20. Jahrhunderts folgen.[344]

Abschließend: Terrorismus muss und kann abgewehrt und bekämpft werden, er kann gesamtgesellschaftlich besiegt werden, wozu allerdings eine Interaktion und Kooperation zahlreicher staatlicher und nichtstaatlicher Akteure nötig ist.

---

343 FBI 2011.
344 *Goertz/Maninger* 2017.

Literaturverzeichnis

Ahrendt, H. The Origins of Totalitarianism; 1967.
Al-Kanadi, A. Der islamische Rechtsspruch über Musik und Gesang im Licht des Qur'an, der Sunnah und der übereinstimmenden Meinung unserer religiösen Vorfahren; 2004.
Amghar, S. Quietisten, Politiker und Revolutionäre: Die Entstehung und Entwicklung des salafistischen Universums in Europa; in: Said, B./Fouad, H. (Hrsg.): Salafismus. Auf der Suche nach dem wahren Islam, S. 381-410; 2014.
Archetti, C. Terrorism, Communication and New Media: Explaining Radicalization in the Digital Age; In: Perspectives on Terrorism, 9/1, Februar 2015, S. 49-59; 2015.
Aronson, E./Wilson, T./Akert, R. Sozialpsychologie; 6. Aufl. 2008.
Ashworth, S./Clinton, J./Meirowitz, A. Design, Inference, and the Strategic Logic of Suicide Terrorism; in: American Political Science Review. Vol. 102, No.2, S. 269-273; 2008.
Auchter, T./Büttner, C. Der 11. September. Psychoanalytische, psychosoziale und psychohistorische Analysen von Terror und Trauma; 2003.

Bakker, E. Jihadi terrorists in Europe their characteristics and the circumstances in which they joined the jihad: an exploratory study. Netherlands Institute of International Relations; 2006.
Bakker, E./de Graaf, B. Lone Wolves, how to prevent this phenomenon? International Centre for Counter-Terrorism Den Haag 2006.
Baran, Z. Fighting the War of Ideas, in: Foreign Affairs, 84/6; S. 68-78; 2005.
Bartlett, J./Miller, C. The Edge of Violence: Towards Telling the Difference between Violent and Non-violent Radicalization; in: Terrorism and Political Violence, 24/1, S. 1-21; 2012.
Bayerisches Staatsministerium des Innern, für Bau und Verkehr, Verfassungsschutz Salafismus. Prävention durch Information. Fragen und Antworten; BSI 2015.
Bergen, P./Pandey, S. The Madrassa Scapegoat. The Center for Strategic and International Studies and the Massachusetts Institute of Technology/The Washington Quarterly, 29/2 S. 117–125; 2006.
Behrens, C./Goertz, S. Islamistischer Terrorismus. Radikalisierungsprozesse von islamistischen Einzeltätern und die aktuelle Analyse durch die deutschen Sicherheitsbehörden; in: Kriminalistik 11/2016, S. 686-693; 2016.
Böllinger, L. Die Entwicklung zu terroristischem Handeln als psychosozialer Prozess; in: Kriminologisches Journal, 34/2, S. 116-123; 2002.
Borum, R. Radicalization into violent extremism II: A review of conceptual models and empirical research, in: Journal of Strategic Security, 4/4, 2011, S. 37-62; 2011.
Brachman, J. Global Jihadism, Theory and Practice; 2009.

Bundesamt für Verfassungsschutz Reaktionen von Jihadisten und Rechtsextremisten auf den Anschlag in Berlin am 19. Dezember 2016; 2017.
Bundesamt für Verfassungsschutz Islamismus. Glossar. https://www.verfassungsschutz.de/de/service/glossar/_I; 17.1.2017.
Bundesamt für Verfassungsschutz Islamistischer Terrorismus. Glossar. https://www.verfassungsschutz.de/de/service/glossar/_II; 17.1.2017.
Bundesamt für Verfassungsschutz Bedeutung der Migrationsbewegungen nach Deutschland aus der Sicht des Bundesamtes für Verfassungsschutz; 16.2.2016.
Bundesamt für Verfassungsschutz Thema 1, BfV-Newsletter Nr. 3/2016.
Bundesamt für Verfassungsschutz BfV-Schlaglicht, 12/2016.
Bundesamt für Verfassungsschutz Verfassungsschutzbericht 2015; BfV 2016a.
Bundesamt für Verfassungsschutz BfV-Schlaglicht, 8/2016; 2016b.
Bundesamt für Verfassungsschutz Thema 6 Individueller „Jihad", BfV-Newsletter Nr. 1/2013.
Bundesamt für Verfassungsschutz Salafistische Bestrebungen in Deutschland; 2012.
Bundesnachrichtendienst Islamistischer Terrorismus. http://www.bnd.bund.de/DE/Themen/Lagebeitraege/IslamistischerTerrorismus/IslamistischerTerrorismus_node.html; 17.1.2017.
Bundeskriminalamt/Bundesamt für Verfassungsschutz Analyse der Radikalisierungshintergründe und -verläufe der Personen, die aus islamistischer Motivation aus Deutschland in Richtung Syrien oder Irak ausgereist sind; 2016.
Bundesministerium des Innern Verfassungsschutzbericht 2015, Vorwort des Bundesministers des Innern Dr. Thomas de Maizière; 2016.
Bundesministerium der Justiz und für Verbraucherschutz Behördenhandeln um die Person des Attentäters vom Breitscheidplatz Anis AMRI Dokumentation; 16.1.2017.
Bundesministerium für Familie, Senioren, Frauen und Jugend Abschlussbericht des Bundesprogramms „Initiative Demokratie stärken"; 2014.
Bundesregierung Strategie der Bundesregierung zur Extremismusprävention und Demokratieförderung; 2016.
Buijs, F./Demant, F./Hamdy, A. Home grown warriors: Radical and democratic Muslims in the Netherlands; Amsterdam University Press 2006.

Ceylan, R./Kiefer, M. Salafismus. Fundamentalistische Strömungen und Radikalisierungsprävention, Wiesbaden, S. 71-91; 2013.
Clark, R./Cornish, D. Modeling Offenders' Decisions: A Framework for Research and Policy; in: Tonry, M./Morris, N. (Hrsg.): Crime and Justice: An Annual Review of Research; 1985.
Crenshaw, M. Explaining Terrorism. Causes, Processes and Consequences; 2010.
Coolsaet, R. Jihadi Terrorism and the Radicalisation Challenge. European and American Experiences; 2012.
Cook, D. Contemporary Muslim Apocalyptic Literature; 2005.

Cottee, S. Jihadism as a Subcultural Response to Social Strain: Extending Marc Sageman's „Bunch of Guys" Thesis. Terrorism and Political Violence, 23, S. 730-751; 2011

Crayton, J. Terrorism and the Psychology of the Self, S. 33-41; in: Freedman, L./Alexander, Y. (Hrsg.): Perspectives on Terrorism; 1983.

Dalgaard-Nielsen, A. Violent radicalization in Europe: what we know and what we do not know, in: Studies in conflict and terrorism, Nr. 33, S. 797-814; 2010.

DeAngelis, T. Understanding terrorism. American Psychological Association 40/10, http://www.apa.org/monitor/2009/11/terrorism.aspx; 30.12.2016.

Deutsche Islam Konferenz Initiative „Gemeinsam gegen gesellschaftliche Polarisierung". Eckpunkte einer Förderung der Prävention von gesellschaftlicher Polarisierung in der Jugendarbeit; 2013.

EUROPOL 211-terrorist-attacks-carried-out-eu-member-states-2015 https://www.europol.europa.eu/content/211-terrorist-attacks-carried-out-eu-member-states-2015-new-europol-report-reveals; 17.1.2017; EUROPOL 2016a.

EUROPOL https://www.europol.europa.eu/content/european-union-terrorism-situation-and-trend-report-te-sat-2016, S. 22; 17.1.2017; EUROPOL 2016b.

EUROPOL https://www.europol.europa.eu/newsroom/news/islamic-state-changing-terror-tactics-to-maintain-threat-in-europe; 3.1.2017; EUROPOL 2016c.

EUROPOL https://www.europol.europa.eu/content/changes-modus-operandi-islamic-state-terrorist-attacks; 17.1.2017; EUROPOL 2016d.

Escales, R. Initialexplosivstoffe; 2002.

Fair, C./Shepherd, B. Who supports terrorism? Evidence from Fourteen Muslim Countries; in: Studies in Conflict&Terrorism. Vol. 29, No. 1, S. 51-74; 2014.

Farschid, O. Salafismus als politische Ideologie, S. 160-192; in: Behnam T./Hazim, F. Hrsg.): Salafismus. Auf der Suche nach dem wahren Islam; 2014.

Frankfurter Allgemeine Zeitung Anschläge von Madrid in Deutschland geplant? 13.6.2004.

Federal Bureau of Investigation Perspective Radicalization of Islamist Terrorists in the Western World, https://leb.fbi.gov/2011/september/perspective-radicalization-of-islamist-terrorists-in-the-western-world; 7.1.2017.

Fend, H. Entwicklungspsychologie des Jugendalters; 2003.

Fischer, P./Haslam, A. „If you wrong us, shall we not revenge?" Social identity salience moderates support for retaliation in response to collective threat; in: Group Dynamics: Theory, Research, and Practice, 14/2, S. 143-150; 2010.

Fox, J./Sandler, S. The Question of Religion and World Politics; in: Terrorism and Political Violence. Vol. 17, No. 3, S. 293-303; 2005.

Friedrich, C./Brzezinski, Z. Totalitarian Dictatorship and Autocracy. New York/Washington/London: Harvard University Press; 1966.

Literaturverzeichnis

Gartenstein-Ross, D./Goodman, J./Grossman, L. Terrorism in the West 2008: A Guide to Terrorism Events and Landmark Cases; http://www.defend democracy.org/content/uploads/documents/Terrorism_in_the_West_Final_Report.pdf; 8.1.2017.

Gartz, J. Vom griechischen Feuer zum Dynamit – eine Kulturgeschichte der Explosivstoffe; 2007

Gelb, A./Clark, J. Identification for Development: The Biometrics Revolution; 2013.

Goertz, S. Islamistischer Terrorismus. Die Gefährdungslage durch islamistischen Terrorismus; in: Kriminalistik 1/2017, S. 10-15; 2017.

Ders. Der „Islamische Staat" und seine asymmetrische Strategie gegen westliche Demokratien; in: Sicherheit + Frieden 1/2017, S. 41-46; 2017.

Ders. Cyber-Jihad; in: Die Kriminalpolizei 4/2016, S. 26-30; 2016.

Ders. Die Streitkräfte demokratischer Staaten in den Kleinen Kriegen des 21. Jahrhunderts; 2012.

Goertz, S./Goertz-Neumann, M. Prävention von islamistischer, salafistischer und jihadistischer Radikalisierung in Deutschland: Staatliche Maßnahmen und Programme; in: Polizei & Wissenschaft 2/2017, S. 2-13; 2017.

Goertz, S./Maninger, S. „I-Krieg": Die Individualisierung von Krieg und ihre Bedeutung in asymmetrischen Konflikten; in: Österreichische Militärische Zeitschrift 1/2017, S. 56-60; 2017.

Goertz, S./Maninger, S. Der Islamische Staat als Bedrohung für Europa; in: Polizei und Wissenschaft, Ausgabe 3/2016, S. 29-43; 2016.

Gontier, T. From political theology to political religion: Eric Voegelin and Carl Schmitt; in: Review of Politics 75/2013, S. 25-43.

Gurr, R. Why men rebel, 2012.

Halliday, F. State and Society in International Relation: Banks, M./Shaw, M. (Hrsg.): State and Society in International Relations, S. 191-209; 1991.

Halm, H. Der Islam. Geschichte und Gegenwart; 2014.

Haykel, B. On the Nature of Salafi Thought and Action; in: Meijer, R. (Hrsg.): Global Salafism; 2009.

Hegghammer, T. Jihadi-Salafis or Revolutionaries? On Religion and Politics in the Study of Militant Islamis; in: Meijer, R. (Hrsg.): Global Salafism, Islam's New Religious Movement; 2009.

Heerlein, A. Salafistische Moscheen: Ort des Gebets oder eine Brutstätte für dschihadistische Muslime? In: K. Hummel/M. Logvinov (Hrsg.), Gefährliche Nähe: Salafismus und Dschihadismus in Deutschland, S. 155-182; 2014.

Hewitt, C. Understanding Terrorism in America. From the Klan to Al Qaeda; 2003.

Holbrook, D. Using the Qur'an to justify Terrorist Violence: Analysing Selective Application of the Qur'an in English-Language Militant Islamist Discourse; in: Perspectives on Terroris. Vol. 4, Nr. 3, S. 15-28; 2010.

Horgan, J. The Psychology of Terrorism; 2014.

Ders. From Profiles to Pathways and Roots to Routes: Perspectives from Psychology on Radicalization into Terrorism; in: The Annals of the American Academy of Political and Social Science, Nr. 618, S. 80-94; 2008.

Ders. The Search for the Terrorist Personality, in: *Silke, A.* (Hrsg.): Terrorists, Victims and Society: Psychological Perspectives on Terrorism and its Consequences; 2003.

Hudson, R. The Sociology and Psychology of Terrorism: Who becomes a terrorist and why? 1999.

Hummel, K./Kamp, M./Spielhaus, R. Herausforderungen der empirischen Forschung zu Salafismus. Bestandsaufnahme und kritische Kommentierung der Datenlage. HSFK-Report Nr. 1/2016.

Innenministerium des Landes Nordrhein-Westfalen, Verfassungsschutz Salafismus – Entstehung und Ideologie; LfV NRW 2009.

Innenministerkonferenz Beschlüsse 6/2016; http://www.innenministerkonferenz.de/IMK/DE/termine/to-beschluesse/2016-06-15_17/beschluesse.pdf;jsessionid=F61B6B543266846A8E3BE3EB92DADD5C.2_cid382?__blob=publicationFile&v=; 20.11.2016.

Izutsu, T. The Concept of Belief in Islamic Theology; 2006.

Jones, D./Smith M. Sacred Violence: Political Religion in a Secular Age; 2014.

Juergensmeyer, M. Terror im Namen Gottes. Ein Blick hinter die Kulissen des gewalttätigen Fundamentalismus; 2003.

Juergensmeyer, M. Sacrifice and Cosmic War; in: Juergensmeyer, Mark (Hrsg.): Violence and the Sacred in the Modern World. London; 1992.

Kaplan, J. Leaderless Resistance, in: Terrorism and Political Violence, Vol. 9, No. 3, S. 80-95; 1997.

Keohane, R./Nye, J. Transnational Relations and World Politics; in: International Organization, Vol. 25, No. 3; 1971.

Khalfaoui, M. Das Frauenbild der geistlichen Anleitung der Attentäter des 11. September 2001. Brechen die Islamisten mit dem traditionellen Frauenbild des Islam? In: Zeitschrift für junge Religionswissenschaft 1, S. 7-17; 2006.

Khosrokhavar, F. Suicide Bombers. Allah's New Martyrs; 2005.

Kippenberg, H./Seidensticker, T. Terror im Dienste Gottes. Die geistliche Anleitung der Attentäter des 11. September 2001; 2004.

Knutson, J. Social and Psychodynamic Pressures Toward a Negative Identity, S. 105-152; in: Alexander, Y./Gleason, J. (Hrsg.): Behavioral and Quantitative Perspectives on Terrorism; 1981.

Korteweg, R. Background contributing factors to terrorism; in: Ranstorp, M.: Understanding Violent Radicalisation: Terrorist and jihadist movements in Europe; 2010.

Krech, V. Opfer und Heiliger Krieg. Gewalt aus religionswissenschaftlicher Sicht; in: Heitmeyer, Wilhelm/Hagen, John (Hrsg.): Internationales Handbuch für Gewaltforschung; 2002.

Kushner, H. Encyclopedia of Terrorism; 2003.

Künzl, J. Islamisten – Terroristen oder Reformer?; 2008.

Lambert, R. Empowering Salafis and Islamists against Al-Qaeda: A London Counterterrorism Case Study, in: Political Science and Politics 41/4, 2008, S. 31-35; 2008.

Landesamt für Verfassungsschutz Hessen Salafistische Bestrebungen in Hessen; 2014.

Lemieux, A./Nill, R. The Role and Impact of Music in Promoting (and Countering) Violent Extremism; in: Fenstermacher L./Leventhal, T. (Hrsg.): Countering Violent Extremism: Scientific Methods and Strategies, AF Research Laboratory, 2011, S. 147-157; 2011.

Lia, B. Al-Suri's doctrine for decentralizing Jihadi training – part 1; in: Terrorism, Monitor, 5(1); 2007.

Lohlker, R. Dschihadismus. Materialien; 2009.

London Assembly Report of the 7 July Review Committee; Juni 2006.

Lohmann, A. Who owns the Sahara? Old Conflicts, New Menaces. Mali and the Central Sahara between the Tuareg, Al Qaida and Organized Crime; 2011.

Lützinger, S. Die Sicht der Anderen – Eine qualitative Studie zu Biographien von Extremisten und Terroristen; BKA 2011.

Maher, S. Salafi-Jihadism. The History of an Idea; 2016.

Makarenko, T. The crime terror continuum: Tracing the interplay between transnational organised crime and terrorism; in: Global Crime 6, No. 1, S. 129-145; 2004.

Mandel, D. Radicalisation, What does it mean? In: Pick, Thomas/Speckhard, Anne, Homegrown Terrorism: Understanding the root causes of radicalization among groups with immigrant heritage in Europe; 2009.

Mannheim, K. From Karl Mannheim with an Introduction by Volker Meja and David Kettler. New Jersey: Transaction Publishers; 1993.

McCauley, C./Moskalenko, S. Mechanisms of political radicalization: Pathways toward terrorism, in: Terrorism and Political Violence, 20/3, S. 415-433; 2008.

Merari, A. Social, Organizational and Psychological factors in Suicide Terrorism; in: Bjorge, T. (Hrsg.): Root Causes of Terrorism. Myths, Reality and Ways Forward; 2005.

Meijer, R. Global Salafism – Islam's New Religious Movement; 2009.

Meijer, R. Taking the Islamist Movement Seriously: Social Movement Theory and the Islamist Movement, in: IRSH, 50/2005, S. 279-291; 2005.

Moghaddam, F. The Staircase of Terrorism: A Psychological Exploration; in: American Psychologist, 60/2, 2005, S. 161-169; 2005.

Ministerium für Inneres und Kommunales des Landes Nordrhein-Westfalen Verfassungsschutzbericht 2014; MIK NRW 2015.

Ministerium für Inneres, Digitalisierung und Migration des Landes Baden-Württemberg Verfassungsschutzbericht 2011; MIDM BaWü 2012.

Mullins, S. Iraq versus lack of integration: understanding the motivations of contemporary Islamist terrorists in Western countries. Behavioral Sciences of Terrorism and Political Aggression, Vol. 1, S. 1-24; 2010.

Naylor, R. Wages of Crime: Black Markets, Illegal Finance, and the Underworld Economy; 2002
Nedza, J. Salafismus – Überlegungen zur Schärfung einer Analysekategorie, S. 80-105; in: Said, B./Fouad, H.: Salafismus. Auf der Suche nach dem wahren Islam; 2014.

N-TV Terror-Anschläge von Madrid. Polizist verkabelte Handys. 22.8.2005. http://www.n-tv.de/politik/Polizist-verkabelte-Handys-article156575.html; 2015.
Nell, V. Cruelty's rewards: The gratification of perpretrators and spectators; in: Behavioral Brain Sciences, Nr. 29, S. 211-257; 2006.
Nesser, P./Stenersen, A. The Modus Operandi of Jihadi Terrorists in Europe; in: Perspectives on Terrorism, 8/6, Dezember 2014, S. 2-24.
Nesser, P. Jihad in Europe: recruitment for terrorist cells in Europe; in: Bokhari, L.: Paths to Global Jihad. Radicalization and Recruitment to Terror Networks; 2006.
Niedersächsisches Ministerium für Inneres und Sport. Verfassungsschutz Verfassungsschutzbericht 2014.
Nölke, A. Transnationale Akteure; in: Masala, C./Sauer, F./Wilhelm, A. (Hrsg.): Handbuch der Internationalen Politik, S. 395-402; 2010.

Omayma, A. Trends in Salafism; in: Emerson, M. (Hrsg.): Islamist Radicalization, S. 68-71; 2006

Pahl, J. Gewalt durch religiöse Gruppen; in: Heitmeyer, Wilhelm/Hagen, John (Hrsg.): Internationales Handbuch der Gewaltforschung, S. 406-408; 2002.
Post, J. Current Understanding of Terrorist Motivation and Psychology: Implications for a Differentiated Antiterrorist Policy; in: Terrorism, 13/1, 1990, S. 65-71.
Pearlstein, R. The Mind of the Political Terrorist; 1991.
Pantucci, R./Ellis, C./Chaplais, L. Lone-Actor Terrorism: Literature Review. Countering Lone-Actor Terrorism Series No. 1, RUSI Occasional Paper, Dezember 2015.

Roex, I. Should we be scared of all Salafists in Europe? A Dutch Case Study; in: Perspectives on Terrorism, 8/3, S. 51-63; 2014.
Rapoport, D. Some General Observations on Religion and Violence; in: Juergensmeyer, M. (Hrsg.): Violence and the Sacred in the Modern World. London. S. 118-140; 1992.
Roy, O. Al Qaeda in the West as a Youth Movement: The Power of a Narrative. CEPS Policy Briefs No. 168, 28.8.2008.
Ders. Der islamische Weg nach Westen – Globalisierung, Entwurzelung und Radikalisierung; 2006.
Ders. Globalised Islam: The search for a new Ummah; 2004.

Rubin, A. Lawmakers in France move to vastly expand surveillance; in: The New York Times, 5.6.2016; http://www.nytimes.com/2016/05/06/world/europe/french-legislators-approve-sweeping-intelligence-bill.html?_r=0; 1.12.2016.

Sageman, M. Misunderstanding Terrorism; 2017.
Ders. The stagnation in terrorism research; in: Terrorism and Political Violence, 26, S. 565-580; 2014.
Ders. Understanding terror networks. Philadelphia: University of Pennsylvania Press; 2004.
Seidensticker, T. Islamismus. Geschichte, Vordenker, Organisationen; 2. Aufl. 2015.
Senatsverwaltung für Inneres und Sport, Berlin, Verfassungsschutz Salafismus als politische Ideologie; SIS Berlin 2014.
Senatsverwaltung für Inneres und Sport, Berlin, Verfassungsschutz Salafismus als politische Ideologie. Berlin, 2014, S. 17-58; SIS Berlin 2014.
Shelley, L. Dirty Entanglements. Corruption, Crime and Terrorism; 2014.
Silber, M./Bhatt, A. Radicalization in the West: The Homegrown Threat; NYPD Intelligence Division 2007.
Silke, A. Research on Terrorism: Trends, Achievements, Failures; 2004.
Ders. Cheshire-cat logic: The recurring theme of terrorist abnormality in psychological research. Psychology, Crime & Law, 4(1), S. 51-69; 1998.
Schmid, A. (Hrsg.) The Routledge Handbook of Terrorism Research; 2011.
Schmid, A./Jongman, A. Political Terrorism. A new gide to actors, authors, concepts, data bases, thories and literature; 2005.
Spielhaus, R. Vom Migranten zum Muslim und wieder zurück – Die Vermengung von Integrations- und Islamthemen in Medien, Politik und Forschung; in: Halm, D./Meyer, H. (Hrsg.): Islam und die deutsche Gesellschaft, S. 169-194; 2013.
Steinberg, G. Wer sind die Salafisten? Zum Umgang mit einer schnell wachsenden und sich politisierenden Bewegung; Stiftung Wissenschaft und Politik 2012.
Stewart, S./Burton, F. Lone Wolf Disconnect; https://www.stratfor.com/weekly/lone_wolf_disconnect; 30.1.2008.

Taarnby J. Recruitment of Islamist Terrorists in Europe: Trends and perspectives; Centre for Cultural Research University of Aaarhus 2005.
Tilly, C. Terror, Terrorism, Terrorists; in: Sociological Theory. 22/1, 2004, S. 5-13; 2004.
Thompson, E. Trust is the Coin of the Realm Lessons from the Money Men in Afghanistan; 2011.

United Nations Report on Foreign Fighters, New York; 2015.
US Department of the Army Field Manual 3-60, the Targeting Process, Headquarters, Washington DC; USDA 2010.
US Intelligence Council Global Trends 2013: Alternative Worlds, Washington D.C., US Director of National Intelligence, Dezember 2012.

US White House National Security Strategey 2015; https://www.white house.gov/sites/default/files/docs/2015_national_security_strategy.pdf; 14.12.2016.

Venhaus, J. Why Youth Join al-Qaeda; Washington D.C., United States Institute of Peace 2010.

Venkatraman, A. Religious Basis for Islamic Terrorism (2007): The Quran in its interpretation; in: Studies in Conflict & Terrorism. Vol. 30/Nr. 3, S. 229-248, 2007.

Victoroff, J. The Mind of the Terrorist. A Review and Critique of Psychological Approaches, in: Journal of Conflict Resolution, Nr. 49, S. 3-42, 2005.

Voelz, G. The Rise of iWar: Identity, Information, and the Individualization of Modern Warfare. Carlisle Barracks, Strategic Studies Institute; 2015.

Voegelin, E. The New Science of Politics: An Introduction; 1987.

Wagemakers, J. A Quietist Jihad. The Ideology and Influence of Abu Muhammad al-Maqdisi, 2012.

West Africa Commission on Drugs Not Just in Transit. Drugs, the State and Society in West Africa. http://cic.nyu.edu/sites/default/files/wacd_english_web_version.pdf; 1.12.2016; WACOD 2014.

White, R. Political Violence by the Nonaggrieved. Explaining the political participation of those with no apparent grievances; in: Della Porta, D. (Hrsg.): Social Movements and Violence, S. 79-103; 1992.

Wiktorowicz, Q. Anatomy of the Salafi Movement; in: Studies in Conflict and Terrorism, (29), S. 207-239; 2006.

Ders. Radical Islam rising: Muslim extremism in the West; 2005.

Ders. The Management of Islamic Activism. Salafis, the Muslim Brotherhood, and State Power in Jordan; 2001.

Wilner, A. S./Dubouloz, C.-J. Transformative Radicalization: Applying Learning Theory to Islamist Radicalization; in: Studies in Conflict & Terrorism, 34, S. 418-438; 2011.

ZDF Auslandsjournal 25.11.2015; http://www.zdf.de/auslandsjournal/frankreichs-anti-terror-einheit-raid-auslandsjournal-vom-25.-november-2015-41139620.html;17.1.2017.

Zuijdewijn, J. de Roy van/Bakker, E. Lone-Actor Terrorism. Policy Paper 1: Personal Characteristics of Lone-Actor Terrorists; 2016.

Stichwortverzeichnis

11.9.2001 1
Abdalwahhab 46
Abdullah Assam 42, 46
Abgrenzungssemantik 56
Abschiebehaft 158
Absolutheitsanspruch 13
Abu Muhammad Al-Adnani 74
Abu Walaa 136
– Prediger 123, 135, 138
Acetonperoxyd 99, 108
Afghanistan 27, 30, 34
Afrika 28
Ägypten 132
Aiman Al Zawahiri 105
Ajnad 75
Akincilar 102
Akteure 28, 30
Akteursanalyse 2
Aktivisten 62
Al-Albani 19
Al Bakr 1
Al-Bayan Radio 75
Al-Furqan 75
Al-Hayat Media Center 75
Alkohol 134
Allah 13, 17, 43, 54, 82
Al Maqdisi 45
Al Qaida 21, 22, 24, 26, 27, 28, 90, 95, 100, 156
Al-Shabab 21
Al Suri 45
Al Uyayri 45
Al Wahhab 42
Amaq 76
A' maq News Agency
– IS 73
AMOK-Lagen 92
amorph 21, 22
Amputation 71

Analysefrage 40
Analysefragen 162
Analysekriterien 6
Anashid
– Nashid 69
Angst und Schrecken 29
Anhänger des Islamischen Kalifats 122
Anis Amri 1, 9, 73
Anomalien 35
Ansbach 3, 4, 74
Anschlag 1, 38
Anschlags- bzw. Attentatspläne 93
Anschlagsziele 9
Anwendungsbereich der Überwachung 158
APEX 99
Apokalypse 47
apokalyptisch 47, 52
AQIM 28
Arabellion
– der arabische Frühling 153
archaisch 41
asymmetrisch 154
Atheisten 41
Atocha 95
Atomkraftwerk 114
Attentat 1, 38
Attentäter 90
Aufenthaltsbeendigung 136
Aufenthaltserlaubnis 124
Ausländerbehörde 138
Ausnahmezustand 125
Ausreisegewahrsam 159
Ausreiseplanung 3
Austausch 1
Australien 28
Ausweisdokumente 4

Automatisiertes Fingerabdruck-
  identifizierungssystem
– AFIS 136
autonome Kleinstgruppen 90
Autoritätsperson 171
Axt 92

Balkan 27
BAMF 140
Behördenhandeln um die Person
  des Attentäters vom Breitscheid-
  platz Anis Amri 133
Bekennervideo 71
Belgien 86
Benefizveranstaltungen 165
Beratungsstelle Radikalisierung
– BAMF 148
Berlin 3, 4, 74, 86
Berliner Senatsverwaltung 156
Betonklotz 72
Bewährungsstrafe 104, 113, 125
Bezugsgruppe 42
Bildungsniveau 36
biographisch 154
biographische Kenntnisse 34
Biometric Residence Permit 152
biometrisch 154
BKA 132
BND 7, 132
Bosnien 27
Botschaft 130
Buddhisten 41
Bulgarien 130
Bundesamt für Migration und
  Flüchtlinge
– BAMF 138
Bundesamt für Verfassungsschutz
  4, 18, 34, 61, 65, 85, 86, 93
Bundesjustizminister 133
Bundeskriminalamt 34, 65
– BKA 136
Bundesminister des Innern 85
Bundesministerium des Innern 60
– BMI 128

Bundesministerium für Familie,
  Senioren, Frauen und Jugend
  150
Bundesnachrichtendienst 23
Bundespolizist 3
Bundesregierung 144, 150
Bürgerkrieg 41

CASA 134
Chatgruppe 121
Chatkontakt 129
Christen 41, 44
Copycat 117, 170

Dabiq 167
Daleel 1
Dänemark 86
Dar Al-Islam 72
das Böse 48
das politische System 14
Daten 4
Datenverarbeitungs- bzw.
  Informationsmanagement-
  aufgabe 154
Dawa 19, 20, 23, 64, 65, 82, 165
Debatte 31
Definition 6
De-Individualisierung 54, 164
Demokratie 2, 31
Demokratieprinzip 19
demokratie- und freiheitsfeindliche
  Einstellungen 145
demokratischer Rechtsstaat 19
demokratisches Verfassungs-
  system 29
Denkschule 16
Deprivation 35
der Islamische Staat 28
der soziale Nahbereich 2, 93
der soziale Nahraum 53
der wahre Islam 16
der wahre Muslim 48
Detektion 143
Detonation 121

deutsche Verfassungsschutz-
  behörden 21
Deutschland 1, 86, 96
Deutschsprachiger Islamkreis
– DIK 135
dezentral 26
DGST
– marokkanischer Nachrichten-
  dienst 132
diametral 105
Diaspora-Communities 30
Dichotomie 18, 40, 41
die Anderen 41, 48
die frommen Altvorderen 16
die Gefährten 22
Die Linke 130
die rechtschaffenen Altvorde-
  ren 17, 22
die Ungläubigen 41
die wahren Muslime 50
din wa daula 14, 15
Diskriminierung 35
Ditib 59
Diyanet 59
DNA 114
dogmatisch 16
Dogmen
– Dogma 39
Doktrin 39, 45
Dokumentenanfrage 134
Dr. Hans-Georg Maaßen 4
dualistisch 63
Dunkelziffer 3
Durchlauferhitzer 39, 122
DWR 62
– die wahre Religion 60
– LIES! 122
dysfunktional 36

Echtzeitvernetzung und -analyse
  154
Einschüchterung 68
Einwanderergeneration 29
Einzelpersonen 16

Einzeltäter 5, 89, 121
elektronische Aufenthaltsüberwachung 158
emotional 66
Empathie 54
empirisch 33
Entmenschlichung 55
Eric Voegelin 45
Erklärungs- und Indoktrinierungs-
  muster 145
Erweckung 41
Essen 4, 121, 122
ethnisch 5, 28
europäische Sicherheitsbehörden
  4
Europäische Union 1, 92
EUROPOL 85
exklusiver Absolutheitsanspruch
  163
Exklusivitätsanspruch 42
Extremismus 11, 15, 22
Extremismusforschung 20
extremistisch 14, 20

Falschidentitäten 156
FdGO 1, 15
Feind 54
feindliche Kombattanten 152
first hit 92
fitna 44
Fixierung auf das Jenseits 166
Flüchtling 127
Flüchtlinge und Migranten 155
Flüchtlingskrise 4
Flüchtlings- und Migranten-
  erfassung 156
Flüchtlings- und Migrations-
  bewegung 156
Fluggastdatenspeicherung 159
Flughafen 3, 128
Flughafen Köln/Bonn 108
Flugzeugträger 111
foreign fighters 3
forensisch 154

Frankreich 86
Freiheit 2, 31
Freund-Feind-Denken 41, 163
Freund-Feind-Schema 55
Frühphase 145
Fundamentalismus 39
fundamentalistisch 22
Fußfessel 158
Fussilet 33 155

game changer 110
ganzheitliche Prävention 143
Gefährder 4, 117, 158
Gefährder NRW 136
Gefährten 22
Gefechts- und Hinrichtungsvideos 68
Gefechtswert 3, 93, 112
Gegenmaßnahmen 2
Geisteshaltung 16
Gelsenkirchen 121, 122
Gemeinsames Terrorismusabwehrzentrum
– GTAZ 139
Generalstaatsanwaltschaft 139
gescheiterte Staaten 27, 29
Geschlechterdiskriminierung 48, 163
gesellschaftliche Ordnung 163
Gesellschaftsordnung 24
Gewalt 12, 15
gewaltbereit 32, 116
Gewaltenteilung 14
gewalttätig 32
giftige Flüssigkeiten 72
Glaubenssysteme 39
Glaubens- und Ordnungssysteme 50
Gleichberechtigung 14
Gleichheit 2, 31
Gliedmaßen 14
global 23
Globalisierung 29, 42
Gottesstaat 14

gottgewollt 15
Götzendiener 43
grenzüberschreitend 28
Großanschläge 9, 90
große Menschenmengen 167
großer Jihad 43
Gruppe 54
Gruppen 16
gruppendynamisch 63
Gruppenidentität 39
GSG 9 86

Hadd-Strafen 14, 15
Hadithen 13, 45, 49
Hanbal 42
Hanbalismus 42, 49
Handstreich- und Hinterhaltstaktiken 93
Hannah Ahrendt 45
Hannah Arendt 45
Hannover 3, 4, 111
Harald Weinberg
– Die Linke 130
Heiko Maas 133, 157
heiliger Kampf 40
heiliger Krieg 40, 50
Herkunftsstaaten 158
Herrscher 44
Heterogenität 5
Hinterhofmoscheen 56
Hit-Teams 90, 93
homegrown 24, 29, 34, 90, 93, 99, 161
hot spots 41
Huris 48
hybrid 21, 22, 121

identifizieren 172
Identität 9, 49, 133
Identitätsdokumente 9
Identitätsfeststellung 153, 157
Identitätsfindungsphase 62, 155
Identitätsnachweis 152

Ideologe 46, 68
Ideologie 2, 13 ff., 23, 30 ff., 39
ideologisch 23, 27
Ikonographie 52
Imame 64
Individualisierung 154
Individualität 14
individueller Jihad 89
Individuum 37
Indoktrinierung 55
industrieller Sprengstoff 168
Informationen 4
Inlandsnachrichtendienst 24, 99
Innenministerium 100
Innere Sicherheit 7
Inspire 167
INSPIRE
– IS 74
international 26, 29
internationale Jihadisten 33
internationale jihadistische
 Bewegungen 21
Internationale Zusammenarbeit
 145
Internet 99
Internetpropaganda 151
Intervention 145
Irak 3, 4, 30, 34
Islam 15, 41, 42, 45
islamisch 22
islamische Rechtsschulen 17
Islamischer Staat (IS) 2, 22, 30,
 72 ff., 82, 89 f., 127, 129, 153
Islamismus IX, 1, 6, 7, 11, 12, 14,
 23, 144
Islamist 1, 31, 93
islamistisch 14, 18, 29, 32
islamistische Einzeltäter 89 f.,
 93, 130
islamistischer Gefährder 139
islamistischer Terrorismus IX, 6, 7,
 24, 28, 29, 30, 44, 144
islamistische Terroristen 1, 31, 33
islamistisch-jihadistisch 3

islamistisch-salafistisch 42, 44
islamistisch-salafistische
 Ideologie 161
Islamseminare 55, 165
Islamwissenschaftler 12
IS Wölfe 73

Jabhat Al Nusra 21
Jabhat Fatah Al Sham 21
Jabr Al Bakr 86
Jamal Al Afghani 19
Jemen 104
Jihad 42, 46
Jihad-Gebiet 147
Jihadismus 20, 27, 45
Jihadist 21, 23, 39, 96
jihadistisch 22, 31, 32, 42, 46, 49
jihadistischer Salafismus 18, 20, 21
jihadistische Salafisten 20, 21
Jihad-Reisende 3
Jihad-Rückkehrer 4, 93
Juden 41, 44
jüdisch 123
Jugendliche 3, 146
Just Terror Tactics 83, 167

Kalaschnikows 111
Kalifat 30, 45
Kalifatinterpretation 163
Kampf 46
kämpfen 46
Kampferfahrung 3, 90
Kampfgebiet 3
Kampfpraxis 94
Kanada 28
Karl Mannheim 45
Kaukasus 27, 28
Kennverhältnisse 94
kinetisch 97
kinetische Wirkung 92
kleiner Jihad 43
kognitiv 32
Kombattant 30
Kommunikation 156

kommunikativer Akt 29
Koran 13, 17, 22, 42, 45, 46, 49
Koraninterpretation 14
körperliche Unversehrtheit 13
Körperverletzung 134
Kreuzzug 72
Krieg 41, 46
Krieg der Religionen 117
Kriegsführung 46
Kuffar 41, 50, 54, 163
kulturell 29

Lahouaiej 1
Landesamt für Verfassungsschutz 12, 18
Landeskriminalamt 136
Lastwagen 81
Lebenslaufanalysen 34
Legitimation 14
Legitimität 40
Leitfrage 2, 31
Leo Strauss 45
Literalismus 39
Literalsinn 51
LKW 72, 74, 124, 131
logistisch 38
lone wolves 88
lose Mitglieder
– Zelle(n) 89
low level-Terrorismus 89, 90

MAD 7
Madrid 94
Mahdi 47
Mali 105
Marginalisierung 35
marokkanisch 95
Marokko 95
Märtyrertod 69
Märtyrertum 57, 59
mediale Aufmerksamkeit 110
Mehrheitsgesellschaft 22, 35
Meinungsfreiheit 105
menschenrechtsverletzend 41

Menschenwürde 14
Messerstecherei 137
MI5 34
Migration 7
Migrationshintergrund 35, 93
Migrationsstrom 4
Milieu 2, 18, 28, 30, 52, 53
militant 37
Militanz 32
Minderheitenschutz 2, 31
minderjährig 121
minderjähriger Flüchtling
– unbegleiteter Flüchtling 134
missionarisch 18
Missionieren 55
missionierend 21
Missionierung 20, 23, 64
Moabit 155
Modi Operandi 9, 92, 168
Mögliche Anschlagsziele 90
Mögliche Modi Operandi 91
Mohammed 16, 22, 163
Mohammed Abdalwahhab 46
Mohammed Abdu 19
Mohammed B. 3
Mohammed Nasir Al-Din 19
Monitoring 145
Monotheismus 17
Mujahid 69
multikausal 35
multilingual 68
Multinationalität 29
multiples Szenario
– multiple Szenarien 86
multiple Szenarien 90
Multiple Szenarien 9
Mumbai 111
Muslime 12, 13, 16, 17, 18, 19
muslimisch 21, 27, 28

Nachrichtendienst 7
nachrichtendienstlich 111
Nagelbombe 112
Naher Osten 129

Naher und Mittlerer Osten   28
Nashid
– Anashid   69
Netzwerke   16
Netzwerkstruktur   29
Niederlande   111
Nihilismus   45
Nizza   72, 81, 125
Nordrhein-Westfalen
– NRW   138
Normen
– Norm   39

Observation   93, 99
Observierung   132
Offensive   43
öffentliche Einrichtungen von symbolischem Charakter
– Kirchen, Synagogen, Schulen, Universitäten   167
öffentliche Verkehrsmittel   167
Operation   72
Operationsberichte   76
Organisationen   16
Organisierte Kriminalität   27
Orts- und Häuserkampf   87, 93, 112
Osama bin Laden   110
Österreich   130

Pakistan   27
pakistanisch   98
Paradies   44
Paradiesjungfrauen   48
parallelgesellschaftlich   35
para-militärisch   90
pashtunisch
– Pashtu   127
Pass   4
Personenbereich   4
personenbezogene Daten   4
Personenpotenzial   61
Phänomenbereich   1, 6, 17, 22, 60
Plastiksprengstoff   99

Pluralität   14
Politische Bildung   145
politische Ordnung   15
politischer Salafismus   18, 21
politische Salafisten   20, 21, 23
politisch-salafistisches Spektrum   20
Polizei   7
Polizeikräfte   96
Polytheisten   43
Pop-Jihad   66, 83
Präsident des Bundesamtes für Verfassungsschutz   157
Prävention   143, 144
Präventionsarbeit   143
Präventionsprogramm
– „Wegweiser" NRW   123
Prediger   161, 165
Propaganda   166
Propagandaaktivitäten   20, 23
propagandistisch   18
prototypisch   96
Prozess   37
Prüffall Islamismus   123, 135, 140
psychologisch   31, 35, 41, 97
psychologische Hintergrundforschung   33
puristisch   18, 19
puristischer Salafismus   18, 19, 20
puristische Salafisten   20, 21
puristisch-quietistischer Salafismus   19

qualitativ   36
quantitativ   36
quietistisch   19

radikalisieren   31, 93
radikalisierend   18
radikalisiert   24, 29, 37
Radikalisierung   1, 2, 18, 31, 32, 33, 35, 41, 116, 162
Radikalisierungsangebote   147
Radikalisierungsdebatte   31

191

Radikalisierungsforschung 2, 31
Radikalisierungsprozess 31, 32, 35, 40, 144
Radikalisierungsverlauf 123
Ralf Jäger
- Innenminister NRW 132, 141
Rashid Rida 19
rational choice 26, 33
Rattengift 73
Realpolitik-Jihad 45
rechtliche Hürden 4
Rechtsordnung 13
Rekrutierung 18, 20, 23
Rekrutierungspotential 20
Rekrutierungs- und Sammelbecken 155
Religion 41, 42, 45, 48, 49
religiös 24, 29, 40
religiöse Normen 15
religiös-ideologisch 21, 29
religiös-politisch 14, 15, 20, 32, 40, 41
religiös-politische Ideologie 144, 162
religiös-politische Ziele 20, 29
religiös-theologisch 16
repressiv 143
Reserve 125
Residenzpflicht 157
Rettungskräfte 95
Rollenzwang 63
Rucksackbomber 97
Rumiyah 8, 167
- IS 81

sacred struggle 40, 49
Safia S. 3
Said Qutb 46
Säkularismus 14
Salafi 16
Salafismus IX, 1, 6, 7, 16, 18, 22, 23, 100, 144
Salafist 1, 17 f., 21 ff., 31, 41, 114
salafistisch 16, 17, 18, 22, 32, 45, 49
salafistisches Milieu 39
salafistische Strömungen 23
salafistisch-jihadistische Motivation 155
Salafiya 17, 19
Saudi-Arabien 45
saudi-arabisch
- Saudi-Arabien 130
Scherz 100
Schläfer 30
Schleswig-Holstein 86
schwache Staaten 29
Schwarz-Weiß-Denken 63
Schwertverse 43
Second Hit 92, 95
SEK 128
sekundäre Prävention 148
Selbstbestimmung 13
Selbstlaborate 91
Selbstmordattentat 68
Shaikh Muqbil Ibn Hadi Al-Wadi 19
Sharia 13, 17, 30, 163
Sharia4Belgium 114
Sheiks 64, 165
Sicherheitsbehörden 1, 3, 23, 140, 172
Sicherheitskonferenz 138
sicherheitspolitisch 24, 25
simultan 96
Simultanität 87
Sizilien 134
Skepsis 150
soft targets 90
Soldat des islamischen Staates 131
Somalia 27, 30
Souveränität Gottes 163
Sozialbetrug 133
sozialer Hintergrund 33
sozialer Nahbereich 99
sozial-psychologisch 26, 32
sozialwissenschaftlich 24, 26, 31, 32, 40

soziologisch 35, 36
sozio-ökonomisch 34
Spaß am Böllerbau 122
Spektrum 4
Spezialeinsatzkommando 121, 126
Sprengsätze 100
Sprengstoff 91, 93, 96
Sprengstoffexplosion 95, 96
Sprengstoffwesten/ -gürtel 91
staatsschutzrelevanter Tatvorwurf 141
Stereotypisierung 48
Strategie 25
strategisch 26, 29
strategisch-taktisch 22
Street Dawa 62
subkulturell 35
subsidiärer Schutz 130
Sunna 17, 22, 45, 49
sunnitisch 17
Sympathisant 156
Syrien 3, 4, 29, 34, 96
syrisch 129
Szene 3, 16

Taktik VIII, 2
taktisch 18, 26, 28, 30
taktische Mittel 20
Taliban 27, 96
TATP 99
Tatvorbereitung 5
tauhid 14, 17
Taymiyya 42, 44
technische Überwachung 156
Terroranschlag 94
Terrorismus 24, 25, 26, 27, 28, 31, 45, 49, 154
Terrorismusforschung 26
Terrorist 18, 23
terroristisch 26, 28, 37
Theologie 39
Theologie des Islam 105
theoretisch-strategischer Imperativ 19

Trennung von Staat und Religion 13
Triacetontriperoxid 99
trojanisches Pferd 30
Tsarnaev 1
Tunesien 133, 134

Überwachung 5
Überwachungsmaßnahmen 139
Ulm 108
Umgestaltung 12
Unglaube
– Gebiete des Unglaubens 73
Ungläubige 48, 122 f., 127
Unterstützung 67
Untersuchungsbereich 37
Ur-Islam 17, 22
Ursachen 37
USA 28
Usbekistan 27
USBV 91, 111, 168
US-Sicherheits- und Verteidigungsadministration 152
Utopie 51

Verdacht der Vorbereitung einer schweren staatsgefährdenden Gewalttat 139
Verfassung 15
Verfassungsprinzip 2
Verfassungsschutz 7, 18, 20, 24
Verfassungsschutzbehörde 4, 12, 23, 88
Verfassungsschutzbericht 12
Verfassungsprinzipien 31
Verletzungs- und Tötungswahrscheinlichkeit 112
Versammlungsverbot 110
Volkssouveränität 2, 13, 14, 15, 31

Wahhabismus 17, 42, 49
wahhabitisch 44, 45
wahre Muslime 41
wahre Religion 16

wahrer Islam 21, 22
wahrer Muslim 164
Wahrheitsanspruch 49
wehrhafter Rechtsstaat 157
Weihnachtsmarkt 3, 131
Weltanschauung 42
Weltkrieg 41
Werkzeug Gottes 164
Werteordnung 105
West- und Nord-Afrika 27
Wir gegen die Anderen 41, 63
Wirkmacht 95
Wirkmittel
– Tatmittel 168
Wirkmittel, Methoden 91

wirtschaftswissenschaftlich 34
Wissens- und Empiriedefizit 151
Würzburg 3, 4, 73, 86, 127

Yussuf T. 3

Zelle 30, 90, 153
Zentral-Asien 27
Zentrale Ausländerbehörde 135
Zivilbevölkerung 90, 97
zivilgesellschaftlich 105, 144
Zivilgesellschaftliches Engagement 145
Zugehörigkeit 52

Grundlagen Kriminalistik

Kriminalstrategie
Von Ralph Berthel und Matthias Lapp.
2017.
XII, 204 Seiten. € 24,99
ISBN 978-3-7832-0037-9
Auch als ebook erhältlich

Kriminalistisches Denken
Begründet von Prof. Dr. Hans Walder †.
Fortgeführt von Dr. Thomas Hansjakob.
10., neu bearbeitete Auflage 2016.
XVI, 350 Seiten. € 23,99
ISBN 978-3-7832-0043-0
Auch als ebook erhältlich

Todesermittlung
Grundlagen und Fälle
Begründet von Armin Mätzler.
Fortgeführt von Prof. Dr. Dr. Ingo Wirth.
5., neu bearbeitete und erweiterte
Auflage 2016.
XI, 434 Seiten. € 28,99
ISBN 978-3-7832-0046-1
Auch als ebook erhältlich

Kriminologie und Kriminalpolitik
Eine praxisorientierte Einführung mit Beispielen
Von Prof. Dr. Hans-Dieter Schwind.
23., neu bearbeitete und erweiterte
Auflage 2016.
XVII, 826. € 34,99
ISBN 978-3-7832-0047-8

Erfolgreich Vernehmen
Kompetenz in der Kommunikations-, Gesprächs-, und Vernehmungspraxis
Von Dipl.-VerwW. Klaus Habschick.
4., neu bearbeitete Auflage 2016.
XLII, 787 Seiten. € 36,99
ISBN 978-3-7832-0044-7

Der rote Faden
Grundsätze der Kriminalpraxis
Herausgegeben von Horst Clages
und Prof. Dr. Rolf Ackermann.
13., völlig neu bearbeitete und erweiterte
Auflage 2016.
XXVI, 693 Seiten. € 32,99
ISBN 978-3-7832-0042-3
Auch als ebook erhältlich

C.F. Müller GmbH, Waldhofer Str. 100, 69123 Heidelberg
www.cfmueller.de/kriminalistik

Kriminalistik

Kriminalistik

Unabhängige Zeitschrift für die kriminalistische Wissenschaft und Praxis

Die führende unabhängige Fachzeitschrift für Wissenschaft und Praxis

Auch als Abo inkl. Archiv-Zugang oder Online-Version erhältlich!

Die Fachzeitschrift Kriminalistik liefert monatlich fundierte Informationen und Beiträge kompetenter Fachleute aus den Themenbereichen:

- Kriminalistik
- Kriminologie
- Kriminaltechnik
- Kriminalpolitik
- Polizeiliche Aus- und Fortbildung
- Rechtsmedizin

Die Rubriken Recht Aktuell und Literatur sowie die Redaktionen Schweiz, Österreich und Kriminalistik-Campus runden den Inhalt ab.

C.F. Müller GmbH, Abonnentenservice, Jutta Müller, Hultschiner Straße 8, 81677 München, Tel. 089/2183-7110, Fax 089/2183-7620, E-Mail: aboservice@cfmueller.de

www.kriminalistik.de

Kriminalistik

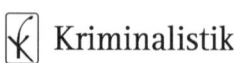